革命家・労働運動家列伝

樋口篤三遺稿集【第1巻】

同時代社

革命家・労働運動家列伝　樋口篤三遺稿集第一巻／目次

第一章　革命家・労働運動家列伝

第二章　革命家・労働運動家追悼

第三章　樋口篤三　評伝と解説

本書の構成について

本書は主として樋口篤三氏による「人物列伝」を収録した。第一章は『先駆』（二〇〇五年一〇月号〜〇六年九月号）に連載されたもの、及び『一柳茂次著作回想』に収録されたものから構成されている。これらは樋口氏自身が「列伝」として残す意思をもって執筆したものである。

第二章は、生前の樋口氏が氏の先輩・友人・知人が逝去されたおりに、何らかの形で追悼した文章のうち、編集委員会が集約できた一九編を収録した。おそらくこれ以外にもあると思われるが、残念ながら集約できなかった。

第三章は、生前の樋口氏と親交のあった戸塚秀夫、小谷野毅両氏による「評伝」「解説」及び編集委員による「ひとこと」、年譜などから成っている。

なお、第一章、第二章収録文の原文には相当長文のものがあったが、紙幅の関係で、何編かは「抄録」扱いせざるをえなかった。また、編集にあたっては、できる限り樋口氏の原文を尊重したが、読者の便宜のために、あきらかな誤植、表記違いなどは訂正し、文意を損なわない範囲で補筆・加正した箇所もある。

二〇一一年六月

編集委員　江藤　正修
要　宏輝
川上　徹
小谷野　毅
山崎耕一郎
四茂野　修

第一章

革命家・労働運動家列伝

1　人物に光をあてて歴史を見る——列伝の意味

　これまで日本の左翼の歴史の中で、革命家、労働運動家を取り上げ、それをトータルに表現した書籍はない。まして日本共産党は、労農派を絶対取り上げないし、そもそも彼らを革命家としては認めていない。それが、まさに左翼の不幸な歴史だ。

　私が今年（二〇〇五年）八月、同時代社から刊行した『靖国神社に異議あり』でも書いているが、堺利彦など労農派の考え、生き方は立派だ。歴史を人物に光を当てて見直してみると、これまでの通説とは異なる位相が見えてくる。

　今年の八月一五日は、戦後六〇年の節目として靖国神社問題が各方面で取り上げられた。その中でNHKが靖国特集を放映、靖国賛成派と反対派が二人ずつ登場した論争番組があった。賛成派が上坂冬子と京都産業大学の教授。反対派は東大教授の姜尚中と大阪大学の名誉教授。上坂は、トヨタ自動車の一九五〇年解雇反対闘争について書いたのが処女作で、面白い女性だと注目していたのだが、その後は体制べったりとなり、今回の戦争の評価などは話にならない主張だった。「極東軍事裁判は全部間違い」とか、「A級戦犯などはいない」とか、勝った方が負けた方を勝手に裁いたのだという主張だ。それに対し、姜尚中はちゃんと反論していた。上坂には、A級戦犯がアジア人を二〇〇〇万人以上も殺傷したという加害責任者の視点がゼロだ。同時に、日本人を三〇〇万人殺したという反省の弁も全くない。一億人、みんなに責任があったというまったく誤った言い分だけ。また番組の中で、ニューギニアに行ってB、C級戦犯となった兵士を取り上げていた。日本兵が原住民から食料を奪い、その結果、現地の母子なども死ぬ。それは明らかに上官の命令だった。兵隊が一五万人もニューギニアへ行って、一〇万人が餓死している。餓死には当然、責任者がいた。その責任者がハッキリしないまま、みんな靖国に行くというのは私には到底理解出来ないと、姜は淡々と話していたが、まったくその通りだ。『靖国神社に異議あり』でも強調したのだが、戦没者二三〇万人のうち、約六割以上が飢え死にだ。これを曖昧にするのがいまの靖国に他ならない。こうした歴史の歪曲は許せない。

＊日本共産党中央委員会の墓

韓国や中国から見たA級戦犯は、これは当たり前のA級戦犯。一方的に土足で侵略してきて、中国人は少なくとも一〇〇〇万人以上も殺傷された。中国人が日本に攻め込んだわけではない。それを認めることが大事だ。A級戦犯を靖国に入れて、その責任をあやふやにしている。

実は、革命運動を考えると、似たような光景が浮かんでくる。あまり知られていないが、日本共産党には中央委員会の墓というものがある。私は尾崎秀実の墓参りで多摩墓地に行ったついでに、それを見に行った。党の内外から「死んでも差別するのか」と批判があったらしく、いま正式には「党常任活動家」の墓になっている。以前と変わったかと思ったら、大きな中央委員会の碑があって、その傍らに、「この墓は常任活動家の墓に改めた」と書いた小さな碑がある。しかし、そんな断り書きなど誰も気が付かない。だからいまでも、中央委員会の墓だ。

共産党の中で中央委員というのは特別な地位で、ある県委員長が中央委員になったら人柄も変わったと言われるほど。共産党本部には食堂が二つあって――宮本顕治だけは専属のコックがいた――、中央委員の食堂と平党員の食堂が別々にある。最近出来た新館は知らないが、いままではそうだった。

まさに特権なのだ。

*死してなおかつ「差別」

私は一〇年前に、ドイツに行って講演して歩く機会があった。ベルリンで、ドイツ共産党の墓地とローザ・ルクセンブルクの殺された現場を案内された。ローザ・ルクセンブルクは、西ベルリンの川の畔で殺されるのだが、記念碑が建っていて、ここが殺された現場と書かれている。

共産党の墓は墓地にあったが、権力党のものとしてはそんなに大きくなく、高さ二・五メートルくらいの半円形の壁には、びっちりとナチス政権下のレジスタンスで殺された党員の名前が何千人と刻まれている。それは壮観というか、これだけ殺され、犠牲になったのかという感慨を持った。その入り口に、党の幹部の碑がある。ドイツ共産党は前世紀からの長い歴史がある。ドイツ社会民主党のメーリング、ローザ・ルクセンブルク、カール・リープクネヒト、この三人が歴史的にも一番有名。

ところが、スターリン主義時代の相当悪質なウルブリヒト、それから戦争中にドイツ共産党の書記長をやって、コミンテルンの執行委員で、東独の初代大統領のピークとか一〇人の歴代幹部の円形の碑が入り口にある。ただし、これらは全体の墓の中の一つとしてある。それに比べ、日本共産党中央委員会の墓は異例だ。同じ共産党でも、あまりにも違う。

日本共産党では、かつては戦前以来の伝統でみんな無名戦士の墓に入った。それが六〇年代の宮本時代になって、共産党を除名になった人は「反党反階級分子だから無名戦士の墓に入れない」という決定が出て、大いにもめた。彼らが管理権を持っているので、しょうがないから社会党系と一緒に無名戦士の墓を別に作って入った。死んでもなおかつ差別するのか、と多くの人が怒ったが、一方で特別製の中央委員会の墓、一方で異端者は同じ革命運動の中で倒れたにも関わらず、死後も排除するという日本革命運動のまったく歪んだ特質が現れていた。

＊徳球のこと

日本共産党の書記長・徳田球一が中国に亡命して三年目、一九五三年に死ぬが、日共は宮本時代になっていたから、墓も作らなければ、追悼集も出さなかった。

私が『労働情報』の代表の時、一九八三年頃だが、沖縄の名護市に呼ばれたことがある。その名護市は市役所の広報紙で「偉大な国際政治家　徳田球一記念号」という四ページの特集号を出した。北京でやった徳球の葬式とか、毛沢東との写真を入れた大々的な特集だ。

徳田球一とゾルゲ事件の宮城与徳、その二人は名護市が生んだ偉大な英雄と、『労働情報』の活動家は誇りにしていた。それで名護市の議会で徳田球一の記念碑を作ることになった。市の予算で全部出すということだが、その時、共産党だけが反対した。徳球は除名されたわけでもないのに反対する。

宮本顕治から見ると、徳球は共産党をダメにした人物で、偉大な中央委員会を分裂させた大悪党ということだ。記念碑の除幕式に共産党の中央委員会や県委員長、地区委員長など責任者は誰も来ない。古い党員が挨拶しただけだった。この一例の中に、共産党の人間の扱いというものがよく出ている。死してなおかつ差別する。特権幹部と前線の党員をものすごく差別する。

もちろん徳球にも誤りは一杯あった。私もものすごく批判はしたが、にもかかわらず徳田球一は獄中一八年を、いちばん立派に耐え抜いた共産主義者だ。革命家としての魂は強烈にあった。そして沖縄人民としての意識がものすごく強かった。だから彼は「沖縄の独立」を敗戦直後の党綱領に入れたくらいだ。八月一五日の靖国問題で、死者を弔うことを考えていたときに、このことを痛感して思い返していた。実はその事の中に、日本の革命運動が人間を大事しないという側面が現れている。とくに共産党系には強かった。

私の『めしと魂と相互扶助』(第三書館、二〇〇二年)の中で、中野重治の詩「その人たち――日本共産党創立二五周年記念の夕に」を引用している。戦前の弾圧が非常に厳しい時に、党を支えていた人々の母親たちを謳った詩だ。「その人々は心から息子、娘を愛していた。子供達は正しいのだということを、理論とは別の手段で信じていた」……この詩を私は何十回と読んできたが、身近にそういう人を持ってきた一人として、今でも胸を衝かれる。こういう無名の人々によって革命の党は支えられてきた。こうした思いが、日本の革命運動の中にない。このことが中央委員会の墓や歴史にも現れている。

＊宮本顕治史観

在日朝鮮人で共産党本部にいた金さんという人から直《じか》に聞いた話だが、敗戦三年後の一九四八年に党本部で働いていて、そのころはみんな飯が食えない。腹をすかしてどうしようもない。党の専従者は飯が食えないから、コッペパン一個を買い、バターもジャムもなくて、水一杯で昼飯にしていた。ところが宮本顕治は、白米に卵焼きとかおかずが入った弁当をみんなの前で広げて、食べ始めたという。みんなに対する同情心とか、ちょっと食えよとか、そういうそぶりもない。金さんは朝鮮人だから、その差別は身にしみるわけだ。彼は「この人は本当にダメな人だと思っていたが、やっぱりダメだった」と話していた。こうした党中央のやり方を真似て、多くの幹部や活動家がそうなる。もちろんそうではない立派な人もかなりいた。

私が最初に共産党員になった時、東芝の川崎は日本一の細胞と言われた。本社研究所もある拠点工場で約四〇〇〇人の労働者がいたけれど、共産党員は三八〇人の大細胞だ。共産党の専従者が工場の中の細胞事務所に詰めていたほどだから相当力があった。そのころ徳田球一などはその工場細胞に、超多忙にも関わらず二回も来ている。大工場を重視していた。これはロシア革命のペトログラードのプチロフ工場みたいなもの。彼は国鉄とか全逓とか金属の工場を必ず歩いた。

宮本顕治は全くそんなことはしない。有名な三井三池闘争でも、大闘争になって、無期限ストライキに入って半年以上たった八月に一回行っただけだ。三八〇人いた共産党員が、闘争敗北後に絶望してどんどんやめていった。優秀な細胞キャップだった人も絶望して、最後は横浜で行路病者（今のホームレス）として死んだという。

日本電気にも東京の三大拠点細胞の一つがあって、党員が一〇〇人くらいいた。この中に小松豊吉という優秀な人がいて、軍事委員会の相当なポストまで行った。最後、椎野悦朗軍事委員長が中国に呼ばれたが、「やばいことになる」と逃げ、彼が身代わりとして行って、面白くないからアル中になってしまう。その彼が戦後引き上げてきて、「日本のこえ」の専従になったが、最後は家族からも離別され、まったく孤独の中でアル中で横浜で死んだ。そういう死屍累々という感じが私にはある。その中で中央委員会の墓だと言われると、「なんだ」と腹の底から怒りが涌いてくる。

＊革命運動の歴史認識が問われている

そうした歴史のなかに何万、何十万という犠牲者が出た。戦前の敵権力に虐殺された人々。戦後も獄中に、あるいは冤罪で苦しんだ人々、絶望し、野たれ死にしてきた多くの人を見てきたなかで、人間を大事にすることの意味を問い直したい。これが今回、連載を始める主旨だ。

日本共産党・宮本顕治は特に党史が好きな人だ。党史で有名なのはソヴィエト共産党史がある。スターリンが作ったもので、私たちの若い頃は金科玉条のバイブルみたいになっていた。しかし、中国共産党には党史がない。日本は四〇年史、五〇年史、六〇年史、六五年史、七〇年史、最近は分量を一挙に少なくした八〇年史が出たが、宮本時代に五回も党史が出る。世界の革命運動の中で日本だけだ。なんでこんなに歴史を書き替えなくてはならないのか。それは、幹部が除名される度に党史が書き改められるからだ。一時は宮本、袴田、野坂で党指導（支配）をやってきたが、袴田が除名されて、党史が変えられた。野坂が除名されると、今度は七〇年史になって全否定になる。伊藤律が中国で二八年の獄中（日共の要請によって）から「釈放」されて帰ってくると、また変える。こんなのは「科学としての歴史書」ではない。問題は、こうしたことが同時に党風になる。例えば労働組合になるとどうなるか。

日本の労働運動史で一番まとまっているのは大河内一男と松尾洋の『日本労働組合物語』（筑摩書房、一九六五〜八七年）。明治、大正、昭和の戦前、戦後の五巻と膨大なもの。これは戦前編が良い。ところが、途中で松尾洋が共産党に入ったらしく、戦後編を見ると、朝鮮戦争の時の総評の有名な「平和四原則」が出てこない。そんな運動史はあるか。日共の武装闘争（中国のカリカチュア）は大失敗で、一九四九年の三〇〇万票支持が四年後の五三年には六〇万票台に激減した。労働者、大衆が見放したのである。この平和四原則は労働者大衆に拍手喝采で受け入れられ、左派社会党が倍々に増えた決定打だった。朝鮮戦争への抵抗闘争として、相対的には最も有効に機能したのである。それが全く紹介されていない。三池闘争も日本の歴史に残る最大最高の大闘争だが、共産党六五年史では「三池争議」という小項目もなくなってしまう。どれも社会党が中心だったからだ。そういう党史や労働運動史ではダメだということが自覚的に捉えられていない。靖国神社を巡って歴史認識が問われているが、一方で主体の革命運動・労働運動の歴史認識が問われているのだ。

＊人間論がない人民史観

共産党史観とは違う歴史認識として人民史観がある。羽仁五郎が代表して、井上清らが居り、一時は相当の影響力を持っていた。彼らの主張は「革命は人民が作る、ただ人民のみが作る」。あるいは「プロレタリアートの作る歴史」。この羽仁五郎の人民史観は一世を風靡《ふうび》した。しかし、この人民史観も指導者、人間というものを従属的に評価する。古今東西のどんな歴史でも、リーダーがいない歴史なんてあり得ない。総じて左翼は人間論が弱い。これはとくに日共系マルクス主義の特徴だ。

井上清が一九七〇年に書いた『西郷隆盛』（中央公論社、一九七〇年）という上下巻。史実はよく調べているが、歴史感覚がダメだ。私は明治維新は竹内好らと同じく、革命だと思っている。

戊辰戦争はトップの西郷隆盛と徳川幕府を代表した勝海舟との会談がピークだった。新政府軍は徳川慶喜を切腹させて幕府権力をなくし、江戸城を実力占拠するという戦略を立てていた。西郷は勝海舟に一回会ったきりだが、「これは大変な人だ」と大いに尊敬した。学問だけなら佐久間象山だが、政治論を含め、勝が当代第一だという評価だ。勝は初対面の西郷に、「もう徳川幕府はダメだ」と、幕府の内情を全部喋ってしまう。これも異例のことだ。この二人の信頼関係があったから江戸城は無血開城になった。それは官軍総攻撃の二日前だ。二回目の会談で、勝は徳川慶喜を殺すなと言い、無条件で江戸を明け渡し、治安もまかせると言った。この会談で西郷はＯＫした。圧倒的に薩長軍が勝っていたのにＯＫした。あれが明治維新のピークだと思う。これは西郷と勝の人間的信頼関係があったからだ。そこが大事なのだ。人民史観というのはそこを見ないからダメなのだ。

＊列伝こそが必要

歴史の見方という点から言うと、宮本史観も人民史観も同じ誤りを犯している。それが私が言わんとする大きな点だ。歴史を見るときに客観的歴史的諸条件と共に、人物に光を当てていく。司馬遷の『史記』を読んでそう感じた。二〇〇〇年前の歴史書だが、本記と人物を評した列伝があり、二つを合わせて『史記』になる。歴史というのは列伝がなければダメだ。日本共産党にはあれだけ膨大な党史がありながら、革命家列伝はゼロ。本当にゼロかというと、実は列伝があって、その人物は一人だけ。宮本一〇〇％史観だ。これはスターリンが出したソヴィエト共産党史と同じスターリン主義史観で、違いは個人崇拝をソフトにしているだけだ。

ソヴィエト共産党史にはスターリンが書いた哲学論文「弁証法的唯物論と史的唯物論」が載っていた。スターリン論文が党史になってしまう。要するに、偉大なスターリンがロシア革命を指導したということに尽きている。日本の革命運動がいまなぜ力が弱いかというと、今日の問題と共に、とくに歴史認識がダメだからではないか。

とくに左翼は人間を評価しない。革命を担い、推進する人々、党全体を支える人々、或いは党と共にその強く、広く、深い岩盤とそのなかにおける幹部が必要だ。それを抜きに革命はあり得ない。労働運動でも大衆運動でもかならず幹部がいるはずだ。人民が突然立ち上がって革命を起こすというケースもあるが、そのなかには必ず指導者がいる。百姓一揆などは必ずそうだ。だから宮本史観という日共的なマルクス主義、それとは反対だった人民史観、いずれについても、問い返したい。いま靖国問題で歴史認識が問われているのと同じように、日本の革命運動でも歴史認識が問われている。日本には『史記』の列伝にあたるものがない。個々にはあるが、党としての列伝はゼロに近い。

＊労農派の人々に着目

中国革命は政治と軍の両方に指導者がいて、軍が朱徳、彭徳懐、林彪、陳毅ら、政治は毛沢東、周恩来、劉少奇、鄧小平ら。この政、軍両方の指導者がいなければ中国革命はなかった。突然、中国人民が立ち上がったわけではない。中国研究者の竹内好が「アジア主義」（『現代日本思想大系』第九巻、筑摩書房）の中で、日本のマルクス主義のあり方が、そもそも問題だったと指摘している。

石母田正が論文で日本のマルクス主義はヨーロッパ思想の輸入解釈をし過ぎて日本化できなかったと言い、それを竹内が肯定している。日本のマルクス主義者の場合、とくにひどい。むしろそうでなかったのは堺利彦や荒畑寒村らだ。例えばグラムシが「知的道徳的ヘゲモニー」と言ったが、これを否定する人は共産党を含め、ほとんどいないだろう。

ただここで言う「道徳的ヘゲモニー」というのは、彼がイタリア人であることを考えると、キリスト教的であるのは明らかだ。ところが日本は言葉だけはやって、道徳的ヘゲモニーとは何かということを議論したことは一度もない。そうではなかったのが、堺や山川ら労農派マルクス主義。彼らは儒教というものを肯定的に受け入れた。

当時、幸徳秋水らは日清戦争に反対し、「朝鮮や満州を軍事力で植民地にするのは盗賊のすることだ。吾人は帝国主義の覇道に対し孟子の王道を」と主張している。彼らの卓見だった。それを一九二二年の共産党綱領に彼らはハッキリ書いた。日朝支（中）の団結とそのプロレタリアの団結、そして「朝鮮の独立闘争を全力で支援する」と、ちゃんと書いてある。これをモスクワは認めなかった。要するにコミンテルンとロシア人の多くはアジアを理解していなかったからだ。遅れたアジアということしか頭になかった。中国革命の父と言われた孫文は一九二四年に神戸で「大アジア主義について」を講演した。日本民族は欧米の覇道の文化を採り入れると同時に、アジアの王道文化の本質を持っている。日本はこれから後、西洋の覇道の番犬になるのか、東洋の王道の干城となるのか、どちらを選ぶのか、と迫った。そして西洋覇道帝国主義の道を追い、「五大帝国」入りして、大惨敗したのはこの二一年後である。そしていま、西欧・ソ連（さらには中国）の後を追い、マルクス主義の道を歩んだ左翼の危機下に、長い〝冬の時代〟が続いている。

【「革命家・労働運動家列伝―連載にあたって」『先駆』二〇〇五年一〇月号】

2　「天下の眼」「天下の耳」――高野実の思想

一❖「天下の眼をもって視よ　天下の耳をもって聴け」

高野実がよく使ったこの言葉は、横浜市の海の見える丘の石碑に、黒田寿男の字で刻まれている。この一句に高野思想が凝縮され、私が高野に学び教わったなかでもっともぴったりくるものである。高野は、日本労働運動の戦前戦後にわたる最大の指導者であった。

戦後労働運動の大指導者は「高野実、細谷松太、太田薫、岩井章、滝田実」と水野秋（『新労働通信』主宰、太田のブレーンの一人、総評運動史などを執筆）が言ったことがある。ここには共産党系は入っていないが、私は同党系では鈴木市蔵、中西五洲が創造性をもち、国労革同の細井宗一も「新日和見主義事件」（七二年）頃までに果たした役割は大きかったと思ってきた。

「日本の労働界のトップレベルに立った大幹部のなかで、高野実さんほど広い視野で日本の労働運動を位置づけ指導した人は他にみあたらない。……視野の広さの点で戦前戦後を通じて高野さんの右に出る労働運動家はいなかったのではなかろうか」（清水慎三「高野実さんから学んだこと」『戦後革新の半日陰』日本経済評論社、一九九五年）。そして「私の人生を決めた人」という。

高野は一九〇一年東京に生まれ、七四年九月一三日に肺結核で死去した。三戸信人は細谷松太につぐ産別民主化同盟→新産別の中心者であったが、彼の高野評は、数ある高野評価の中でも本質をついている一つである。

一、戦後労働運動の巨星堕つの感ひとしお。
二、昨今は眼先功利（メリット）主義の時代、高野さん戦略戦術の人。

＊高野と徳田球一の論戦

高野は、戦前の実践からか「少数派運動の鬼才」といわれたが、戦後は当初から「巨象のような統一労働同盟」を掲げて左の日共・徳田書記長、右の松岡駒吉（新憲法下初の衆議院議長）と対立した。高野・徳田の対立論争について高野『日本の労働運動』（岩波書店、一九五七年）は次のように紹介した。

「四六年二月八日、徳田・長谷川浩（次の労組部長）、春日正一、伊藤律、伊藤憲一、一方は高野実、荒畑寒村、島上善五郎（初代総評事務局長）、山花秀雄、安平鹿一らは、野坂を議長に終日論戦する。一言にしていえば、『左翼労働組合主義を精算して、統一労働同盟を建設しよう。その内部で、組合民主主義の徹底をはかっていこう』という主張と、『この際あんなダラ幹部どもとは決戦すべきだ。今日の問題はバクロだ！　手を切れ！』という主張の争いだった。

何時頃だったか、野坂議長が言った。『じゃあ、みんな総同盟に加入する。統一労働同盟に加入する。統一労働同盟を守る。それから世話役に、春日、伊藤（憲）、安平、高野の四人、これで決まった』といった」

＊協定を左から破った徳田書記長

だがこの協定は一ヵ月後に日共・徳田書記長の『前衛』誌論文「労働組合の統一について」で一方

的に破られた。

「総同盟は事実上飯場頭のための利己組合であり、松岡駒吉、西尾末広（社会党右派で党内一の実力者、片山内閣官房長官、芦田内閣副首相、後年は民社党委員長）はその全国的飯場頭長である。……これが総同盟の本質的性格である」

「荒畑、高野実その他の一派も、決して右翼幹部と道を異にするものではない。……ことに口頭において革命的色彩を有するだけに、労働者大衆のみならず、革命的活動分子さえも、これにまどわされる点においては、かえって有害の存在である」

この主張は戦前の赤色労働組合主義と、社会民主主義主要打撃論がそっくりそのままであった。かくて労働総同盟と産別会議は二つのナショナルセンターに分裂し、激しい抗争が数年つづいた。

＊少数派から多数派へ

高野はやむなく総同盟に入るが、松岡右派の独裁的支配下に少数派として役選でも敗北する。が、高野は折りからの下からの民主革命の大高揚と戦闘化した労働者大衆に依拠し、占領軍ニューディール派の支持もあって、四八年一〇月には総同盟総主事（書記長）・組織宣伝部長として左派主導の体制を確立。

また日本労働運動史上でただ一回の「革命（的）闘争」（鈴木市蔵）といわれた二・一ゼネスト攻勢前後には、産別会議の実質上のリーダーである細谷と「細谷・高野ライン」を形成し、運動上の全局をリードした。が、二・一スト総括をめぐって産別事務局細胞（細谷ら）と党中央は決定的に対立し、前者は脱党→産別民主化同盟の決起となって局面は一変。総同盟のヘゲモニーを握った高野との提携によって日共・産別ブロックを完全に上回る運動展開をおこなった。

高野はこの勢いにのり、五〇年総評結成のへゲモニーをにぎり、五一年三月、事務局長に就任し、当時の労働組合運動の全的統一体のトップに一挙に駆けのぼった。

「この三ヵ年半は、高野が労働戦線統一をその戦略の最重点におき、その障害となったもの、なりそうなものは、蛮勇をふるって踏みにじり、権謀術数、手練手管のすべてを行使してはらいのけ、ひた走りに突っ走った時期である。そこには、高野の生涯の他の時期には見られないダイナミズムがあり、変り身の早さがあり、高野ほんらいの思想と整合しない発言があり行動があった」（清水慎三『高野実著作集 第二巻』解説）

その高野は、第一次共産党（一九二二年）に参加し早大を中心とした「第一細胞」で、猪俣津南雄（のち教授、アメリカ共産党から帰国後日共へ）キャップのもと学生戦線を担当。戦後全学連の源流であった学生連合会を結成し事務局長（黒田寿男委員長）に就任という経歴から人生を運動家としてスタートする。

＊われこそ真の共産主義運動家

「高野は根っからの共産主義者である。彼自らこれを自負し、〝われこそ真の共産主義者〟と深く自ら任じていた。高野の没後、高野が総評事務局長退任後正式の共産党員になっていたこと、対中国共産党問題を主因として党を除名された後、新左翼労働運動の構築に人一倍熱意を燃やしたことが公然化されたので、今では高野と社会党は異質の存在であることを疑うものはなくなったと思われる」（清水・同）。

ところが、高野派の拠点だった総評全金労組でも、このことを知らない人の方がはるかに多かった。私自身も知ったのは六〇年代半ば頃であったが、右派の方はそうでなかった。

「高野がはじめて総同盟総主事に当選した大会の席で、やぶれた側の右派幹部の一人が、『高野はどんなに今の共産党とケンカしていようとも、あれは正真正銘の共産主義者ですよ』と筆者にささやいていた…」（同）

一九四八年のことである。世界に誇る公安警察情報が右派に入っていたのであろう。

高野総評は、「唯一の革命党」を自負した十万人強を擁する日共がまったく孤立し、一方で急速に国会議員を増やしたが「発展途上」の左派社会党よりも政治・政党機能を発揮していたことを、体制側・公安警察はよく見ておりトップの高野の思想・経歴も完全にキャッチしていたであろう。

そして総評結成の五年間は、〝高野天皇〟といわれるくらい諸闘争を大きくリードし、歴史に「高野総評」として一時代を築いたことは各労働運動史によく出てくる。日共党史は一貫して抹殺か冷やかだが。その主たる功績は後述する。

人の値打ちは棺をおおいて定まる、というが決して定まらない例もしばしばある。高野はその一人で、強い支持者から蛇蝎《だかつ》の如く嫌う反高野派、そして党史から抹殺した日共などに至るまで。だが右であれ左であれ、高野が労働運動で歴史に残る大幹部であったことは否定できない。とくに総評結成は彼なくしてできなかった。

しかも、高野がその後長く続いた「戦後革新勢力」をつくったという評価は、清水を除くとほとんどない。

さらにその戦後革新勢力形成は、高野独特の革命観、日本革命路線（民族独立社会主義革命）と一体であった。高野は労働運動家であるとともに日本には類例のない革命家であり、レーニンが晩年到達した「労働者階級の多数者獲得」に日本ではじめて現実に肉薄し、その戦略展開が国民政治家といわれた頃の、例えば五五年の重光首班論、全面講和と米軍基地反対闘争、左右社会党・労農党の三党合同論提唱等々であった。そのなかで「革命の戦略構想力と労働運動の結合」をめざした高野、という評価はまったくといっていいほどない。しかし敵（総資本と国家権力、一、二の政治家）は彼の「本質」をしっかりとみていたのである。

よく知られているように、戦後保守陣営は、戦前の政友会、民政党のブルジョア政党を引き継いで二大政党として出発し、その枠組みの中での離合集散を繰り返した。

一方、左の革新勢力は統一戦線なき社・共体制が固定したが、社会党では片山・芦田連立内閣の右寄りに反対して、まず労農党が黒田主席で一九四八年に左に分裂した。後の衆議院副議長岡田春夫、日立総連委員長だった石野久男（書記長、後年反原発運動に）、久保田豊（日農統一派委員長、私も一時期地元秘書となった）、国会一といわれた経済理論家の木村禧八郎らが結集し、大黒柱国労の日共、民同と勢力を三分した革同が労農党・革同ブロックとして支え、私鉄の内山光雄らもそうであった。

四九年には山川新党といわれ全逓・宝樹らも参加した労農派のもう一つの左派新党も進められ（不発）、その二年後の五一年には、全面講和・中立堅持・軍事基地反対・再軍備反対の平和四原則を巡って社会党は真っ二つに対立。その名も左派社会党（衆議院一六人、参議院三〇人）、右派社会党（同二九人、同三一人）に分裂した。

劣勢の左派は、高野総評の全面的バックアップと、平和四原則が朝鮮戦争への日本加担に危機感を持つ、広範な平和と独立を願う労働者と国民をとらえて躍進する。五二年総選挙で左派社会党は一挙に五四人に（右派社会党五七人）、五三年の「バカヤロー解散」では七二人（右社六六人）となって革新第一党に飛躍した。

大衆闘争として、石川県内灘基地反対闘争は米軍軍需品輸送拒否の九六時間ストが北陸鉄道労組でうたれて地元農漁民を感涙させ、労漁提携が結ばれた。多くの日本を代表する知識人が現地に行き、内灘・妙義・浅間反基地闘争は高揚した。

一方で五二年の労闘スト、破防法闘争など高野抜きにありえない政治闘争と、電産・炭労スト、さらに五四年の尼鋼、日鋼室蘭争議の「家族ぐるみ・地域ぐるみ」闘争、近江絹糸の人権争議等労働運動は再び戦闘化し左傾化を強めた。

これらの情勢と総評・労働者と「平和国民」の闘いの高揚に保守政治家の一部は〝日本の赤化〟として強い危機感をいだくにいたった。

＊今日まで半世紀余続いた自民党の結成

保守大合同の中心者は三木武吉であった。

「三木の次のステップは、自由党内に三木と気脈を通じる人物を得ることであった。その標的とされたのが大野伴睦である」。富森叡児『戦後保守党史』（日本評論社、一九七七年）によると、「三木は……東京市会議員時代からの政敵、大野伴睦と手を結ぶ。（五五年）五月十五日夜、東京・高輪の山下太郎（アラビア石油社長）の自宅で両者の最初の極秘会議が行われた。席上、三木は『日本はこのまま放っておいたら、赤化の危機にさらされること自明の理だ』と『声涙下る大演説』をぶち、強い警戒の念をもって会談に臨んだ大野を説き伏せてしまう」

当時の日共は、火焔ビン軍事闘争によって労働運動と国民からまったく浮き上がり、四九年総選挙三〇〇万票から六〇数万票（五三年）に激減していた。

三木のいう「赤化の危機」は、高野率いる左翼的総評と労農派マルクス主義を綱領化した左派社会党の総体とみたのが真実だったのではないのか。

多くの労働・革命運動史は、保守合同をもたらした「赤化の危機」のこの左翼主体、とくに、「われこそ真の共産主義者」として朝鮮戦争とその前後期に縦横無尽の大活躍をした「革命家・高野実」の果たした前衛機能と役割をまったく見落としてきたのではないのか。

われわれ新左翼・独立左翼は長年の極少数派で、それに慣れきり志も発想も運動も小さくこり固まる傾向性があまりにも強かった。

私の経験で少数派から多数派となった典型が高野であり三木であった。三木は国会議員八人の極少数派から二年にして大自民党をつくりあげた鬼才であった。彼は大局を視る〈天下の目〉と敵を知る〈天下の耳〉をもち、「保守の大義」（大志）と「誠心誠意」で最大の宿敵に体当たりして味方にし、大合同を成し遂げた。彼のいう漢の高祖などとともに学ぶべきこと大である。

二❖われわれの戦略はいまだ定まっていない――猪俣津南雄から学ぶ

＊英独労組は横綱、日本は幕下

総評の解散時に、全日通出身の中川副議長は「イギリスのＴＵＣ（労働組合会議）、ドイツのＤＧＢ

（労働総同盟）を横綱とすれば、日本のナショナルセンター（総評や同盟）は幕下」と評した（『証言総評労働運動』総評センター、一九九〇年）。

一九八四年、西ドイツのＩＧメタル（大金属労組）二五〇万人が、週三五時間制の労働時間短縮をかかげて三週間もの産業別ゼネストを打ち抜いたときは、私もあまりの違いに唖然とした。日本では左派系・日共系も時短で一時間のストもうてなかったからである。

だが、切り口を変えれば評価も変わる。

中島道治（繊維労連委員長、パラマウント製靴争議の指導で生産協同組合の発想を示し、三里塚闘争も公然と支持した。統社同→共労党→労働者党各中央委員）は、フランス産業別労組の工場をつぶさに見て、「職場闘争がまるでない。日本がずっと進んでいる」と言っていた。

私自身は、一〇年前（一九九五年）にドイツ、イギリス、スウェーデンの労組で講演して歩いたが、ベルリンでローザ・ルクセンブルグ会館（旧マルクス・レーニン主義研究所）では「階級闘争からみたトヨティズム」というテーマを出された。フォルクスワーゲンの活動家（首を切られたが闘いで復職、経営協議会委員の専従として活躍していた）の司会で、左派の幹部、活動家が一〇〇人余だった。講演が終わるや一〇人余の質問が続いたが、ＩＧメタルの古参幹部は言った。

「一九五〇年代、日本労働運動はドイツのモデルであり、私たちの目標だった。その総評はいつ、なぜなくなったのか」

進んだヨーロッパ、遅れた日本といわれるなかで育った私にとってこの質問は驚きであった。日本労働運動がモデル！

とっさに米軍基地反対闘争など平和四原則の闘争のことだと思い、説明をした。

石川県内灘（一九五三〜四年）、立川市・砂川基地反対闘争（五五年）は確かに優れた闘争で、内灘では米軍試射場で闘った漁民に連帯した私鉄北陸鉄道労組（内山光雄が中心者。彼は私鉄総連書記長、最後は総評副事務局長）は、米軍軍需物資輸送反対を四八時間ストで闘った。砂川では再建全学連の先駆的デモに東京地評（芳賀事務局長・東交出身、高野派）が総力動員して農民と熱い共闘を結んだ。内山は労農党員（衆議院選に同党から立ったことも）であり、高野派ともいわれていた。

この二つともに高野総評と高野派は大健闘した。高野がトップリーダーだからできたことともいえよう。

西ドイツ労働総同盟は、労働条件闘争では力を発揮したが、「反米政治闘争」は禁圧されていた。米ソ対決の最前線であった西ドイツは、西独国家をあげて反ソ親米であり反米闘争は全面弾圧され、それが東独政権批判で国民的支持を受けていたのである。

＊〝諸悪の根源―企業別労組〟か

当時の国際労働運動で米軍基地反対闘争はわが総評がただ一つ、一頭地をぬいて果敢に闘った。その輝く実績を、ＩＧメタル（世界一の産別労組）の古参幹部の質問で〝汝の価値にめざむべし〟と私自身はじめて実感したのであった。

砂川闘争については、兵庫県の神姫バス労組の六人の青年労働者が一五馬力と二五馬力のオンボロバイクで東海道をひた走って参加した記録、とくに京都では交通巡査がそのことを知って京都市内の道案内を先導してくれた感動的な物語を高野は書いた（「車座になって」『著作集 四巻』、一九五七年）。

労働運動（と左翼）の冬の時代が長く続くなかで、「諸悪の根源は企業別労組」論とずっと言われてきた。確かに産業別労組に比べ、或いは地域ユニオン運動の登場下に、その弱点はあまりにも明らかである。

しかし、だからすべてがダメ、なのではない。高野総評時も、その実体は企業別労組であったが、職場闘争を強め、「家族ぐるみ、地域ぐるみ闘争」を展開し、或いは「幹部闘争から大衆闘争へ」（内山光雄の著書名）転換し、それらを基盤とした政治闘争が国民的共感（農漁民とともに）を得るときに、世界の先端をゆく反米基地闘争を展開できた歴史を思い起こし、今に生かすことを考えるときである。

それを実現した高野総評、「歴史としての高野実とその時代」が再評価されてしかるべきときにたっているのである。

＊高野戦略論の要

高野思想、高野路線の特徴の一つは、〝機能前衛、横断左翼、イニシアチブ・グループ〟である。

それは私の実践経験に、ピッタリとくるものであった。私は、党必要論であり、党と一体の統一戦線論で、長年の実践において二つを言行一致で追求してきた。中国革命は「党・軍・統一戦線」だったが、日本では「党・労働運動・統一戦線」であると思ってきた。

だが、「革命の党」が労働運動にプラスしたことはほとんどなかった。有効に機能したのは一九四六年の九月国鉄闘争と一〇月産別闘争時ぐらいだったのではないか。個別の闘争や労組のある時期には、その中の党組織が大いにプラスした例はかなりあるが、階級闘争と労働運動の総体と重要闘争ではマイナスばかりとさえいっても言い過ぎではなかろう。

その経験から、一九七〇年の共労党大会で私は議長だったが、「党の正しい指導とは、なにもしないことである」と反語的に述べ、満場が爆笑したが、それがホンネであり、現場の闘いは当事者の自治でやるのが正しいとした。

党が資本、権力、敵との闘争で前衛機能をほとんど持たないできたこと、また統一戦線は名目のみで「抱きしめて、絞め殺す」道具でしかなく、たとえば中国の抗日統一戦線のように、それなくして抗日闘争の勝利はなかったような実践が戦後革命を決した一九四六年一月～五月にはまったくなかった。六〇年安保、三池闘争は下からの強い世論下に、それを受けた六〇～七〇年代の革新自治体形成では統一戦線が威力を発揮した。が、八〇年代以降は断絶したまま今日に至っている。

＊再検討さるべき猪俣津南雄

高野戦略論の要ともいうべきこの考えは、師匠であった猪俣津南雄の提唱による（『全運動における横断的左翼』一九二八年）。勝利した諸国の革命は、その国を捉えた革命思想と、それと一対の革命路線の確定と展開があった。

日本＝日共系は戦前モスクワ製の二七年テーゼと同じく三二年テーゼであり、結党（二二年）綱領草案にみられるように、東北アジアの視点は基本的に弱かった。いや、ないに等しい。遅れたアジアは進んだ帝国主義宗主国で革命が勝利したのちに、はじめて解放されるという先進国革命論が支配的だったからである。

戦後は徳田時代も宮本時代も、革命戦略は、まったく間違った「戦略的」日和見主義か、日和見主義戦略にとらわれてきた。

労働運動でも「戦略なき戦術主義」が終始横行した。今日はもっともひどいともいえる。

革命と労働運動を貫いて、戦略問題を重視し、追求し実践した人々は数が少ないながらいた。猪俣津南雄と高野実は、その先陣を切り開いた。高野は労働者階級の「多数者獲得」の戦略を実践した。

*われわれの戦略問題は遅れている

高野は晩年、戦略問題をとくに追求した。死の一年余前、彼の執念に支えられて猪俣『日本プロレタリアートの戦略と戦術』が雑誌『労農』掲載論文を編集して猪俣著作・遺稿刊行会から出版された（七三年一〇月）。高野は、序文「猪俣の戦略論を手にして」で、彼の戦略論重視を簡潔に述べている。

「この復刻版には、日本の階級戦略を考える際の問題の核心が、簡にして明な姿で、かつ系統だって、示されている。若い労働者が、現在、困難な情勢の中でこれを手にし、深く学び、現実の革命運動に生かさなければならない、と思う」

　高野の次の指摘はいまに至る左翼の問題である。

「戦略の問題について、われわれはなお非常に立ちおくれている。ロシア革命以来、世界的経験を総括した国際ブルジョアジーに対して、我々の戦略理論は決して立ち勝ったものではなかった。なお主敵の問題さえも整理出来ずにいる多くの自称左翼がいる」

　戦前、コミンテルン・スターリンの絶対権力が各国革命運動を支配していたときに、その誤った流れに抗して猪俣が果たした役割についていう。

「猪俣が第一次日本共産党事件に連座して、猪俣にとって生涯の重大な困難にぶつかった時、彼はどのようにして、そこから立ち上がったであろうか？　それは、日本の革命戦略を科学するという事業によってであった。即ち、日本プロレタリアートの戦略を、思いつきや情緒にのみ基礎を置く代りに、日本の階級関係の精密な分析と階級闘争の総括のうえに築くことであった。

猪俣は、日本において最初にこの事業に手をつけた人である。早世のため、彼の階級闘争の戦士としての生涯は長くはなかった。二〇年にも満たない。にもかかわらず彼の挙げた業績は、論壇においても、実践においても、非常に広汎な分野に及んだ。これは当然のことであった。彼の全努力は日本革命の戦略の確立という大目標にむけられたのである」

＊猪俣の極東アジア論と革命戦略

二一世紀に入ったこの数年来、東北アジア（日韓中）と東南アジア一〇ヵ国による東アジア共同体形成が、政治外交の中心課題にのぼり、日中間の激しいヘゲモニー戦が続いている。猪俣戦略論は、歴史的な先駆者であった。

「猪俣は、日本帝国主義の特殊な構造の解明と、主敵の問題とを軸に、戦略を構築した。

彼は帝国主義の一般論だけでなく、『極東における帝国主義』を考察し、日本資本主義の具体的な発展の事実を世界的な拡がりの中で分析し、昭和年代初頭の帝国主義侵略を遂行した独占ブルジョアジーの戦略的位相を暴露した。

彼は国際連帯について一般的に考察したり、コミンテルンの権威に盲目的にしたがったりする代りに、日中朝三国人民の連帯を軸に、アジア労働人民の連帯を追求し、絶筆となった『隣邦支那の前途』（一九三七年一〇月）にいたるまで、帝国主義日本のプロレタリアートがどのようにアジアを見るべきか、どのように連帯を求めるべきかの確たる指標を示しつづけた」

＊革命戦略はなお定まっていない

高野は、死の直前、この小文の最後でいう。

「七〇年代におけるわれわれの革命戦略は、なお定まっていない。いたるところに人民の新しい質の力の噴出が見られるのに、いたるところで、『革命の政治』は空転し、解体している」「……大きな歴史的視野に立ち、二〇―三〇年代にまたがる戦闘的マルキスト猪俣津南雄が確立した日本の革命戦略とその方法の輝かしい遺産に学んで、七〇年代におけるわれわれの戦略と組織を開拓すべく、奮闘したいと思う」

このときから三〇余年経ったが、この大命題はそのままである。

〔註〕猪俣津南雄略歴　一八八九年新潟に生まれる。一九一三年、早大卒業後、米国に留学。二二年、第一次共産党に参加。二七年「労農」同人となり、「一九二七年テーゼ」をめぐり、第二次共産党と論争。一貫して日本革命運動の発展のために多面的な理論活動を展開。三七年「人民戦線事件」で検挙され、獄中で病に倒れ、四二年に没す（享年五二歳）

主要著書『帝国主義研究』（二七年）、『現代日本研究』（二九年）、『極東に於ける帝国主義』（三二年）、『金の経済学』（三二年）、『農村問題へ』（三七年）など。戦後、猪俣著作・遺稿刊行会（高野実理事長）より『日本プロレタリアートの戦略と戦術』（図書新聞社発売、七三年）、『横断左翼論と日本人民戦線』（而立書房、七四年）が出される。再刊企画が進行している。

三❖高野実の「自己批判」に学ぶもの――中国革命からの影響

＊毛沢東思想に心酔

中国大革命の勝利（一九四九年）は、日本の政治・外交・経済・文化、さらに軍事（日米安保体制とのちの自衛隊）に大変大きな影響を与えた。左翼・革命運動世界はとくにそうであり、西欧とは格段の相違であった。

中国革命の党、中国共産党に対して、日本共産党（五〇年に主流・所感派と反主流・国際派に大分裂したが両方ともに）、社会党左派はとくにそうであり、一方で保守党の松村謙三（農相、厚相などを歴任）を中心に古井喜実、宇都宮徳馬、藤山愛一郎、田川誠一ら、そして別格で石橋湛山（五六年首相）らがアメリカの圧力をはねのけて交流を強めた。

労働運動では、とくに高野実がとびぬけていた。五三年に朝鮮戦争が米韓・中朝両陣営の痛み分け停戦になるや、高野は「日中両国労働者がアジア不戦の誓い」をたて、北京でアジア各国の労働組合の代表者とともにアジア労組会議を開こうということを、総評の名で提案した（「高野さんにおける労働運動と党」――高島喜久男『高野実追悼録』一九七五年七月）。

「六〇年安保闘争のさいには高野さんは北京にいて総評と総工会と朝鮮職業総同盟の三者のあいだで、アメリカ帝国主義をアジアから駆逐するまで共同して闘うという共同声明の作成に努力している」（同）。

高野は毛沢東思想に心酔し、「毛沢東思想天下之道　一九六七・三」の揮毫がある。そのときに高野主宰の第二次『労働情報』は『労働周報』と題していた。宮本顕治が党綱領を党章程と中共流に称したのと同じで『北京周報』からとったのであった。だがこの頃から中国文化大革命は、初期のコンミューン革命的要素を否定し、毛―四人組による毛・軍事独裁に転じていた時期である。

高野は翌六八年に秘密党員であった日共から除名となった。それは毛文革への支持（日共は六六年のインドネシア共産党壊滅から乗り換えていた）と併行した日本の反戦青年委員会など新左翼系の支持と一本化への指導、日共路線との対立と一対であった。

＊中国革命の「輸入」

戦後の左翼運動は、中国革命の巨大な影響を受け、①調査なくして発言権なし（情報調査活動の重視）、②批判と自己批判、③戦闘の総括などが強調され実行された。

が、いつしかそれは消えてなくなり、いまや三つともに無きに等しい。例えば、日共本部には膨大な部局・委員会があるが「情報調査局」はない。自己批判は〇五年総選挙の惨敗も「善戦健闘」にされた。総括に至っては、池田内閣の所得倍増計画で実際に賃金は七年で倍増近くなったのに、六一年の第八回大会では「ますます悪化」論としたが、その後も訂正されずにそのままである等々……。もっとも日共批判の新左翼系も五十歩百歩で〝内ゲバ〟などはるかにひどかったが。

私は何十人もの先輩革命家、運動家に接したが、自己の実践を真摯に自己批判し、文書化したのは高野実だけであった。

以下「私の自己批判」は死の一年前の――一九七三年九月、病状悪化した入院中の病床で樋口が筆記したもので、その内容とともに大変貴重といえる（［　］は樋口の補足）。

高野実の「私の自己批判」

第一は、敗戦直後の情勢分析の誤りについてだ。ポツダム宣言とか降伏条約の意味について、的確に把握できていなかった。私たちは統一労働同盟を提起したが、全般的に立ち遅れていた。その一方で、どのくらい日本の工場がつぶれ、残った工場や労働者がどうなっているのか、帰還兵の状況はどうか、こうした点を捉えようとしたことは、功績に数えられることだと思う。しかし、朝鮮戦争にしても、平和共存についても、非常に弱かった。長期にわたる情勢分析は弱かったと思う。

第二に、敗戦直後になぜ暴動や蜂起が起きなかったのか、屈服してしまったのか、その理由をきちんと説明していない。もちろん、武器を剝ぎ取られた敗残兵が蜂起などできるわけはないのだが、そのなかでどうするのか。マッカーサー元帥がどういう風に処理していくのか。不明確な態度だった。

第三に、敵を非常に甘く見た。私たちは、もっといくと見ていたが、弱いのがなぜ弱いのか、アイマイだった。武装の問題も、政党の問題も、野坂が帰ってきてからメチャクチャの状況になり、それは今日まで及んでいる。二段階革命についても、革命党と無産政党の関係についてもアイマイだった。イニシアチブグループの考え方もつぼんでしまった。第三勢力と平和勢力も論争にならなかったのに、第三勢力論を出されて負けた。歴史的大転換のときに、平和［勢力］が否定され、日共で負けた。六〇年以降は、無産政党は堕落し、労働組合の範囲内にとどまっている。私たち自身、旧日共の連中が福本イズムに冒されていたのと同じように、資本主義没落論にこだわっていた。ブルジョワ経済学と同様に、世界経済の根本的変化に順応しきれなかった。

第四には、すぐには指導グループができなかった。その問題は今日まで及んでいる。

党と労組ということを考えた場合でも、主体は総評であって、総評は歴史的には階級的［な存在］だ。問題は、基本的組織と副次組織だ。猪俣の場合でも、敵を分解［分断］する場合に、副次組織を沢山作り、主要勢力の方向を明らかにした。主体は労働勢力であっても、非労働勢力を認めることだ。第二予備軍をいくつも認めることだ。それが重要なのだ。この点については、総評を作った時の文章を見てほしい。

第五は、運動のしめくくりを、きちんとしてこなかったことだ。生産復興についても、皆にわかるようなしめくくりをしていない。朝鮮戦争の場合も忙しくて［しめくくりをしていない］。経済復興会議も同じだ。

私（高野）には思想団体のようなものはなかった。［すべてを］たった一人でやらざるを得なかった。労働組合に政治主義を持ち込んだとか、政治偏向などといわれたが、［その当時は］イニシアチブグループさえできない状態だった。本当に寂しかった。［高野さんの目に涙が浮かぶ］労働省の創立二十年の企画で、『週刊労働ニュース』に歴代大臣たちの回顧話が載っているが、八〇％が高野の悪口だ。加藤勘十までそうだ。とにかく、敵を軽く見ていた。矛盾の方［ばかり］が見えていた。

その一方では、功績もある。大変な仕事もしてきたと思う。

例えば、ポツダム宣言や降伏文書を総同盟の中央委員会の議案書のなかに入れた。その点がだめだと、平和時代の労組の任務がわからなくなる。

敗戦後の工場や職場についての調査もした。そこから生産復興運動が起こってくる。イニシアチブ［をどうとるか］の問題が起きてくる。資本主義が復活し、資本家だけが力をつけてくると、

［こちら側の］発言権がなくなってしまう（四八年の四月に復興銀行ができて、傾斜生産方式による回復が明らかになった時点で、経済復興会議をつぶそうとしたのだが、日共は守ろうとしていた）。

敗戦直後の電力をどうするかという問題について、水野成夫の紹介で吉田に説明に行ったこともある。

日本地図のなかで、河川の落差が三百メートルあるところを探し出し、その上で人口との関連でいくつ発電所が必要かを調べるようなこともやった（田中の列島改造論にも同じような考えがあるように思う）。

停電の経験のことなど、労組にしかできないことがある。戦争中に発電所の修理をしていた工場に接触して権利をかちとり、その組織を総同盟に入れたということもある。

総評を作るに当たっては、大金属［註］をつぶすということが重要な課題になった。それが、社会を動かす組織力の秘密となった。つまり、基幹産業を誰がとるのか。鉄鋼でいえば、八幡をとるということが戦略的な勝負になる。そこで鉄鋼連盟（筆者註：鉄鋼労連）をつくることが総評の柱になる。川崎の鋼管などにもオルグを送ったり、秘密の討論会をもったり、総評を作る際に、いちばん苦労したところだ。こうして、八幡は一月の大会で大金属脱退を決める。しかし、資本家と結託したわけではない。朝鮮戦争をめぐっては、松岡は賛成し、総同盟自体が割れていた。そうしたことをネグレクトして、とにかく総評を作ること［を優先させた］。

［註］大金属　当時は大産別方式をとっており、鉄鋼・電機・造船・機械金属などを網羅した大産業別労働組合。現在は業種別を産業別労働組合とした鉄鋼・造船などの小産別方式、機械金属などの中産別

方式、そして異業種を組み込んだＵＩゼンセン・自治労などの複合産別方式がとられ、混然としている。

そのうちにブラッティ書簡事件があって、戦争が始まった時には負けていたが、年末には勝つことができた。総評の結成に対しては、いろいろな誤解があった。反共とか、ＧＨＱの申し子ともいわれた。しかし、平和四原則によって変身を遂げることができた。

＊ライバル太田薫の高野評価

「敵を非常に甘く見た」「とにかく、敵を軽く見ていた」ということは、今は力関係があまりにも違うのでさすがに、こういう見方はほとんどないが、「敵を知らず」はずっと共通しているのではなかろうか。

「すぐには指導グループができなかった。その問題は今日にまで及んでいる」。残念ながらそうである。「党の組織」の関係も相変わらずである。

総評の全盛期は、確立した高野期であり全面化した太田・岩井ライン時であった。太田はとにかく直観力の人であり、かつ開けっぴろげの人であり、高野のライバルとして立ちふさがった。

高野事務局長の対立候補として最初に出た五三年は、左派社会党、とくに和田博雄書記長と高野、社会主義協会と高野が「平和勢力論」と「第三勢力論」などで全面対立した背景があった。

以下は、七四年一〇月一二日に行われた「高野実を追悼する」での太田の言葉だが、その高野評はかなり当たっている。

「高野さんに――というより先生といった方がいいんですが――田舎の宇部におるときに東京の中労委に上京してこいといわれて、それから労働運動を始めたんですが、労働運動は高野さんに習ったわけではなくて、旧総同盟系の伊藤さんや上条さんに習い、それが高野さんと別れて事務局長を争うようになったんだと思いますけれど、私は、高野さんは――意見は違いましたけれど――大変天才的な、天才的だからこそ考えが先にとんでいたんじゃないかと思うんですね。で、民同という総評の中の日本株式会社というようなことで生きられるような人じゃなかったと。それが逆に労働運動よりは政治、革命という焦り――そういったら失礼ですが――になっていったんじゃないかと思うんです。今の労働運動でもできることを、政治運動にもっていこうとするのは、善意に解釈すれば民同や企業別組合は弱いからということなんでしょうが、もうここまで成長したんだからジックリ構えていけばいいと思っても、高野さんはひらめきというんですか、飛躍があったように思います。

高野さんは、運動である以上いろいろなことがありますが、絶対潔癖に運動をやられた、誰よりも潔癖に運動をやられていた。でも、高野さんという人は、死にきれなかったんじゃないかと私は思うんですよ。こう、革命の夢を追っているから、最期まで死にきれなかったんじゃないかと。私が年末に行った時にも、運動への執念というんですか、血を吐いてまで……そこに全金の仲間が一緒に来られていて、長くおったら死なれるんじゃないかと思って私達は出た位なのに。その時、三〇分、遺言的に若い仲間に話されとったのをきいて、私はそれの十分の一でもできるんだろうか、運動に対する執念というものは、誰が何をいおうとそれを非難する資格は私達にないんじゃないかと。それをどれだけ私がこれから学ぶことができるだろうかと。総同盟の頃も、いつも牛乳と人造バターを食べられていて、こんな結核わずらったのにこれで長生きするんだろうかと思うような、大変厳しい生活されてて、執念でここまでこられたんですが、私は、この状勢みて死にきれなかったんだと。もっと生きとってもらいたかった。考え方は違っても、今運動が若い人が強くなってきたんだから、もう一寸芽が出て高野さんが見て未来があるというところまで生きて頂きたかったと、こう考えます。

高野さんが最後まで運動を捨てられずに、血を吐きながら仲間に手紙を書いたのを見さして頂きましたけど、それをどこまで学びとれるかと自分であやぶみながらできるだけ努力したいと、こう思っています」

太田の読み違いは、高野の生涯を貫いた最大のものは、「労働組合の番人」であり、「総評をどうするか」が中心点であったことである。龍井葉二（総評→連合書記局）は、高野の弟子として最後の数年間、もっとも近いところにいた。彼は「追悼する会」でいう。

「そのむしばまれた肉体からは想像できないことですが、高野さんは決して過去の闘士ではなく、現役の闘士であり、それも『総評の高野』さんであった……。運動史について話される時も決して回想風には話されず、現在との比較に一番のポイントをおかれていましたし、自己を『合理化』するどころか、考え得る最も厳しい目で見つめられ、『私の自己批判』のメモさえとっておられました」

四❖綱領主義をこえた党組織論――だが「現実の党の壁」に敗北

＊高野派の拠点と人材

戦後日本労働運動で〝左〟の前衛的役割と機能を発揮したのは、高野派とある時期までの国労革同（革新同志会、五七年からは革同会議）であった。

高野派は、高野が戦後ずっとそこに足場をおき拠点とした金属労組（総同盟→総評全金）を中心に、砂川闘争から六〇年安保にかけて東京地評は「高野派」として鳴り響いた。さらに全港湾は、兼田富太郎、吉岡徳次の歴代委員長が高野派の領袖であった。

私が第三次『労働情報』を企画推進し、発行した（一九七七年）時以来、吉岡委員長が中執全員を必読の固定読者とし、それが長年続いた。大阪総評も仲橋議長［註］がそうであった。

［註］仲橋喜三郎　総評全国金属大阪地本初代委員長・大阪総評初代議長・大阪労働金庫初代理事長。総同盟の拠点大阪で分裂後、少数左派の高野派。

高野総評時代は、日教組の平垣書記長、全駐労の市川誠委員長、全印総連高橋（総評副議長）、比留間全印総連委員長、鉄鋼労連清水慎三書記長（東の拠点日本鋼管川鉄労組の中執の多数が高野派）、全金では北川義行（総評組織部長）や松尾喬、佐竹五三九両委員長らを軸に、本部や主要地本が大きな影響力を持ち、資本からは恐れられていた。

＊独特の卓抜した発想

高野の「党」論、とくに前衛機能論は、次のごとく日共を長く支配した綱領主義（理論主義）とはおよそ違っている。

「私はいつでも、機能論でよい。それが本筋だと思うのです。党の原則綱領の理論を先にたてるのではなくて、実際の生活闘争の中で『党』生活を学ぶのが順序だからです。人民の闘争の中で鍛えられるうちに、身のまわりの諸闘争と天下国家との間のかかわり合いを感知する。自分自身のアタマで知恵で発見し自覚し覚悟をきめていくわけだから」（「猪俣の『実践』に学ぶ――それは、大衆に依拠し、大衆と共に戦略展望の視点を堅持するものだった」『猪俣津南雄研究』第九号、一九七二・一）。

この発想、思想方法論はきわめて重要な問題提起である。

日共では、とくに宮本時代（五五年の六全協、とくに五七年の第七回党大会以来）に入って以来、不破議長時（今も）の最大の特徴は綱領主義であった。唯一真理に基づいて正しい綱領を持てば、それを普及する数十万の党員と機関紙をテコにして革命を勝利に導く（今は議会中心）――煎じ詰めればこういう思想と発想になる。高野の発想は正反対である。

短い右の一節を熟読して欲しい。私自身、この一文を書くために三〇余年前の猪俣研究誌を再読してすごく驚いた。かつて宮本反対派の中心意見者も、綱領主義はまったく同じで、その中身が違うだけであった。

＊党機能論

高野は、若い二〇歳代から――福本イズム全盛時から機能論であった。

「私らが福本の『結合と分離の論理』に反対したのは、責任を負うて、大衆の中で実践していたからです。『党員』に非ざれば共産党ではない、という風に考えるか、それともコミンテルンの綱領、規約、二一ヵ条に照らしながら『党』というものを『機能』として考えるか。ここんところが重大な議論の別れ目ではないかと思いますが。猪俣さんの組織論は、いつも機能論だったと思います。

ですから、日共をつくる人があれば、歓迎です。入党して共に闘える日共を歓迎です。けれども組織に入らない人々にも大いに共産党員としての機能を発揮してもらいたい、その中から立派な組織をつくり上げていきたいということです。猪俣さんの方は第一次共産党事件の経験からものを考えていたが他の一部は、福本イズムが批判されながら、ますますセクト化のコースを走り、労働運動の高揚、無産政党運動の発展の中で、猪俣さんの『機能論』に対立してセクト的な『党組織論』となったわけです」

この三年来、私たちは〝天下同憂の士〟と横断左翼を論じ共通の目標をめざして、ゆるやかな実践を志しているが、高野はその横断左翼について次のように前記対談で言っていた。

「横断左翼論からいえば、あれもこれも日和見主義者、裏切者ときめつけ、自分らだけが唯我独尊で支配権の掌握をねらう機械的な活動に参加することは出来ませんでした。さまざまな水準の仲間が善意を抱いて登場してくるのを歓迎し、舞台を大きく展開していく。その中での『党的活動』をのばしていく。セクト的な人間関係、人間結合ではなく、闘争の中で党的役割を果たす分子、グループと正規の組織の拡大との関係を考えていたわけです。

ですから、ある団体の中にただ一人しかいない『党』も考えていましたし、機関の中でただ一人ないし数人しかいない。多数のさまざまの水準の同調者あるいは同志……等の条件下の『党』的存在、任務職分、また労組、政治集団、地方政党、中央政党、婦人団体……といったものを考慮にいれての『党』組織拡大、『党』としての任務を主張していたのです。そういう意味での、機能論。横断左翼論というわけです」

「現実の『前衛党』がもたもたしている際、機能論からすれば、形式のととのった『党』組織でなくて、イニシアチブ・グループであってよいわけです。つまり、誰かが、党員候補をえらんで細胞に報告します。人間関係で推薦する、引張り込んで数をふくらましていく。こんなことが方々でやられれば『派閥』を生んでしまうでしょう。そうでなくて、労組なり政治闘争なりの大衆行動の中で、敵との戦闘の中で、立派に党的役割を果たしている同志がみとめ合う。そういう闘士を細胞のまわりに抱えていく。党細胞がいちだんと党機能を強化発展さすという実績をあげていく。『党員に非ずんば共産主義者ではない』という源平論みたいなものではなくて、党員ならざる闘士が実際に当って〝党機能をはたす〟闘争の中で二度三度とためされた人が、それから候補に推薦され三月なり半月なりで党員になっていく、という過程をへるわけでしょう。だから、今日、細胞を名乗り、地区委員とか何とかの地位にあっても、そのときどき党機能をはたさないなら、名前とか、資格があっても価値がないわけでしょう。名称や格付けがなくても、実質的価値を発揮する方がねうちがあるというものでしょう」

＊党の壁を突破できなかった

高野の党論は、徳田型、宮本型（不破に至る）のいずれとも違う卓抜した「実践の党」「労働・生活を基にした人民の闘争の中で鍛えられるうちに、身のまわりの諸要求と天下国家との間のかかわり合いを感知する。頭（方針）を上に預けるのではなく、おのれの頭で知恵を発見し、考えるという党風は昔も今も多くの党できわめて弱い」という作風と党風観を持っていた。

その彼が、五六年、日共に再入党（二二年創立時に入党、早大第一細胞）し秘密党員となり、六八年除名となった。六〇年安保頃も党本部の査問にも呼ばれていたが、春日庄次郎統制委議長が「ややこしくなるから、査問委に行くな」と忠告している。

宮本指導部とは労働・大衆闘争をはじめ政治闘争までことごとく相容れなかったであろう。彼は死の直前に「私の自己批判」メモを書いたが、党について「〝壁はやぶれなかった〟というのを書こうと思っているんだ。いろいろ間違いはしたが、根本的には〝党〟の問題で壁を突破できなかった」と次男の津村喬に語っていた。

そしてもう一つの党として、共同戦線党としての社会党に四九年（社党が大没落したとき）に入党し、五〇年代、左社との対立時に脱党した。そしてこのときはやめるのが早すぎた。統一戦線形成のためには、この党のあり方がもう一つの問題点で、なかで改革のためにもっと闘うべきだったという自己批判である。

さらに、高野自身が党をつくる快意をした――三田村四郎が戦後、日共復党を希望したが拒否され、その後、反共の闘士に転じる前に高野と組んで左翼新党をつくろうとした（松本健二『戦後日本革命の内幕』亜紀書房、一九七三年）が、松本に強く反対されて断念。あるいは風見章（近衛内閣書記官長。尾崎秀実を近衛ブレーン団に入れ、ゾルゲ事件発覚後の態度も立派だった。左派社会党代議士など）が、高野に新党結成を、あるいは松本治一郎（部落解放同盟委員長、参院副議長）も同様に働きかけをおこなった。

いずれも高野が労働運動に強い影響力を持っていたことを見込んでのことであったが、高野はＯＫしなかった。

＊今も続く大きな壁

高野のイニシアチブ・グループ論は優れていたが、党形成の右の三つのパターンに、ことごとく失敗した。質は違うが各々の党の分厚い壁を破れなかったのである。

「社会主義と労働運動」「労働運動と党」は、戦前も戦後も、そして今も未解決のままである。

社会主義インターの中核で、議長国であるドイツの強大な社民党と労働総同盟は、一九九〇年頃のラフォンテーヌ（党議長、その後、大蔵大臣。数年前に脱党し、旧東独共産党→民主社会主義党と統一ブロックを形成中）と世界一の大金属労組委員長シュタインキューラーが、ワークシェアリング――時短と賃下げをめぐって大論争し、決着つかなかったことをみても問題の大きさが分かる。

スウェーデン、イタリアなどの両者の経験は、ほとんど紹介されてこなかった。

＊高野と私――オルグ論

私は高野実と、六〇年安保頃に所属した労組が総評全金に加入した頃から知り合い、有形無形に教わった。彼は、酒をほとんど呑まなかったが、私らの工場に来たときは川崎市鹿島田駅前の居酒屋に二回つきあった。そして「京浜（労働者の町）にくると心が安まる」としんみりした口調で話していた。

六九年の〝決戦〟が過ぎた七〇年初めに、私は『統一』（共労党機関誌）に「オルグ――過去・現在・未来」を五回連載した。

職革オルグのいくつかのタイプ、その喜びと辛さ（食えない）、オルグのあり方などを述べ、〝後につづく（若い人）〟同志が多く出ることを期待した。

私は地区オルグ、工場オルグ、生協オルグ、党オルグなどを経験したが、参考になるものがゼロ、つまり戦後何百何千人と各種オルグが生まれ活躍したが、集約・総括するものが当時、何もなかったのである。理論（のみ）重視・経験の軽視（無視）の風潮がこの面でもそうだったのである。

このつたないオルグ論が高野のブレーン・高島喜久男の目にとまり、高野が読んだ。そしてすぐに「よく書いた」「とても喜んでいた」と高野からの伝言が届いた。

高野自身が一九二六年に豊島合同労組のオルグとなって以来、多くの労組や党のオルグとして苦難の道を歩んできたから、私のごとき若いオルグの登場を心から喜んでくれた。

七四年の参院選全国区に戸村一作（三里塚闘争指導者）を擁立して、選対本部をつくったときも、高野の助言を受けに行った。

彼は死の直前で登戸病院に入院していたが、長谷川浩（元日共政治局員、労組部長など）が、俺も会いたいというので、一緒に病院を見舞った。高野は例の静かな口調で言った。「選挙は出ればいい、やればいいということではダメで、やる以上勝つことをめざしてやるべきです」

その伝言を選対本部に伝えたが、六〇年代の反日共（反代々木派といわれていた）の候補者は、内藤知周（社革議長）や神山茂夫も、新左翼の黒田寛一、浜野哲夫も問題外の泡沫候補で供託金没収の惨敗であった。

戸村選挙は、一〇〇万票台で上位数人の一人として当確といわれ、その雰囲気が圧倒的だったが、結果は二三万票の惨敗であった。本部は党派専従が多くつめていたが、電話かけやハガキを出すといっても相手がいない（〝普通の人〟とのつきあいがまったくない）状態だったことが勘定に入っていなかったのであった。

＊高野とニューレフト

高野は反戦青年委員会の労働者に強い期待感を持ち、羽田闘争（六七年一〇月～一二月）のあと全国をオルグして回った。それは、「諸セクトに分裂しているいわゆる新左翼の戦闘的労働者をなんとかしてひとつにまとめたいと考えられたからであった。高野さんは、すでに左翼運動者の象徴的な存在であり、高野さんだけがセクトをこえて、これを一堂にあつめることができた」（高島喜久男「高野さんにおける労働運動と党」『一階級戦士の墓標　高野実追悼録』一九七五・五）。この追悼録には労働運動で佐藤芳夫（石川島造船・全造船委員長、中立労連議長）、樋口篤三（全労活事務局）、比留間長一（全印総連委員長）、西村卓司（三菱長船労組）、そして山田昭（山川暁夫）が一段大きく載っている。高野・高島が「期待した人間像」である。

第三期『労働情報』は、その二年後に発刊した。高野思想と高野派・新左翼労働運動（内ゲバ反対の）、プラス社会党左派（新日鉄社党協など）の枠組みであった。

その原点を知っている人はほとんどいなくなったが、同誌は多くの予想に反して約三〇年間続いている。それは関係者の努力とともに、「地下の高野」が「今の活動家を動かす」底力が、地下水脈にあるのであろう。

【「類例のないプロレタリア革命家――高野実」『先駆』二〇〇六年六～九月号】

3　社会主義革命・構造改革論の創始者――春日庄次郎

一❖さまざまな「春日評」にみるその実像

「人は、棺をおおって値打ちが定まると言うが、春日庄次郎さんの死は、まさにそれに値する人だと思う」(三戸信人)

日本が誇るプロレタリア革命家・春日庄次郎は一九七六年四月九日に波乱にみちた生涯をとじた。それから三〇年、この列伝を書くために、春日の書いたもの『草の実――いとしき子らよ　お母ちゃんよ』(ウニタ書舗、一九八六年)や、『追悼・春日庄次郎』(現民研発行、八六人が執筆、一九七六年)、共労党第三回大会(一九六九年、内藤議長らと激突して分裂)の『「政治報告」の討論メモ』等を読みなおして、革命家・春日が日本革命史の誇るべき人であったその真骨頂、人がら等を再認識した。

私は晩年の一〇年間に党をともにした大先輩、同志であったが、時がたつほどに、春日の歩いた道の〝すごさ〟をあらためて実感した。

春日は二回の獄中生活、計一六年間を非転向で貫き通した。宮本顕治は、党幹部の経歴書を全部よんだうえで、非転向は獄中一八年の徳田、志賀らが有名であったが、「本当の非転向は俺と春日だけだ」と語っていた。

敗戦直前には、「最後にはほとんど絞首台に送られそうにまでなった」と本人は、子供らに書きのこした。

＊日中戦争に全面的対決―その驚異性

日中戦争が全面化した一九三七年は、思想政治弾圧が従来にましてさらに強まり、小学校には天皇の写真をかざった奉安殿が正門入口に立てられたように、天皇「現人神」化と一体で反戦反権力の芽は徹底的に摘発された。

春日は、一九二八年に三・一五事件の「一〇年」刑期を釈放されるや、休む間もなくただちに「共産主義者団」を組織して、反戦反日帝闘争を始めた。

春日が指導した「共産主義者団」は、それ以前の共産主義運動にない新しい思想をもっており、実践的にも立派であって、高く評価されるべきものと思われる。

「この事績は関係者全員の英雄的行動というほかに評することができない。党理念では厳正であっても実践方式はきわめて柔軟である。出征家族と応召者に対する直接の働きかけなどは、戦時下日本のもっとも大胆で創意に充ちた活動として、その時期と範囲を国内外で高く評価すべきであろう」（石堂清倫「春日庄次郎の残したもの」）

敵側も、春日らを驚異的にみていた。

「支那事変下の時局の重圧と左翼陣営一般を風靡しつつあったいわゆる合法主義・解党主義的傾向とにかかわらず、敢然之に抗し、特に事変による大衆生活の窮乏及び出征兵士遺家族の生活不安なる社会情勢に乗じて、短期間ではあったが極めて活発かつ旺盛なる非合法活動を展開したことは、団の根本的な特徴といわなければならない」

「その大部分は、相当長期の実刑を受けたるものなるにもかかわらず出所直後再び団活動に参加し、しかも私財を投じ私物を売却して活動資金に充当するなど、その革命的熱意と献身的努力とは、事の

善悪は別として驚嘆に値するものがある」（検事・佐藤欽一報告書『日本共産主義者団の研究』、一九三九年一一月）

なお、戦後の官庁側の資料において、日本共産主義者団の活動にたいして、「日共中央が壊滅後行われた再建活動の中では、もっとも組織的に行われた運動であった」（公安調査庁版『日本共産党史（戦前）』、一九六二年五月）という記述がみられ、他の再建運動とくらべてその「組織性」が特筆されている事実にも、われわれは留意する必要がある。

＊味方からの評価

団活動の裁判の中で、松本惣一郎は、孔子の言葉を引用して、「朝《あした》に教えを知れば、夕《ゆうべ》に死すとも可なり。その教えを与えてくれた指導者こそ春日庄次郎である」といった。

松本は、戦後まだ権威のあった頃の少数の中央統制委員（宮本顕治は一九四九年に統制委議長、春日は一九六一年八回大会時の同議長）で、唯一の趣味はプロ野球のＴＶ観戦で、酒も呑まず、生涯独身、コールテンズボンに運動靴、三六五日マルクス、レーニンの本を読み、翻訳して亡くなった人である。

わが日本で革命理論として構造改革論が紹介されて、政治運動の理論化が始まったのは一九五〇年代後半からである。

理論家としては、井汲卓一、長洲一二、佐藤昇、勝部元ら。別の山脈からグラムシをいち早く紹介し摂取展開したのが石堂清倫、前野良らで、まさに多士済々であった。

いま、春日庄次郎を知っている人はもう少ないだろう。構造改革論をかかげて、山なす困難の中で開拓創造の苦労をしぬいた最初の領袖の軌跡をたどり、正負の遺産を学ぶことは、歴史総括のために不可欠である。

＊前野良が語る春日庄次郎

「春日さんが、七三歳の生涯をおえられた。一九二〇年代からの共産主義運動にすべてをささげつくし、しかも世界的（一国的ではなく）動乱の今日の時期に真に人間の解放と自由の社会をもとめ最後まであらゆる模索をつづけられ、その生涯をおえられたのである。定型とその権威によりかかることは、どの世界においても安易である。それを破り真の旋律を創ることはむずかしくまた孤独である。あとの道は春日さんは重い内なる歴史の殻を自らやぶって選ばれた。真の旋律はまだ創られていない。自らの手だけによってそれを創ろうと思ってもおられなかった。闘う若者によっていずれはつくられる、その自由のためのせん律への様々な軌跡をつくり残されていったのである。そう私は思う。

春日さんはしばしば、日本共産党における少数反対派の指導者として、その理論は『社会主義革命派』あるいは『構造改革論』の代表者としてあつかわれてもいた。それはあたってもいるし、あたってもいない。もっと複雑な歴史的内容をもっていた」（前野良「春日さんの『無定型』な軌跡」）

「日本における社会主義革命論としての構造改革論は、その方法論において、様々な認識と歴史理論が、有機的綜合性をつくりあげることなく、結合していた。いま私なりに、それを大ざっぱにわけてみると、

（第二）は、政策派ともいうべき方法であった。政策提起集団としての政党の機能と役割を特に重視し――このことは否定的なことではないのだが――政策を表現する主体については、古い自由主義的方法しかもたなかった。近代政党観にもとづく組織論しかなく、したがって既成の社会組織や政治組

織にもとづく政策遂行の実践しか生まれなかったのである。それは、国家論における機能主義的方法にもとづくといってよいと思う。

（第二）は、変革の主体の問題を追求しようとする方法であった。主体というのは、前衛政党論をさすのではなく、むしろ政党の基礎となるべき社会的・政治的組織の問題であった。ローザがレーニンの前衛政党論を批判しロシア革命がつくりあげた社会を問題にしたとき、それは前衛政党の社会的基礎と人民大衆の行動力の性格を問題にしたのである。

春日さんは、第二の方法を主として追求されようとしていたのであるが、社会主義的変革における民主主義的、市民的、政治的民主主義の価値体系とその制度にもとづいてでなく、大衆的な抵抗とそのエネルギーにささえられた運動の理念としてあり「絶対民主主義」ともいわれる性格をもっていた。

構改論の初期、春日さんは、レーニンが『国家と革命』のなかで民主主義をブルジョワ独裁の一形式として暴露しながらも、この民主主義が、大衆の革命的闘争にささえられた場合には別の性格をもつことを指摘した点をとりあげ、構改論のひとつの理論的なささえとされた時期があった。

それが、『絶対民主主義』（絶対自由主義――グラムシ）の概念から、晩年においてその原点を生産点における労働者の『自主管理』のたたかいのなかに求めたようにされていた」（前掲）

この追悼文の最後は、次の言葉で結ばれている。

「春日さんの死を想い、その生涯を愛し、このまずしい言葉をささげたいと思う」

この二人は、「共産主義者の総結集」運動の中で、志賀義雄準備委員長による親ソ八一ヵ国声明断固支持路線と意味不明な組織論に対して、前野は前者の限界点を指摘してゆずらず、春日は民主主義と「党内民主主義」で思想闘争を貫き、われわれの労組グループはこの二人をほぼ支持した。

＊永遠の青年

勝部元（桃山学院大学長）の一文も、革命家と学者の交流を語った秀れたものである。いまの日共には、こういう心の通いあいはついえさったのではないか。

「惜しいひとを亡くしたとつくづく思う。わたしが春日さんと知り合ったのは六全協のしばらくのち、故市川義雄さんに連れられて代々木病院の病室を訪ねてからだった。映画『静かなるドン』に出てくるパルチザンの隊長のような偉丈夫がそこにいた。わたしがつき合った共産党の領袖の誰よりも頭脳の回転が早く、かつ柔軟で理解力がすぐれていた。わたくしは忽ち春日さんのとりこになった。

七回大会――八回大会の綱領問題を中心に何度か直接お目にかかったり、文通によって春日さんと意見の交換をした。学者や知識人から真剣に学びとろうとする春日さんの態度に魅せられてたくさんの友人が、かれのまわりに集ってきた。

官僚主義でない真に開かれたマルクス主義、人間解放と真の自由を追求する、人間性にあふるる社会主義――それが春日さんとわれわれ学者との間の共通の目標だった。新しい知識や情報が入るごとにわれわれの間でどれ程熱っぽい議論がたたかわされたことか。その点で春日さんは指導者でありかつ『永遠の青年』だった。

だから西郷隆盛のように同志や青年たちにおされて離党し、社会主義革新運動をおこし、さらにその側近者たちに裏切られて孤高の道を歩むというようなこともおこった。

善悪ともわかりのよすぎること――これは生臭い政治の世界ではしばしば地獄への道に通じる。宮本顕治氏と春日さんとの対決はまざまざとこのことを示しているようだ。

だがわたくしは今をときめく『日共株式会社社長のずる顕』よりもはるかに、孤高の道をえらび、純粋なわが道を辿った春日さんにひかれ、そのヒューマニティにあふれる人柄の中に真のコミュニストの像をみる。

くりかえすようだが惜しい人、わが人生の師を失くした。悲しみははかりしれないが、かれの歩んだ道は暗夜の光明のごとくわたしたちの人生を照らし、はげましてくれることと思う」（勝部元「春日庄次郎さんのこと」）

＊革命家魂と市民的寛容

佐藤昇は、構改論を共社両党を通じて展開した理論家であったが、「革命家の資質」についての春日評もみごとである。

「それにしても、春日さんといい、内藤（知周）、内野（荘児）、波多（然）さんたちといい、至純の革命家魂と市民的寛容をあわせもち、高い見識を備えた人々に限って、共産党では不遇に終わったのは何故だろうか。

もっとも考えてみれば、これは別に不思議でも何でもないのかもしれない。私はこの人々の中に、生前、私の師でもあれば、友でもあった故中西功をも加えたいと思う。

春日さんは老ボルシェヴィキという言葉がもっともふさわしい人であった。老というのは必ずしも老人ということではなく、むしろ百戦錬磨の古強者という意味である。またボルシェヴィキとは、革命後のスターリン的党官僚のことではなく、一〇月革命を身をもってたたかいぬいた情熱的で、献身的な、不屈で果敢な革命家たち、その大半があるいは内戦でたおれ、あるいはスターリンの粛正によって非業の死をとげた戦士たちの謂いである。

春日さんのような、老ボルシェヴィキさながらの、ほとんど古典的ともいうべき美しさをそなえた革命家はもう日本には生まれないのではないかという気がする」

＊労働運動と春日

革命家・春日に心ひかれた人には、これら秀れた学者だけではない。

三戸信人は、労働運動家で「思想をもって」きた数少ない一人であるが、春日が、労働運動を理解した数少ない革命家であったことを追悼した。

「春日さんが訪ねて来られたこともあるし、また、私の方からお誘いもして、時折飯を食べながら、いろいろと話合ったこともあった。そして、私たちの組織にも、春日さんの影響を受けた人たちが、かなりいることを知った。

こうしてお会いすることで、確認されたことは、昭和二二年から翌年二三年にかけて、私たち産別会議民同グループと共産党本部との対立が続いていた当時、春日さんは共産党の中で公然と、私たちを支持してくれたということである。これも亡くなった神山茂夫氏の場合もそうであった。

今にして考えると、春日さんは、『評議会』生き残りの証人であったし、神山氏もまた、『全協刷同』の経験者で、いずれも生きた労働組合運動を理解できる数少ない人であったからであろう。

ともあれ、春日さんの本領は、大正期の労働運動から共産主義運動へと、この人ほど一途に、しかも大衆の心を持ちつづけて、貫きとおした人は少ない。それだけに、春日さんの死は、たんに惜しい人を失ったというだけに止らない。いってみれば、左翼運動の中の、ある爽かな『良心』の象徴が失われた感が深い」（三戸信人「さわやかな『良心』」）

佐藤のいう〝老ボルシェヴィキ〟の中で、新左翼のもつ〝良さ〟――革命運動の革命的継承――をもっとも理解した人も春日であった。だから、その裏側の弱点もいち早くとらえ（共労党の左旋回の半面の危険等）、また、死の直前には、「内ゲバ」の終焉を呼びかける、国分一太郎、佐多稲子らとともに精力的におこなった。

二❖宮本顕治との大きな違い

＊地位も名誉も金もいらず、命も惜しまず

春日庄次郎は、二〇歳から五三年間にわたって革命運動を全身全霊で闘った。私とは二五歳上の大先輩だったが、春日に接した人なら感ずるが、革命へのたぎる情熱、あらゆる自己犠牲をいとわず誇らず、運動と己の政治的危機下にも黙々と耐える忍耐力、そして純粋で剛毅な人柄であった。地位も名誉も金も求めず、命をも惜しまない一生であった。「昭和の志士の人」であった。

春日批判の人々、片山さとし（読売新聞→赤旗編集委員、日共都委員）は、「老指導者の中では人間的には春日さんをいちばん尊敬していましたが……。理論的には変わり目が早くて私などとしてもついていけませんでした」という。

松江澄は（広島県労会議議長、県議五期、社革議長）は、「『社会主義革新運動』をともにしたが、まもなく『春日理論』と対決して、私は袂を分かった」と語り、山本徳二（京都総評オルグ、社革・京

都）は、「『我慢のない革命家』だった」という。

統社同で大阪・大森、神戸・直原、京都・榎並と「三〇歳代でことの中心となって進もうではないか」と連携した安東仁兵衛は、追悼集に一文も寄せていない。山本や松江と多分に、同意見だったのであろう。

その大森誠人（統社同大阪の中心者）はやや違っていた。「最後の一晩まで前を向いて前進する、決して後を振り向かないという生き方は、僕にとって、もって範としなければならない」「回想録を書かず、現実の変化に注目し続けるということ自体が、努力がいったことだったし、その努力が個性とも、またあの場面には頑固さともなったのではないか」（いずれも『追悼集』）といった。

確かに、春日は一九六一年離党から六五年にかけて、社革（議長）から離脱→統社同（議長）からまたまた離脱→統一有志会にいたっている。

組織的には、二〇～三〇人くらいにやせ細り、日共離党時には極めて好意的だった私も、短期間に三回も「飛び出す」あり方に疑問だった。批判者は、そのときのことを言っているのであるが。

私は、春日の危機のどん底のときから、死ぬまでの一〇年余にわたって党と政治生活をともにするなかで、違う人間観、革命家像を持つにいたった。

＊ひたすら前へ！　新左翼理解者

春日の姿勢は、多くの味方の白眼視にたえて、ひたすら「前へ」であり、その過程こそが「新左翼のよさ」、自らが体験した若き革命運動の日々の姿が、日共に変わって「革命的伝統の革命的継承者」として映り、期待とともに自らを一体化しようとしたのであった。

多くのオールド・ボルシェヴィキ（日共中央委員などから社革、日本のこえ、毛派に行った人々）のなかで、彼一人が突出して新左翼を支持し、反戦派労働者に断固として連帯した。自らも、国立べ平連をつくり行動した。

新左翼＝トロツキスト＝小ブル急進主義、あるいは反革命分子論が多いなかで、春日と戦前の共産主義者団以来、社革、統社同までずっと一緒であった原全五（日共中央委員候補。統社同大阪を山田六左右衛門とともに代表した）でさえ、「トロツキーは反革命や」と共労党第三回大会（一九六九年）で発言する状態であった。

春日は、渡部義通（歴史学者）、国分一太郎（文学、教育）ら少数者とともに、われわれと一体だった。

＊衝撃的な出会いの数々

春日との出会いは、私にとっていつも衝撃的であった。

最初は、一九四八年の「三・一五事件と市川正一を偲ぶ」会が、木造の渋谷公会堂でおこなわれたときであった。

春日は三・一五大弾圧当時、二四歳で中央委員候補、関西地方委員長で治安維持法で懲役一〇年。その獄中闘争では、生意気な看守のあごを、モップで突き飛ばしたこと、「天井食わせ！」とテーブルに座り込み、あるいはやせ細った（三〇キログらい）市川正一への食べ物要求などを語った。二〇歳の私は「すごい革命家だなぁ」と感嘆した。

五〇年の春日意見書と日共大分裂、五一年、国際派秋月二郎名の自己批判書、五五年、六全協直後

の『前衛』誌論文（党の戦後最大危機をありのままに見、その突破をめざした）に共鳴して、何回も読んだ。そして五七年第七回と第八回大会での春日支持は全党員の三分の一を占めた社会主義革命論、その一つひとつが強く印象に残る。

六〇年安保直後にはじまった第八回大会準備期に、私の工場細胞は春日統制委員会議長の話を聞こうと決め、私が党本部の春日に直に電話をすると、彼は即座に承知した。

このときは、党内民主主義の最後の残照時でもあった。京浜地帯ではトップランナーとして知られてはいたが、大企業や官公労の有名細胞ではないのに川崎市鹿島田にやってきた。全国数百の工場細胞で、恐らくただひとつであったろう。多くの党員より何人かの〝シンパ〟の反応の方がよかった。

春日の監視役として、清水省三統制委員がついてきた。終了後に、駅前の寿司屋に行ったら、押し殺した声で、清水と論争（言い合い）を始めたが、私は、春日の綱領論争も党内民主主義論にも強く共感した。

＊真摯な自己批判

革命家・春日の特徴のひとつは、たえざる「前へ」とともに、自らの誤りを振り返って反省する真摯さにある。

日中戦争全面化と極度の治安弾圧下の「嵐をついて」（同名の論文がすごいものだった）の党再建運動は、国家権力・検事たちを戦慄せしめたが、彼は、後年になって戦争中の反戦反帝闘争の鑑とされた共産主義者団を、自省的に次のようにとらえかえしていた。

「我々は、ここで党というものを真剣に考え直さなければならない。……あの団も、なぜ共産主義者団でなければならなかったのかということを自分は今反省している。なぜそれが反戦闘争団であってはならなかったのか。もう一度、あの時点に立って考え直す必要があるのです」

この二つの組織論は、大きく異なる。この発想ゆえであろうが、春日は自らが組織した社会主義革新運動、そして統一社会主義同盟を自ら去ったが、それはともに「組織の体質がすべての点で代々木そのものだということに気づいた」からだった。

つまり、頭は変わったが、身体は同じということを感じた瞬間に、自ら去ったのであった。永久革命と絶えざる革新である。

それが安東仁兵衛、松江、山本らには「我慢のない革命家」と映じたのであろう。

第八回大会に向かってある「外国の同志」（ソ連党）が「組織なしの党内闘争は敗北するに決まっている、少数意見を貫徹するためとあれば、組織的活動の経験を伝えてもよい」といってきたが、春日はその提案（たぶん資金も）に一顧もせず、返事もしなかったという。ここが、志賀義雄（三年後の「決起」には一億円の資金が動いたという）との最大の違いである。

石堂は、これらを記したのち、「彼は最後まで原則主義者だったとみえる」といい、一方では、共産主義者団は「反戦闘争団」でもよかったのではと、三〇数年後に振り返った。その反省と柔軟性をも指摘し、評価した。革命とその党を終生求めたが、その原則性と柔軟性の両面を持ったことが、春日の特徴であった。

＊革命家の人間像

春日のもう一つの特徴は、人間評価である。

五〇年の主流・所感派では、志田重男《しだしげお》は、徳田なきあとの最高指導者であり、全面排除された国際派は、宮本と春日が二大指導者で、激しく対立した。

春日は左腎、前立腺、カリエスの三大病をかかえて入院、大手術を受けたため、六全協には出席できなかった。志賀義雄が手術に立ち会った。

そして、春日正一（臨時中央指導部議長）や野坂参三、志田、紺野与次郎らは、揃いの背広で突如として合法集会に姿を現したその足で、見舞いに来、さらに、六全協で「手打ち」し、妥協した二巨頭の志田・宮本が面会に。

「『われわれはみな仲良くやっている。荻窪に一軒家を借りて、そこで一緒に生活をし、碁や将棋をさしたり、仲良くやっている。君も少し歩けるようになったらそこへおいでよ』と言いました。私はこの『仲良くやっている』ということばにたちまち反撥を感じました。

『君たちが仲良くやっているのは不思議なことだ。仲良くやれるものはやったらよかろう。しかし、おれはそうはいかぬ。志田君！　おれは君がスパイか挑発者でないかという疑問が全然とれていない』と私が言うと、宮本は憮然とし、志田はややほほえみをしながら、『あんたのそう言うのももっともや、だんだん判ってもらえると思う』と言いました。二人はそこそこに帰り、私はくそ腹が立って、ふとんをかぶってしまいました」（『草の実』）

大幹部志田に向かって、直にこう言えた人はほかにはいない。

＊驚いた志田重男の評価

春日は、志田を、このようにまったく信頼していなかった。

志田はこの面会後に、地下活動中の豪遊（一流料亭に入り浸りだった）の事実が『真相』（党員の佐和慶太郎編集）で暴露され、一挙に信用を失って「行方不明」で「失踪」、さらに財政の「トラック部隊」のかご抜け詐欺も暴かれ、宮本はしぶしぶ除名せざるをえなくなった。

その志田が、一九七〇年代初頭に死去したことを新聞が報道した。

そのとき、春日の感想を私は直に聞いた。「志田君にはいろいろ問題があったが、彼がその後に敵陣に身を売った、屈服したということはなかった。革命家としての節は守ったのであり、このことは評価されるべきだ」。

＊宮本と春日の人間観の大きな違い

五〇年分裂の激烈さ、〝国際派刈り〟のすさまじさの渦中に私もいて、そのあまりの非人間性ぶり（自殺・同未遂者まで出た）は身にしみていた。

志田は、国際派にとって「許せない」政治的な「宿敵」の大将というのが、国際派党員の共通感情だった。私も志田、伊藤律らとはともに天をいただかずと、長年にわたって対してきたので、春日の言葉には驚き、かつ革命家の生き様、基準を敵との対応においたこの見方に感じ、学ぶこと大であった。

その数年後、宮本顕治委員長は、二七年間の中国共産党から「解放」されて帰国した伊藤律に対して、証拠が何一つないのに、従来の「党撹乱者」から「スパイ」に「格上げ」した（六五年、七〇年党史）。私は大金久展、山口武秀、一柳茂次、鈴木市蔵らと、あるいは渡部富哉らとともに「スパイではない」」、逆に「革命運動における人権侵害」と強く反対したのは（『めしと魂と相互扶助』に論文）、春日の志田を通した革命家の人間観、人物論に学んだことが強く作用したのであった。「ズル顕」といわれ、一方では、偉大なゼネラル・マネージャーといわれて四〇年余も党に君臨した「人民的議会主義者」宮本顕治と〝永遠の革命者〟春日とは、この人間観にみられるように、まったく相容れなかった。

三❖日本でまれな革命家の人間像

春日は、私心のない人で人生すべてを革命に捧げた闘いに終始した。晩年の一〇年は自らの陣営からも孤立していたが、その思想と姿勢は見事なものであった。

自らの若き日と反戦派労働者が共通していたと見え、『現代の眼』誌に載せた短文（一頁分）はそれを見事に表現していたが、その原文がどこかにいって、今ないのが残念である。

共労党は、一九六七年に結成されたが、春日は中央委員会ではなく、評議員会メンバーであった。それはイタリア共産党が、長老を遇した顧問会のようなもので、その後、中国共産党が毛沢東死後につくった鄧小平、陳雲らの顧問委員会のような中央委以上の権力をもった組織とは比べようがないものであった。

この「過去の人」扱いに対して、本人は一言も反論することなく、しかし現実への対応力を持ち、自ら主宰した現代民主主義研究会の会報で中ソ対立から公害や三里塚に至る問題で私見を展開した。同時に大変な数の手紙を、しかも克明に（読みづらい字で）記し、さまざまの人に送り続け、私宛にも何十通も来た。それで、月一回ぐらい会って話をした。出がらしの渋茶を何杯ものみ、意見を率直に語っていた。

先輩の荒畑寒村や石堂清倫、前野良らととくに親しく交わっていた。

＊新左翼の弱点も見抜いていた

彼は新左翼のよさをとらえるとともに、その欠陥もしっかりと見抜き、対応した。共労党は六七年の羽田闘争や新宿、王子などの街頭闘争や学生運動（民学同からプロレタリア学生同盟）、反戦青年委員会を支持した労働運動を通じて左旋回し、社会主義革新運動を経た内藤知周、長谷川浩、松江澄らと対立を深め、六九年初夏の第三回大会で激突した。

社革出身者の多くは、新左翼党派や反戦青年委員会は、小ブル急進主義で、「トロツキーは反革命家」（原全五）とみる思想性が続いた。ただし、六八年一月のエンプラ闘争では、佐世保駅前にあった共労党事務所を「街頭闘争の連絡用」に使わせて欲しいという中核派（野島）の申し入れを、財政部長一柳茂次の「貸してやれよ」の一言で決まったこともあった。政治報告（武藤一羊が理論的に展開し、いいだももが方針成文化した）を社革派で支持したのは、由井誓（統一編集長）、山口義行（鳥取全日自労委員長・倉吉市議／現在は女婿が県議）、菱田彰（「明日を拓く」）らであった。

大会で両派は激突（学生派は〝第三勢力〟化）、社革派は退場し分裂した。春日はわれわれを基本的に支持したが、大会前の公開討論で「『政治報告』の討論メモ」を提出。

私は多忙にすぎて当時はさっと一読しただけだったが、その後に再読したら、政治報告のもつ「革命主体についての二重基準」の矛盾を彼一人だけがついていた。つまり労働者階級と学生をおのおの主体扱いしていたこと、それと不可分に「『戦後平和・民主主義』『構造改革』などについてきわめて厳しく、かつ否定的・断絶的であるが、左に向かっては開かれ、むしろ連続的でさえある」と指摘している。

この二点は、それから二年後、武装闘争と反対派に二分解三分裂した原点だが、当時からその矛盾と「小ブル急進派」傾斜――内藤議長らはそこのみを批判した――の危険もよくみていたのであった。

＊武装闘争化と反対闘争

その思想政治論は、二年後の沖縄闘争の「秋期決戦」時に、突如として「全人民武装決起の十一月へ！」という鬼面人を驚かすスローガンと武闘の現実化となっていった。私はバージャー病が悪化して（その二年後にやっと分かった）半年間休んでいたが、「赤軍派路線に煽られた」「願望左派」と映った。その名も「赤色戦線」によって明日その〝兵器〟を実行というぎりぎりの段階で徹夜会議となり、労働運動に依拠する七人の中央委員（労働者革命派）に、白川真澄書記長ら学生運動出身で党機関にいた「プロレタリア革命派」が同調して阻止された。事前に動きを察知した公安警察が事務所にガサ入れし、党員名簿、会計帳簿を押収していたから（そういう状態のままにやろうとしていた）、決行したら潰滅的大打撃を受けていただろう。

その直後に、今後の相談に羽田の拙宅に集まり意見は一致した。疲れたから寝ることになったが、都営アパートで部屋は二つ、蒲団も二組しかなかった。子どもは二歳。ごろ寝で、パジャマも一着。それを春日さんにとすすめたが、本人は「慣れているから」と断り、ズボン（吊り具のついた）とワイシャツのまま一つ蒲団を横にしたところに寝た。

私は同じ中央幹部でも、志賀義雄、神山茂夫らをよく知っていたが、こういう姿勢と作風は春日の特徴で、あらためて尊敬した。

＊樋口議長、春日中央委員

三分派化の進行の中で、私は分裂だけは避けようと努力したが、労働現場で働く同志たちの武装闘争への不信感は避けがたく、一年余経って分裂し、「労働者党」（規約にある）結成となった。私は「白川派」との調整統一を模索したが（もしできたら分裂しなかった）それもかなわず、結成へ。方針はすぐ決まり、指導部を選出。力のあった鳥取・山口が、議長樋口、顧問春日を提案。ところが「異議なし」の瞬間、春日さんは「顧問なんていやだ」と異議を唱え、強い態度なので、これまた山口提案で中央委員となった。大先輩の春日さんをおいて、私が議長になる。このありさまに私の抵抗感は強く、その後三〇年間にわたって対外的に示したことは一度もなく、本稿で初めて記した。

あれでよかったのだろうか、と今でも問い返している。

この体制を、国分一太郎、亀山幸三（日共財政部長、このあと〝入党〟した）も支持したが……。

＊内ゲバ中止への必死の調停作業

春日が死に至る三年間、心血を注いだのは破防法を適用された中核、ブント幹部らをはじめとした救援センターの統一化とその代表委員としての活躍、また折から「死闘化」した中核派対革マル派の内ゲバの停止への調停であった。同志であった渡部義通（歴史学者、元民科幹事長、衆議院議員）、国分一太郎（新日文議長、共労党評議員──渡部も）、作家の佐多稲子らに呼びかけ、「身体を張って」両派にあたった。

革マル派は、中核派本多延嘉書記長の極秘アジトを襲い、妻子の目の前で脳天にハンマーを打ち込んで殺害。中核派は「革命的復讐」を叫んで無限地獄の様相となっていた。七五年には埴谷雄高、久野収らが、二次にわたって「革共同両派へ提言」をおこなった。それとは別に春日らは、一歩踏み込み、両派最高指導者に直に会って、「休止・停戦」を勧告する。

その渾身の調停は、戦前来の革命家・春日にしてはじめてできたものだった。革マル派は「敵の大将をうちとった」から停止を受け入れたが、やられた側は「対価報復」から「ノー」を貫き、その後、二〇数年続いたのは周知の通りで、春日調停は実らなかった。だが、その必死の努力は記憶に残されるべきものである。

この頃、私は三里塚・戸村委員長の参院選挙闘争と膨大な借金処理、季刊『労働運動』編集長などに追われ、春日さんへの協力もままならなかった。

＊たえざる病魔のなかで

長い一六年間の非転向の獄中生活、戦後中央労働部長→国際派（彼だけが地下生活を送った）→六全協の党再建運動→社会主義革命論・構改派の中心→共労党などの激務の中で、身体は常に爆弾を抱えていたが、その面でも剛毅の人だった。その一端で記憶に残っているのは、歯がガタガタになり、四本の入れ替えをいわれたときに、当時は国内では麻酔も幼稚な頃だったが、痛み止めもないままで四本を一度に抜いてくれと頼み、そうしたといっていたことである。常人ではできないことであった。

＊春日に対する尊敬と同志愛

偉大な革命家が死んで、国分寺の自宅で簡素な葬儀がおこなわれた。遺体は本人の意思で大学病院に献体した。

出棺のときに、佐多稲子（婦民クラブ委員長）は、感極まって嗚咽した。国分一太郎は静かに頬をなでていた。戦争中以来闘い抜いた「最後の同志・戦友」という気持ちが、周りにもひしひしと伝わった一瞬であった。私は感動した。

あれから三〇年。今でも尊敬し、人間的に信頼する大先輩の一生を、本稿を書きながらも姿勢を正し偲んでいる。学んだことは大変大きかった。春日さん、ありがとうございました。その志を継いで闘ってきたし、〝天界〟にいくまで貫くつもりです。

＊追記

私は貧乏暮らしが長く、一〇〇円の金にも困るときもしばしばで、電車賃にも苦労した。その職革（職業革命家）生活を見ていて、具体的に援助してくれた先輩は神山茂夫と春日庄次郎だけであった。春日さんは七〇年代に宮内勇（戦前の〝多数派〟の中心）に話して、半年間原稿を書いて月三万円を稼がせてくれたが、それが唯一の生活費であった。

【「日本革命史に輝く春日庄次郎」『先駆』二〇〇五年一二～〇六年二月号】

4　追われてもなお「階級の利益」を――鈴木市蔵

❖「社会主義と労働運動」を築いた革命家

鈴木市蔵さん（以下、敬称略）が二〇〇六年一月二九日に亡くなった。九五歳。この数年前から病気（アルツハイマー）が進み、二年前に有志でお見舞いに行ったときには、私の顔をみてニコッと笑ったが、昨年末には表情が何も動かず、誰なのかも識別できなかった。

「東京新聞に日本共産党の党大会の記事『不破委員長、辞任、これまでの路線から現実路線への転換』のニュースが写真入りで大きく掲載されました。奥さんがこれを鈴木さんに伝えました。『貴方がずっと言い続けていた通り社共の共闘になったよ』と伝えました。すると鈴木さんは突然大きな声で『俺は勝ったぞ！』と二回叫んだそうです。それは奥さんによると、感動的だったそうです」（「鈴木さんの介護を考える会」ニュースより）。

一九六四年に「四・一七ストライキ破り」と「部分核停反対」の党議に公然と反対して除名されて半世紀が過ぎていた。彼の政治信条の一つは、昔もその後も社共中心の統一戦線の実現にあった。

私は一九六一年から、とくに六四年以来四〇余年にわたって、公私ともに彼と親しかった。彼は国鉄労働者や日共党員から〝市《いっ》ちゃん〟と愛称で呼ばれていた。

国労の初期、当局代表の佐藤栄作鉄道総局長官は、市ちゃんが六〇年代に参議院議員だった時期と重なって七年八ヶ月間、首相となり（戦後最長、明治以来第二位）、「『栄ちゃん』と国民に呼ばれたい」

といったが、誰も言わなかったのと対照的であった。

＊二つのゼネスト攻勢

市ちゃんは戦後日本労働運動史（国労史はもちろん）に残る数人の一人という名指導者であり、かつ日本共産党最高幹部として「社会主義と労働運動」を築いた一人であった。

最大の功績は、第一に一九四六年九月の国労のゼネスト攻勢で、七万五千人首切りを完全に撤回させた闘いと、その数ヶ月後の一九四七年二・一ゼネストの二つの大闘争の中心幹部であったことである。

当時の国鉄は、いまとは比較にならない比重を国民経済と全国各地域社会に占めていた。満鉄や華北鉄道からの引揚者も入れて四〇万人という日本最大の事業体であり、自動車産業が米国の一〇〇分の一という小ささであったために貨物輸送はもとより労働者・市民の足として決定的な交通手段であった。

国労（国鉄労働組合総連合）の結成も官公労でもっとも早く、単一労組化も一九四六年（昭和二一年）二月二七日で、綱領、規約、宣言を決定した。

市ちゃんは品川検車区（のちの客貨車区）の指導助役だったが、四六年一月一日に労組を結成し、初代分会長となった。当時の労組幹部は、仕事上も力のある下級職制で、伊井弥四郎は東京駅助役で駅長候補といわれ、市ちゃんもそういわれていた（民間最強の東芝でも共通していた）。彼は九月大闘争（大量整理解雇反対闘争）で本部闘争委員、一一月中央闘争委員会副委員長。

「二・一ゼネスト」攻勢は、市ちゃんにいわせると「戦前戦後を通じて日本の労働者階級の唯一の革命〝的〟闘争」だった。国労の伊井弥四郎が全官公庁共闘議長で、ラジオの中止演説「一歩後退二歩前進」で必ず運動史に出てくるが、まさに〝革命前夜〟の社会的雰囲気であった。

市ちゃんは四六～四九年の戦後革命期といわれた時期に国労と国労内共産党の最高指導者であった。四九年の九万五〇八五人大首切りは（官公庁で二六万人）、下山・三鷹・松川三大謀略事件を主因として完敗し、国労の主導権を握った民同派（反共連盟が衣替えしたもの。若き横山利秋、岩井章ら左派も含む）による、定員法で首切られた者は組合員に非ずという「指令〇号」で、労組からも〝追放〟された。二重にパージされた党員や左派は、当然、「階級的労働組合」を別に組織しようとした。だが、国労ではまったく異なる対応になった。別労組でなく「国労統一委員会」をつくって、下からの再統一をめざすことにしたのである。

＊非妥協で有名な春日も譲歩した

当時の共産党労働組合部長・春日庄次郎も、絶大な党権力者であった徳田書記長も、「組合を割れ」「別労組をつくれ」であった。この統一委員会は、電産等他労組のパージされた党員をも規定した大きな影響力をもつに至った。国労の地位の占める力量ゆえである。

しかし、五年後の党六全協（第六回全国協議会。大分裂した国際派と所感派が〝和解〟した）で、「極左的方針」と逆規定され誤ったものとされたために、以後はそう扱われた。

市ちゃんはそれから二一年後、『追悼 春日庄次郎』（七六年）で、「『国鉄統一委員会』と春日さんの思い出」と題し、そのときの真相を初めて綴った。

「……しかし、党本部の指導はそうではなかったようである。とくに春日さんは組合の階級性擁護のためには組合の分裂もやむなしと考えていたようなフシがあった。徳田さんなどもそういうことでは一流の扇動者であった。

私たちが馘首された七月十八日の直後のことだと憶えているが、党の労対によばれて私が党本部を訪れると、徳田書記長はいきなり立ちあがってきて『鈴木君やりたまえ、民同を追い出しなさい。いくらでも援助する』と大声をあげ、『組合の金庫を持ち出すことにかぎる。手配はできている。東京機関区の裏手にトラック二台と青行隊（青年行動隊）二十名を待たしてある。君がうんといえば、すぐ行動だ』というわけである。私は突然のことでびっくりしたが、この申出は断固拒否しなければならないとその場で決意した。労働組合の分裂を許してはいけない。『国鉄は統一委員会をつくって、それでゆきます』。

しかし、春日さんは納得しなかった。その『統一委員会』の性格を今日も問題にしていた。党でもなく、組合でもない。そのような政治的、組合的活動家の結集体の性格を。しかし、それ以外に他にとれる手段というものがあるであろうか。馘首を認めず、組合の追放も認めず、組合の統一を守りながら組合を下から再建する闘いの方向というものが他にあるであろうか。

この日の会合でも春日さんと意見の一致はみられなかった。しかし、それ以外にやりようがないことも春日さんは知っていたようである。『国鉄は国鉄だなァ』と最後に春日さんはつぶやいていた。

おそらく、春日さんが妥協らしい妥協を現実の前でやったのはあとにもさきにもこのことが初めてではなかったろうか。そうして『国鉄統一委員会』は党の『公認』のもとで本決りになり、この方式はレッド・パージ後の『産別』の各組合内党活動家の運動と結集の一つのよりどころになっていくのであった」

＊市ちゃんの「大統一」構想の原点

「組合を割らない」という鈴木の断固たる決意に、さすがの「徳球」も春日も譲歩したということは、当時の党の権威を知る者にとっては大きな驚きである。そのときの市ちゃんの気迫の鋭さ、一瞬の判断で徳田と対決してゆずらなかった方針はどこから生まれたのか。

それは国労にとくに強かった左派右派の激突、何回も分裂に直面しながらも、単一労組としてまとまって闘わなければ強大な当局・政府・占領軍に勝てなかったという現実のなかで、二つのゼネスト攻勢が大きく一つにまとまったことの実践経験の教訓だったのではなかろうか。

私自身、少数派運動を長く経験し、この市ちゃんの「決意」を再検証したのは、前述した「春日追悼」に載った彼の一文を精読してみてはじめて考え直した歴史の重さと教訓であった。それはいまの国労にも生きている！（〇六・二・一六集会で全闘争団がはじめてまとまったこと、本部と闘争団の意思統一も大きくはそうなりつつあること等）

＊党幹部として

鈴木市蔵の「もう一つの顔」は、共産党の労組全フラクションの代表格であり、朝鮮戦争下の臨時中央指導部（椎野議長以下五人。地下に潜り、北京に亡命した書記長以下指導部の合法機関）↓第七回大会で中央委員（定員三七人、投票で第二位、宮本顕治は第五位）・常任幹部会員労働組合部長と党中枢メンバーとして活躍する。

あまり知られていないが、一九四八年、第六回大会後の綱領委員会八人にも入っていた。そのメンバーは徳田書記長、野坂参三、志賀義雄、宮本顕治、伊藤律ら政治局員五人、渡部義通（民主主義科学者協会幹事長・歴史学者）、労組代表として鈴木市蔵、竹内七郎（電産、後年、党書記局員、四・八声明推進の一人）であった。

党内で労働運動の占める比重は高く、鈴木はその代表者であった。大衆運動だけでなく、革命理論もわかる労組指導者ということである。

＊私とコンベヤーで演説

一九六一年に彼は党の参議院議員候補者となった。京浜工業地帯を回ったが、私のいた全金労組大和電気支部（一〇〇〇人。七五〇人が女性）は、約五〇〇人の臨時工全員を本工にさせ（全国ではじめて）、職務給を阻止、労務担当重役（凸版労組の左派から転向した）をストで追放し、六〇年安保闘争で数回のスト（ハガチー闘争では現場へ）とデモ、三池闘争への毎月カンパ、新島闘争への参加など政治闘争でも京浜労働運動のトップランナーであった。

職場保育園も民間ではもっとも早い一つであった──東京官公労で全逓東京貯金局、国労大崎被服工場、全専売等五ヶ所くらいだった。

工場へきた市ちゃんを、昼休みにベルトコンベヤの真ん中で演説させ、会社を慌てさせた。

＊沼津革同は歓呼して迎えた

一九六四年、市ちゃんが党を除名されるや、私は親交のあった国労沼津機関区・客貨車区の革同（沼津支部の主流になっていた）に連絡し、本人は喜んで乗り込み、革同は歓呼の声で大歓迎した。

その直後には、「二人のいちぞう」──鈴木市蔵と社会党の野々山一三（民同の№2、のち社会党労組部長等）――の大講演会を持ち、市公会堂は千人余で満杯の大盛況であった。日共の二つの決定が普通の労働者にどう扱われたのかをよく示している。

この年の国労大会で「来賓の一人」として公式にアッピールしたが、各地でこの種の集会は沼津だけであり、市ちゃんにはこれで大いに感謝され、その後、六六年の「共産主義者の総結集」運動で、私が労働者コミュニストを五〇数人結集したことと合わせて信頼関係は強かった。

＊日本のこえ本部で

私は志賀義雄のソ連一辺倒に当初から反対し、第一回の全国会議で批判したことから、本部専従入りは危ぶまれたが、神山茂夫の推薦に市ちゃんが強く推して実現し、二年後に労働組合部長となった。が、官僚の肩書のように連絡担当なんとかという聞いたこともない名称だった。

日本のこえの財政はその収入を知っているのは志賀夫妻だけで、会計の松本惣一郎は毎月経費を一方的に「下附」するだけで、神山すら知らされず怒っていた。

ある日、本部専従員全員一二人が緊急招集された。志賀委員長は入ってくるや「同志諸君！　財政困窮につき、今日からやめてもらいます。田宮君、三浦君……」と一方的に述べて、「では」と出ていった。

三浦健次氏は肺結核で治療中なのに、即刻クビというひどさであった。残った志賀多恵子夫人も入れた本部細胞会議で、私は「何だ、この首切りは！　理由の説明もなく、一ヵ月の予告期間もなく、労資関係にさえ劣るひどいもので、まして重病人の首を切るという。これが革命党のやることか」とテーブルを叩いて弾劾した。

私はこの首切りリストには入っていなかった（市ちゃんが、「彼がいないと労働運動と切れてしまう」と反対したため）が、あまりのひどさにあきれ、自分のことなど考えずに反対した。その剣幕を恐れて、多恵子氏は黙っていたので、いくらか反省したのかと思ったら、さにあらず。翌日出勤したら、「樋口は労組と党を混同している」ということで本部内はまとめられていた。

そして第二次首切りで私も切られた。

皆は退職金をもらっていたが、私にはなかった。私は革命運動に退職金はいらないと覚悟していたから、何とも思わなかったが、その差別の根拠を会計の松本惣一郎に聞きにいった。彼は頭をかいて「やあ、君は人件費ではなく物件費（什器備品扱い）なので、退職金はないのだ」という。それは志賀夫妻批判者だった私への「報復」だった。「志賀（渡辺といっていた）多恵子は日本一の経済学者」と義雄は何回も公言し、彼女には横断賃率の論文もあった。だがヒトではなくモノではその賃金理論は通用されない！

あとで聞いたら中央官庁の臨時職員等がこの方法で扱われているとのことで、それを「革命党」の「不満分子」に適用した、ということが真相であったようだ。

＊「共産主義者の総結集」の失敗

「共産主義者の総結集」は、代々木本部に対抗して広範なコミュニストを結集する、という建前で、元老の志賀義雄が準備委員長で始まった。だが、何回説明を聞いても「新党」なのか「日共分派」なのかよく分からず、社革（社会主義革新運動）はそれをめぐって内藤知周議長ら主流と西川彦義前議長ら東京の多数が分裂。統社同も参加しなかった。志賀・鈴木・神山・中野重治の四中央委員の「八一ヶ国声明路線」支持について前野良が、党内民主主義について春日庄次郎が、「モスクワの声」的体質について武藤一羊らが批判し、労組グループはそれらを支持した。

一年余経ったとき、ソ連党は日共党と話し合いを始め、志賀委員長は「ある変化が感得される」と説明抜きに中止を表明。全国総会は四中央委員ほか一名の支持に対して圧倒的多数は志賀提案を拒否した。「日本革命は日本の責任でやるのであって、ソ連党の意向で左右されるものではない」というごく当たり前の思想と政治の勝利であった。

その後、大阪の「日本のこえ」系は離脱し、社革主流、こえ左派、統一有志会（春日）、労組グループ等で共産主義労働者党結成となつた。六七年である。

市ちゃんはこのときほとんど発言しなかった。志賀と鈴木は国会で造反決起し、日共決定に公然と反対したが、その直前まで二人の間で話はほとんどなく、幹部会で反対していたのは、鈴木のみだったと本人は記している。「総結集」の失敗時のことについても、その本心と真相は詳しく語っていない。

市ちゃんの労働者的感性と思想性は、「モスクワのこえ」とみなされた志賀とは違っていたと私はずっと思っていた。それを語るべきだと本人にもいい、やってもいいといっているうちに病で倒れたのは残念であった。

＊社会党「影の内閣」との会談

六七年の分裂後も市ちゃんとの交流は続いた。

六〇年代後半に社会党には「影の内閣」があった。これは飛鳥田一雄横浜市長、岩井章総評事務局長、水口宏三安保反対国民会議事務局長に成田書記長が参加して政治、労働、国民運動等の意見交換をし、党機関にそれを反映させるもの、という説明であったが、代表して水口（二・一スト当時の全官公庁議長）と私（共労党代表）が、双方と親しい市ちゃんの仲介で、六八年五月に新宿で三人で会った。

水口は言った。「七〇年安保戦線をいまから準備したいが、べ平連ともぜひ組みたい。が、代々木さんがうるさいから皆さんは机の下に入っていただいて、小田さんらと組んでやりたい」ということであった。べ平連は吉川事務局長、武藤一羊、栗原幸夫ら共労党メンバーが活躍していることはよく知られていたが、日共は「人民の敵」として口もきかず同席もせず、彼らがいると自分らが退席するのが常態であったことを前提に、皆さんは「表に出ず」やってくれということだった。

私は幹部会にかけたが、「反戦青年委員会」を入れるなら、その案を飲もうということになり、次回の会談でそれを告げた。と、水口の顔色がさっと変わり「では」と一言いって退席した。

反戦青年委員会は、社会党青少年局長（高見圭司・構改派）、社青同（立山学書記長・協会）、総評青年部長（国労・構改派）の呼びかけから出発したが、三派系や新左翼がどっと入り、「鬼っ子」といわれた。右といわれた江田派や別に高野実や清水慎三らが支持し、左派の協会派や岩井らが反対していたのである。

その直後の六月、伊東市のアスパック反対集会で水口とばったり会ったが、彼は顔をパッと背けて私の挨拶に返事もなかった。

かくてべ平連との共闘は流産となったのであった。

＊労働情報大阪集会で

市ちゃんは、こういう事件を経た後も私とは親しく、『労働情報』の全国労働者討論集会（一九七九年一月大阪集会）、全金田中機械支部の工場を埋め尽くして一五〇〇人が結集した第三回集会にも参加した。寒風吹きすさぶなかで一人も立ち去らず、私の生涯で最高に感動をよんだ集会であった。『労働情報』ができて三年、大いに伸び、その噂が広がったが、他の反代々木派は距離をおいていた。が、市ちゃんはその現場感覚から、駆けつけてくれ、寒い寒いと組合事務所のストーブで暖をとりながらも、闘う労働者、争議団、労組に強く連帯した。

それが彼の真骨頂であり、「社会主義と労働運動」を戦後六〇年間貫いた精神であった。人柄も清潔で、終生「閥」もつくらず、人に対して公正であり、人間的にも打ち解けられた稀有な大先輩であった。

二❖日共のスト破りに一人で敢然と闘った

＊戦後労働運動、二回の大高揚

日本の戦後労働運動で第一の大高揚期は、一九四六年に始まった戦後革命期——上からの民主大改革に下からの民主革命が労働運動中心に大爆発した時期であり、そのピークが「二・一ゼネスト」攻勢であった。国労は全逓など官公労の中でもその主力部隊であったが、鈴木市蔵が中心者であった。

第二の大高揚期は、高野実総評事務局長期に上昇し、平和四原則と砂川・内灘などの米軍基地反対闘争、原水禁運動を経て六〇年安保、三池闘争で闘うエネルギーが大噴出したが、鈴木は党幹部としてこれらの闘いに全力でかかわった。そして六二年、参議院全国区で当選した。

だが、日共は中ソ論争が公然となって対立が全面化した当時、中共一辺倒で「反米愛国」闘争に著しく傾斜したことから、平和・原水禁運動、労働運動で社・総評との矛盾対立が激しくなっていった。

それが頂点化したのが六四年の四・一七ストと部分核停条約であった。

*世界革命運動でも稀な〝スト破り〟

六四年春闘で、総評は大幅賃上げをスト権奪還と絡めて、半日ゼネストを四・一七に設定した。経済闘争ではあるが、スト権と結合したこの闘いを右派の民社・全労会議は、「違法政治スト」として猛反対する。

しかも共産党は、直前になって〝敵の挑発スト〟だから断固反対の「四・八声明」を出し、公労協各労組の大会決定を無視して全力で切り崩しを始めた。「革命の前衛党」が労働者階級三〇〇万近くのストに敵対するこの大異変に、敵は喜び、味方は驚き、かつ職場労働者の怒りを巻き起こした。

四・八声明は、幹部会員・統一戦線部長・聴涛《きくなみ》克巳（元産別会議議長）が発案し、書記局の伊井弥四郎（二・一スト共闘議長）と竹内七郎（電産）の二人が起草した。

四月六日に原案をみせられた鈴木は「まったく誤りだ。すぐ書き改めよ」と申し入れたが、八日に再び見せられたら一言一句同じものだった。

ときの党幹部会は野坂、宮本、袴田、志賀、鈴木ら九人。宮本らは労働運動の経験がまったくなく、史上最大の三池大闘争時も全山無期限ストに入って八ヵ月目にやっと激励に行った（しかも、それ一回だけ）くらいの感覚であり、春日正一、袴田里見、聴涛は戦前戦後に経験したが、期間も短く、しかも長らく現場を離れ、ほとんど知らなかった。

宮本（中国海南島で療養中）、袴田、松島治重（外国党訪問）がもし日本にいても、同じ反米愛国路線が固まっており、聴涛・伊井・竹内という「専門家」のいうことをきいたに違いない。七〇年党史にはあれこれと弁明が載っているが。

鈴木は、労働者感覚と運動思想を身につけ、労働者モラルもあったから、あやまった「党の利益」より「階級の利益」こそ擁護さるべきだと決意する。

＊スト破りの思想的背景

鈴木は「四・八声明」の本質を、次のように告発している。

「『四・八声明』はこの党の独善である。日本共産党の名をもって『声明』を発するその独善である。日本共産党になんらの相談もなく、労働組合だけで勝手にゼネストを決行する。そういう組合至上主義の横暴をゆるしてはならない。党は労働者階級の前衛であり、階級の指導部だという思い上りが、こういう『声明』になるのである。代々木の党内には、党と労働組合の関係で、不思議な信仰が根付いていた。『労働組合は共産主義の学校である』というものである。レーニンがそういっているからという信仰である。レーニンがそういっているのは事実である。が、レーニンはそのとき前提をおいている。つまり『ソヴエト治下』の労働組合は、といっているのである。この混同、無限定な教条主義、この信仰が『四・八』声明をださせた思想的背景であった」（『共産主義者の光と影』人民の力社、以下『光と影』）

鈴木は国労に参加して以来、幾多の大闘争と修羅場をくぐり抜ける中で「統一戦線の思想と運動」をしっかりと体得し、日共幹部のなかでもっとも実践した。

除名されて二ヵ月後におこなわれた国労大会挨拶でもそうであった。

「大会のみなさん、わが国の運動をつつむ情勢は決して安易なものではありません。とりわけ日本独占が公然と帝国主義の道を進みつつあることに目を向ける必要があります。

……ここにわれわれの当面する実践的課題が、反帝反独占の統一戦線を急速に強力にうちたてることにあるという真の理由があると思います。労働組合戦線における組織的統一はこの統一戦線の中核をなすものであり、実践的指導部隊としての位置づけは六〇年安保闘争いらいの不動の支柱でもありました。それはまたわが国統一戦線の歴史的本流であるということができるでしょう。

それにもかかわらず、事態は不幸な逆流に向って進んでいます。原水禁運動の場において、平和の国際運動の場において、民主主義擁護運動において、さらに政治的に社共両党の間において、労働組合運動の内部において、行動の統一は破られつつあるのです。『安保共闘会議』、偉大なこの人民統一戦線の財産でさえ今日窒息させられました。この不幸な事態から一日も早く脱け出し、真の統一をたたかいとることは、今日、民主陣営に身をおくものすべてに共通した最大の課題であると信じます」（『光と影』）

鈴木は、一九四九年の大首切りと組合からの二重のパージ下に分裂必至といわれた国労を、身を挺して守り大統一を堅持したが、それは国労の民同派などにも大きな影響を与えた。旭川大会の挨拶も、国労本部がこの優れた実践を認めたからこそ実現したのであった。

＊四・八声明は深刻な打撃を与えた

四・八声明の決定的誤りについて、彼は大会で次のように訴えた。

「いまさら、ここで、この党の『四・八声明』とそれにつぐ実行行為が、いかに根本的な誤りであったかについて長い説明は必要ないと思います。端的にいって『四・八声明』は労働者と労働組合には異質なもの、匂いをかいだだけで食えないものであることははっきりしています。事実の経過がそのことを示しています。すなわちこの声明と方針は、真の敵を忘れて労働者同士のなかに敵をつくったこと、行動の統一を乱し、組合の民主的決定を破り、民主戦線の分裂に拍車をかけたこと、生活と権利をまもる闘いを軽視して、スト権奪還闘争の前進を妨げたこと、党と労働組合の関係を破り、日本共産党の権威を失墜させたこと等々の事実のなかに明らかであります。とりわけもっとも深刻な打撃を政治的、思想的に受けたのは組合内党員であったと思います。

私ははじめからこの方針に基本的に反対してきました。しかし、ついにこの声明の発表を阻止できなかったことについてお詫びしなければなりません。不思議なことに、党の指導部は、私などを除名したあと、いまではこの問題に怪しい動揺をしめし、失敗をひそかに自認しつつあります。幾百万労働者の一大ストライキを挑発ストとよび、情勢の変化とともにストライキが事実上の中止になると、わがことなれりと勝利の宣言を発するようなそのような労働者階級の党というものは世界のどこにもありません」

＊一二人の文化人による決起

「文化人十二人の要請にもある通り、党は正常な姿勢をゆがめて、労働者、勤労者の実生活からはなれ、人民から孤立化しつつあります。この危険から党と統一戦線を守り、労働組合の統一をまもる一つの道は、この際、組合内共産党員が率先して自己批判を行うことにあると信じます。また、この道を通ってこそ、党と組合との関係はいかにあるべきかの新しい道も開けてくるでしょう。党と組合の関係は、それ自身のもつ法則性の上にたちながらも、生きた媒介としての人間関係、すなわち組合員である党員たちの、人間活動を通じて具体的にうちたてられるものであります」

十二人の文化人とは、渡部義通を中心に出隆《いでたかし》（哲学）、国分一太郎（文学）、佐多稲子（同）、野間宏（同）、佐藤忠良（彫刻）、丸木位里（画家）、丸木俊（同）、山田勝次郎（経済学）、宮島義勇（映画）、朝倉摂（舞踊）、本郷新（彫刻）。

これらの人々は学者、文学・芸術家として各分野で日本の代表的人物として尊敬され大きな影響力をその後も持っている。それを埋める党の後継人はあれから半世紀余、ついに生まれなかった。

労組内共産党員が率先して自己批判を行う――言うべくして難しいこのことができる党、その党員がいるとき、多くの組合員や人々は過ちをおかしても、許し信頼するだろう。だが多くの党員は、上部のあり方に規定されてそうはしなかった。今に至っても。

＊党議拘束をしてはならない

彼の演説の最後は、次のごとく格調高く訴えた。

「……私どもは、いま、日本共産党の中央から『裏切り者』よばわりされていますが、こうした人間否定の罵倒は労働者のものではありません。私たちはより次元の高い労働者的論争を行うつもりです。私も政党の掟は知っています。だが、今回の論争は問題の性質から、党規約で拘束できないもの、そうしてはならないもの、つまり、立党の精神に関する根本的問題だったと思います。核軍縮の一指標である『部分的核実験禁止』条約の賛否、『四・八声明』の承認を認めるか否かの問題、こうした問題に直面したときの党員のとるべき態度はどうあらねばならないかの問題だと私は思います。党の決定が不幸にも労働者階級と国民の根本的生存権に相反するような場合には断固として労働者と勤労人民の利益の側に立って、党の誤りを正すために闘うべきであり、それによって、党内の矛盾が爆発したとしてもためらってはなりません。本来このような性質の問題では、党議で党員を拘束してはならない。レーニン的党の教訓に学ぶべきだと信じます。そして、三つの旗を掲げて前進することを誓います。労働者階級の統一戦線。日本における共産主義運動の統一。国際的統一と団結。これでありま す。大会の成功を期待して挨拶を終わります。ありがとうございました」

「党の利益」が「階級の利益」に反したときにどうするか。ためらうことなく「階級の利益」を「優先」することが、彼の演説に鮮明に訴えられている。

そしてこういう階級原則に関わるような際の「党議拘束」を外すことの指摘は、共産党——新左翼を通じてこのときはじめて公的にいわれたのではなかろうか。

＊党員である前に人間である

それから二五年余すぎた一九九〇年頃、日本の代表的知性の一人であった日高六郎（社会学、国民文化会議代表など）は、東欧圏の社会主義政権が軒並み市民革命で倒されたときに、「個であり人間であり人類的であること——新しい運動にとってラディカル（根本的）とは？」を『労働情報』に発表した。そして「従来の社会主義像、左とか右とかの従来の枠自体がくずれたこと、『髪一筋動かすことのできない革命主義より、一歩の変化を実現する改革主義』のほうが、よりラディカルであると考えることもできます」と指摘した。

チェコのある誠実な青年共産党員の言葉も紹介している。

「『私は党員として誠実に活動してきたことがひとつあった。私が党員である以前に人間であるということだ』。これがソヴィエト型社会主義の最大の欠陥であったと、私は感じます。党員であるまえに人間であること、党の存在以前に、人々がいること、人類があること、それらのことを忘れた結果が、八九年の事態になったと思います。そのときにそのどちらがラディカル（根本的）といえるでしょうか」

日共宮本指導部には、とくにこの「党員である前に人間である」というあまりにも当たり前のことが消え失せていた。長年の教育と慣習ゆえに、党内のかなりの党員もそう〝洗脳〟され、中央に批判的な党員、それゆえ除名脱党した人は〝人間のくず〟〝裏切り者〟として手ひどい仕打ちを受け続けた。同じことが党外の人にも及んだ。その結果、周りの人々をして「こわい党だ」「人間味がまるでない」などで、つきあうことも敬遠した人々が労働組合や市民活動で何十万もいたといわれ、昔ほどではないが今も続き、〝いやな体験〟として党と厚い断絶帯をつくってきた。鈴木市蔵に対してもそうであった。

三❖革命家——戦前派と戦後派をわかつもの

＊革命と新しい指導者

歴史を画する革命は、若干の既存幹部とともに「若くて無名で貧乏」なリーダーが地中から大挙して現れ大活躍する。

明治維新革命は、二七〇年続いた徳川幕府を倒し、廃藩置県、武士階級の解体と国民皆兵制・徴兵令などを断行したが、その指導者は、下級武士の西郷隆盛、大久保利通、木戸孝允らであり、幕府側も大名や老中ではない下級武士から三段跳びで中枢に入った勝海舟が首相・陸相・海相（今風にいって）を兼任し、西郷・勝で江戸城を無血開城した。

一九四五年八月一五日の日本帝国の大敗戦のときに、政党と労働組合はゼロであった。まず炭坑に強制連行・拉致された中国人・朝鮮人が実力で決起。ついで知識労働者の読売新聞労組が印刷労働者と組んで完勝。共産党員とアナーキストの共闘が初めて成立した。ついで官公労の国鉄、郵政や都市交、電力から電気、鉄鋼、機械などが次々と立ち上がり、敗戦から半年後には一挙に広がった。

そのリーダーの多くは、下級職制、現場技術者、知識労働者たちであった。

戦前派は細谷松太（産別会議事務局次長。実際の中心者）、高野実（総同盟左派の中心）、松岡駒吉（同右派の実力者）らごくわずかの経験者であり、多くはほとんど未経験の戦後派の共存であった。

＊小学校卒から現場でたたき上げ

時代と革命が人々をつくり、その人々が運動と時代を切り拓く。人類の大変革期、革命期は必ず人の入れ替わりがあった。

日本の敗戦と米占領軍の大改革はめざましかった。帝国陸海軍解体、財閥解体、農地改革、労働三法、婦人参政権、そして新憲法。これら上からの大改革は、下からの民主革命を点火させ労働者階級のエネルギーは爆発した。無名のリーダーが続出したが、傑出した人々が闘争を経て選ばれた。鈴木市蔵は、そのトップリーダーの一人として彗星の如く登場した。

彼は文末に記した経歴から分かるように学歴なくすべて独学である。国労では岩井章らも同様で、現場で労働し、労働者の気分、感情、習慣をよく知るなかで成長した。

鈴木らは検車区労組結成大会で「赤坂小梅」と浪曲「玉川勝太郎」をよび、天保水滸伝が大いに受けた。それで日共本部に「勝太郎をよんで、浪曲の一節でうならせたらどうだ、と進言したことがあったが、あっさり断られてしまった。義理人情の世界は、マルクス・レーニン主義になじまないということであろうか」（鈴木「品川検車区労働組合をつくった頃の思い出」）。

国鉄現場育ちとは、こういう芸能感覚をも身につけていたということである。

＊アタマの回転

一方で彼は、子どもの頃「神童」といわれた（田舎にはよくいた）そうである。後年に長谷川浩（一高中退、政治局員・労組部長、六〇年脱党、社革→共労→労働者党）は、「日共幹部で誰がアタマがもっともよかったか」と聞かれ「市ちゃんだ」と答えている。つまり学校秀才ではないアタマの回転が早く記憶もよい人――田中角栄もそのタイプ――ということであろう。

市ちゃんが国鉄労働者に愛されたのは、現場労働者と生活を長年過ごすなかで、労働者にすっかりとけ込み、同じ労働者仲間としてその気分や感性を共有していた。性格は明るく、威張らず、清潔、しかもアタマの回転が早く、会話も演説もずば抜けて説得力があったことによったのであろう。市ちゃんは演説がうまくて、四九年の大首切りのときも入場料二〇円で、各地で演説会をやったが、どこも満杯。こういうことは例がない。

理論が必要以上に幅をきかす日共世界で、多くの労働者党員や知識人に人気が高かったのも右のあり方に共通していよう。

私は何十人という先輩指導者らに接し学んできたが、この小文を書きながら思い返してみて、こういうタイプの人は彼しかいないことに気がついた。

まさに戦後派のプロレタリア革命家、「社会主義と労働運動」のトップリーダーだったのである。

独学の彼は、一九五五年に党労働組合部長・幹部会委員を歴任し、第七回大会（五八年）後の綱領問題小委員会一五人中の一人であった。その中で社会主義革命論は春日庄次郎と鈴木市蔵の二人で、あとの野坂、宮本、袴田、志賀ら一三人は「人民の民主主義革命論」であった。

鈴木は、綱領の少数意見を敢て貫いたが、真理へのこの姿勢が、六四年の二つの党決定への反対と、勇気ある決起へと繋がったのである。中央委や党専従者の多くが、徳田時代も宮本時代も中心者への大勢順応、「万年主流」――自らの自己批判もせず――へとなるなかで、際立った生き方であった。

＊鈴木と宮本――国労大会と七〇年史

国労第二五回大会（旭川）は、一九六四年七月五日～九日の四日間おこなわれた。その初日に日共を除名された鈴木は、公式に来賓として招かれ挨拶をおこなった。異例のことであり、党除名者がこうした扱いを受けたことは長い歴史の中で、この一回きりである。

彼は、四・八声明の誤り、その思想と政治的背景、党の自己批判などについて誠実に、真摯な態度で全心身で全代議員に訴えた。歴史に残る名演説であった（八四頁参照）。彼は名アジテーターとして戦後の幾多の国労大会、中央委員会の論戦の立役者であったが、旭川演説は素晴らしいものであった。公平にみて、旭川大会の鈴木挨拶の迫力ある問題提起と比べると、宮本が一言一句こだわったであろう七〇年党史にはそうした率直さはおよそない。両者の「自己批判」を比べて見よ！　志と思想、運動への責任感がおよそ違っている。

その誤りは「幹部会によって比較的早期にただされた」というが、これもあるまやかしで、五月中央委での鈴木除名から二ヵ月も経ち、しかも国労大会前に自己批判したのなら分かるが、そうでなく大会後のことであった。

鈴木挨拶は、大会で圧倒的な信任と拍手を受け（大会議事録には、拍手が連続し、いかに歓迎されたかが載っている）、瀬谷英行参議院議員（のち副議長）が「『拍手で手が痛かった』と両手で私の手を握った」と「会場を包む熱気」を語っている（『光と影』）。

＊自己批判は革同にいわれて

大会の熱狂的な雰囲気のなかで鈴木演説は大支持を受けたが、細井・子上ら革同幹部はスト計画にはじめから参加し、職場と組合の状況を知り抜いていたから、党グループキャップの細井宗一が、グループを代表して宮本書記長に「自己批判」を求める電話をし、国労大会の熱気を受けて八日後にやっと宮本は中央委員会を招集し、「例のごとく長い長い」自己批判書――党員の何割が読んだだろうか――がやっと発表されたのであった。

宮本が〝すすんで〟でもなく、その誤りの根源もほとんど正されず――スト権奪還の役割も持っていたことに一言もないなど――、誤ったのは聴涛《きくなみ》克巳・伊井弥四郎・竹内七郎らのやったこととして「しっぽ切り」をやったにすぎなかったのである。しかも「おまけ」の但し書きまでついている。そこに幹部会で一人だけ鈴木が反対した、とはあるが、それは彼が「社会民主主義の立場」であった、と。まさに姑息ないいがかりである。日高のいう「党員である前に人間である」ことをすっかり捨て去った「党の骸骨のみ」で、同志への愛のひとかけらもない。鈴木挨拶によって日本共産党にも良心があり、正しく事態を見抜いて一般労働者の歓呼、共感を得たことへの感謝はおよそない。

最後に同僚同志であった伊井弥四郎への弔いの言葉は、人間の運命――切り拓く人と流れに流されこれに乗った人の違い――と、勇気、決断、知的道徳的ヘゲモニーを、そして人の愛についてあらためて考えさせられる。

聴涛克己（朝日新聞記者・新聞労連・産別会議議長。党幹部部役員）は、日共の「『自己批判』をうけて自宅にひきこもり、ついに悶死に近い状態で逝ったと伝えられた」（『光と影』）。

＊敵対者への愛

聴涛・伊井とは、四・八声明をめぐって真っ向から対立し、その直後に除名されたときには二人ともに「除名をした側」だった。当時の「除名」がどれだけ厳しいものだったか。会っても口もきかず、挨拶しても顔を背けられ、本気で「人民の敵」「階級の敵」として遇し敵対した。鈴木はわずかの同志をのぞいてその後ずっとそうされた。宮本らと同じくこの二人ともにそうであったろう。が、鈴木は二人について「いつわることなき正直で誠実な人柄」で「人間的共感をもつ」とさえいう。市ちゃんの人柄であろう。

彼は国労でその宿敵ともいえる右派の頭領の星加要（朝鮮戦争下に占領軍と日本政府支援の愛国労働運動を組織した）に対しても、そうであった。六全協後の国労大会で、党代表として挨拶した鈴木は、星加に最大級のエールを送った。それは右派も左派も大変驚かせ、当時大きな話題となった。

「失意のもう一人」は伊井弥四郎であった。

「二・一ゼネスト」の共闘議長が、こともあろうに、スト反対の「声明」を書かねばならない。いま、自己批判の矢面に立って、好漢伊井の胸の中は氷のように沈んでいたであろう。この時、彼の政治生命は絶たれたのである。

＊伊井弥四郎への人間的共感

「伊井君と私は戦後すぐ、新橋管内の国鉄職場で労働組合づくりの音頭をとった。私は品川客車区で、かれは管理部で互いに胸襟を開いた間柄であった。品川構内で初めてデモのとき、伊井君は小柄な体を白っぽいレインコートにつつんで鳥打ち帽をうちふりながら先頭に立っていた。酒に酔えば酔うほどに陶然として『春雨』を唄って底抜けに明るかった。東京に伊井ありの声は国労の伊井となり、『二・一ゼネスト』の全官公共闘の議長に推された。この闘争指導はかれの一世の偉業であった。占領軍をむこうにまわして一歩も引かず、労働者の根性で抵抗し続けた態度は立派であった。当時、産別の指導部にいた細谷松太氏などはこのことを回顧して、労働者の闘魂をそこにみたと語っていた。

『声明』の責任は必要以上にかれを苦しめた。かれは生気を失い、ほどなく朽木のようにもろくも倒れてしまった。その訃報を知ったとき、私はいくばくかの供花料を同封して悔やみの一文を遺族に贈ったが、亡夫の志に背くとつき返されてしまった。『証言　二・一ゼネスト』（亜紀書房）のなかで私はこのことにふれ、『何人《なにびと》の指図であろうか、非情というほかない』と。

聴涛、伊井の二人は『声明』の責任をとって、過ちを自ら断罪した。いつわることなき正直で誠実な人柄のうちに、私心なき共産主義者たらんとした、その鏡にうつる姿、人間的共感をもつのは私ひとりだけではないだろう」（『光と影』）

＊修養に励んだ市ちゃん

市ちゃんは若い頃から文才があったらしく、『シグナルは消えず』（五月書房、一九四九年）、『下山事件前後』（亜紀書房、一九八一年）など五冊の著書はいずれも優れたものである。

戦争中にも日記をつけていたが、「修養」について次の一節がある。

修養とは何か／それは希望に対する説得者である
修養の帰結するところ／それは自己を律する精神
己にうち克つ精神／これは実践の修練から生まれる
方向を決める心と／行う心とは別物であってはならない
自己を豊かにしてくれるだけでは未だ勉学は幼い
自己に打ち勝つものを蓄え
実践するこころをもつところまでたかめなければならない

＊革命と道徳

戦後の日共幹部で「革命と道徳」を語った人はいない（宮本のは恋愛道徳についてであり、不破は二二大会で規約改正して「市民道徳」を入れたが、その説明は何もない）。

左翼の労働運動、革命運動のリーダーでモラルを説いたのは高野実であった。

市ちゃんは、修養と道徳を日記に記した。中共では劉少奇の「共産党員の修養を論ず」が整風文献の一つとなり、六三年には一六八〇万部も出して必読文献となった。孔子・孟子の儒教とマルクス主義を結合したものであった。

市ちゃんの修養論は、何を学び適用したのか、儒教か仏教か、マルクス主義との統合なのか、自己流なのか——これを生前読んでいたら、ぜひともお聞きしたかった。

伊井らへの暖かい評価は、明らかに「愛」——同志愛と人間愛の精神に貫かれている。

〔註〕鈴木市蔵略歴　一九一〇年、神奈川県真鶴町生まれ／一九二九年、「築港」工事に従事。失対労働者の組織化。朝鮮人労働者とともに「全協」日本土建豆相地区委員会を創る（一九歳）／一九三〇年、プロレタリア科学同盟関東一五支局責任者に（二〇歳）／一九三二年、国鉄労働者として品川検車区へ／一九三五年一月一日、品川検車区労働組合を結成し組合長に／一九四六年九月、七万五〇〇〇人首切り反対、「九．一五ゼネスト」闘争に総連合中闘として完勝。西日本は脱落し東のみでゼネスト体制を組み上げた。直後に団結回復のため、西日本の大会に一人で乗り込み、名演説が功を奏して東西が和解同盟（人事は妥協）した。

【「『社会主義と労働運動』を築いた革命家鈴木市蔵」『先駆』二〇〇六年三～五月号】

5　異色の構造改革派、卓抜した情報調査力――中西　功

＊はじめに

中西功は、構造改革派でもある。佐藤昇は、彼のグループ「団結派」だったが、中西功は全く異色の構造改革派だった。中西は日本共産党に長く残ったこともあって、全く知られていない。

彼は戦後、日本で社会主義革命を言った最初の人だ。それが、構造改革論につながる。私は個人的なことを含め、直接知り、指導も受けた関係だ。中西功の活動を戦前、戦後に分けると、戦前の特徴は中国革命に連帯し、最も先頭で闘った人だ。

いろいろな配慮があって彼の年譜には書かれていないが、彼は日本人として数少ない中国共産党員だった。彼は尾崎秀実と若い時から付き合いがあり、尾崎の紹介で一九三四年、二三歳で満鉄調査部に入社している。特高に捕まるときも、ゾルゲ事件に関係して、「中国諜報団」として捕まり、一九四二年に死刑を求刑されたが、無期懲役になった。

＊大本営参謀本部での講演

とくに、彼が残した大きな業績は、「支那抗戦力調査」である。二九歳の中西が、中心になって報告書をまとめた。

当時、日本陸軍の戦略方針は、一週間で上海、一ヵ月で南京、三ヵ月で中国を打倒する「支那を一

撃」とする短期決戦戦略を立て、これを、陸軍大臣が天皇に上奏する。天皇は、「そうか」と言ってOKしたのが「支那事変」（日中戦争）の始まり。これが一九三七年。

ところが、一週間で終わるはずの上海で、ものすごい抵抗を受け、三ヵ月以上かかる。一ヵ月で済むはずだった首都・南京は、半年余りかかった。それで見せしめということもあって、有名な南京大虐殺が始まる。

この虐殺がなかったなどというのは大嘘で、私が一九八五年に『労働情報』で行った時にも、まだ二万人余の遺体が埋まっており、発掘していた。

それで勝つかと思ったら、勝てない。徐州作戦などに移るが、三年経っても解決の兆しは見えず、逆に抗日運動が広がる。

初めは、日本軍が問題にもしていなかった中国共産党や紅軍、当時は八路軍だが、これが急速に伸びて日本軍を脅かし始めた。それで、日本軍はどうしてよいか分からなくなって、一種のノイローゼ状態になる。その時に、満鉄調査部が、「支那抗戦力調査」を発表して、中国の反日、抗日運動がなぜ進むのか、その基礎はなんであるか、その政治経済分析を克明にやり、それが関東軍や支那派遣軍に知られる。

彼らはワラをも摑む思いだから、その報告を聞き、みんなびっくりする。

日本軍部は、まったくの主観主義で、敵の力の基本的な調査・情報が何もなかった。これは、我々の今日の教訓にもなる。

一九四〇年に大本営陸軍参謀本部が、中西功を呼んで「支那抗戦力調査」報告会をやった。

「東京に呼ばれ、参謀本部、海軍省、興亜院など、忙しく報告に歩きました。参謀本部での報告はいまでもその場面を思い浮かべることができます。数百人の参謀がぎっしり詰まった会場で、私が代表して総括的な報告をしたのですが、会場は水を打ったように静かでした」(中西功『中国革命の嵐の中で』青木書店、一九七四年)。

この「支那抗戦力調査」は、毛沢東の持久戦論によく学び、方向が一致していた。

毛沢東の持久戦論は、一九三八年、日中戦争がはじまった一年後に中国が負けっぱなし、日本が勝ちっぱなしの時に、毛沢東が「今、中国は劣勢で押しまくられているが、しかし長期戦になり、必ず中国が勝つ」と見通した有名な長期戦論。石堂清倫が戦後、大連から引き上げるときに、毛沢東、周恩来らが、中西らの活動に感謝している旨が伝えられたという。

当時、参謀本部というのは、陸軍を取り仕切る中枢だ。そこで、中国共産党の力はいかに偉大かを講演するのだから、すごく大胆な行動だった。

当時、警視庁は、中西は危ないやつということで、調べていた。

ところが、陸軍の憲兵隊が、講演をOKしてしまったからどうしようもない。それでも最後はおかしいというので、一九四二年に上海で捕まる。そのときの検事報告に、命がけの闘いと国際主義、愛国主義が結合した戦前のコミュニストの姿が見える。

「本件の特殊性を挙げて見ますと、第一には本件が殉教者的ともいうべき極めて強固な共産主義的信念にもとづく活動である。被疑者らはいずれも全然、活動資金の支給を受けず、自費をもって活動しているのみならず、すすんで毎月一定の党費を納付しているといったような犠牲的態度を終始堅持しているのであって、主義に殉ずるとの信念極めて固いものがある。……本件日本人被疑者らは活動中、まったく日本人としての良心的呵責、精神的矛盾を感じていない。これは彼らの主観において、我々こそ日本民族のため真の解放運動に挺身しているのであって、これこそ日本を救う道であるという牢固たる信念がある。いまさらながら共産主義の害毒の恐ろしさに驚かざるを得ない」

ちなみに、戦前の社会主義者、共産主義者で捕まり、起訴された人は何千人といるが、そのなかで死刑になったのは、ゾルゲ事件の尾崎秀実ひとりだけ。死刑を求刑（四五年に無期懲役判決）されたのは、中西功だけだ。

近衛内閣の書記官長をやった風見章は、中西の活動を知っていた。一方で、中西功は、当時の支配階級の中で、彼を一番信用した人物と書いている。

戦後、風見が中西功を特別に招待して、尾崎秀実を近衛内閣に入れたのは、自分だと明かしている。彼の尾崎秀実論は、実に立派なもので、「彼は殉教者で見上げた人物。志士仁人の活躍で、じつに態度は立派だった」と言っている。

風見は戦後、左派社会党に入り、代議士となる。私も、演説を聞いたことがあるが、堂々とした風格があった。体制のど真ん中にもそういう人もいたのだから、保守反動ということで、一色に批判していてはダメだ。

中西は、敗戦に運よく引っかかり、一〇月一〇日に釈放される。

戦後の共産党再建で、徳田、志賀、とくに徳田書記長に対して、戦略が対立した一人は神山茂夫、もう一人は中西功だ。この二人は巣鴨の東京拘置所で一緒になる。西里竜夫を入れて獄中細胞を作った。

神山は「公判準備のため」に、レーニン全集などの差し入れを要求して勝ち取り、中西も続いてもう一つの部屋を資料室として確保し、大著『中国共産党史』（北斗書院、一九四六年）などを執筆した。

神山は、「反帝植民地解放革命」ということを重視した。中西は、日本は戦争中に資本主義が発達したことを重要ととらえ、「社会主義革命」を提起したが、「三二年テーゼ」に固執した徳田球一と全面対立となる。そういうこともあって、入党が遅れる。一貫して党内反対派、少数派で、徳田書記長が死んだあと、今度は宮本書記長と全面対立する。

経歴を見ると大変な革命家だが、日本共産党は、ついに中央委員にさせなかった。私は、中央委員をかなり知っているが、功さんほどの理論、実践で優れた人はそういない。

しかし、一貫して干された。一九五八年に神奈川県委員長になったが（四年でクビ）、そのときに私は一緒だった。だから、公私とも非常に親しい。

＊職場と労働運動を理解した革命家

戦後、革命家で賃金論の本を書いたのは、彼しかいないし、職場の合理化について関心のあったただ一人の人だった。志賀義雄、神山茂夫や、労働運動をやっていた長谷川浩にしても、職場のことはほとんど知らないし、関心もなかった。中西功は、タクシー労働者の労働条件について、ちゃんと調査し、すごい論文を書いている。

私の工場でも、合理化について詳しく聞くわけだ。他の幹部は、職場がどう変わったかなんて関心がない中で、社会主義革命を唱え、従って、労働運動を非常に重視した。

中西は、一九四七年に三六歳で参議院議員になるのだが、一九五〇年のコミンフォルム批判への評価などで対立、除名になる。それで、中西派は佐藤昇などが党本部にデモをかけた。ますます孤立して、国際派にいれられなかった。このため、中西功は、責任をとって参議院議員を自分から辞める。

その後、労働調査協議会に入った。労調協は一九六〇年代に統一社会主義同盟が強く、構造改革派だった。その初期の労調協に立て籠もって、当時、一番強い単産だった全国自動車書記局をがっちり中西派で固めた。

全国自動車の指導者・益田哲夫（日産委員長）は、中西功を信用していた。それが、全国自動車の大きな左展開につながった。総評で唯一の全面講和要求政治ストとデモなどを闘った。

私は戦後、川崎で二回ほど運動をやったが、一九五五年から川崎生協に行き、その後に電気工場に行き、全国金属に加盟した。

そのころは中西功が、共産党神奈川県委員長。私のいた経営細胞は、反独占のない反米愛国の宮本路線と全面対立で、県下一の「反中央派」だった。

誰が説得に来てもダメだったから、県委員長が直接来た。功さんが細胞会議に来ると、会議などやらずに、焼酎呑んで「雑談」の形で、自由に意見を言い合った。

一九五六年ころだったか、ある大衆集会で、社会党系の地区労関係者が百何十人か集まった。ビールが入ってがやがやした状態で、とても人の話を聞く雰囲気ではなかった。これでおしまいかなと思ったら、功さんが滔々と喋りだして、みんなびっくりしてシーンとなり、最後は聞き入った。なるほど、演説というのはこうするのかと初めて感じ入った。私の経験では唯一のことだ。それだけ説得力と迫力があった。それは、獄中闘争とか、戦後の捨て身の闘争の中から生み出されたものだろう。当時の中西功に、私たちはほとんど意見が同じだった。六〇年安保闘争のお焼香デモにも批判的だったし、ハガチー事件で、彼は逮捕された。

当時、宮本顕治は完璧な中国派だったから、それに対して反独占を強調し、同時に構造改革論だった。宮本と全面的に対立したのが、ひとつは一九六四年の部分核停問題。もうひとつは、四・八ストライキ破り。私の経営細胞は、その先頭で反対だった。宮顕は卑劣で、一九六二年には中西を神奈川県委員長から罷免していたが、我々は、それすら知らされなかった。

宮顕に干されてから、多くの本や論文を書き始めるが、中国の文革には全面的に批判的だった。私もずいぶんいろいろな幹部を見てきたが、賃金や合理化、労働条件に関心がある革命家はまず少ない。労働運動の側から見ると、党に指導されてうまく行った例などはほとんどない。しかし、党は必要と思うからみんな結集する。その関係をどうするかだが、功さんはそこが分かっていて、労働組合論と革命論を統一しようとした。それが、社会主義革命の立場に立つ構造改革論だった。構造改革論の中で、そういうことを考えたのは、彼が唯一ではないか。

＊コミンテルン（国際共産党）的限界

ただし、限界的な面で言うと、一九六四年頃は、もうノイローゼ状態だった。自分の考えが、発表できない。

宮顕の方針で、意見表明は、中央委員は中央委員会の中だけ。一切、表に出してはダメ。メモもだめ。神奈川県委員会は、中西功を異端分子として一切黙らせた。功さんはそう決定されたから、私に対しても言わなくなり、それで一種の不眠症になる。

一九六四年の四・八スト破りの時に、私が全金の合宿のあと功さんの自宅に打ち合わせに行った。窓のない土蔵に住んでいて、扇風機もない、大変な生活だった。話していたら、奥さんが上がってきて、「功ちゃん、あんまり興奮して喋ると今晩、眠れなくなるからもう止めなさいよ」と言いにきたくらいだった。

一〇月にフルシチョフが、失脚する。私はその時、あるひらめきがあって、「これは」と思って、朝五時に起きて、鎌倉まで飛んでいった。そうしたら案の定、功さんは顔を上げずに、二時間くらい、世界情勢などを話して、ああしろこうしろとは一切、言わない。決起することは止めろということだった。それで、私は「これはもうあかんな」と思った。翌年に私は除名になる。

当時の革命的リーダーたちは、コミンテルンとか、国際共産主義運動のある枠組みに忠実なあまり、そうなってしまう。神山茂夫、志賀なんかその頂点だ。野坂もそうだ。宮顕は、それが北京になった。これは、共産主義運動の歴史的に規定された枠組みだが、そこが理論と運動の限界だった。非常に、個々には優秀であったけれど、モスクワか北京か、そこを破ってはいけないということに捉われた。ただ、それをコミンテルン主義でダメだったと切るだけでは不毛であって、その限界の中で果たした役割と優れた面も合わせて総括すべきであろう。

＊中西構造改革論の成果

中西功の構造改革論が花開いたのは、弟・中西五洲の全日自労の改革だった。

同労組は、朝鮮戦争時の大量首切りでやられた人々が失対現場で日雇い労働をやり、一時は三〇万人近くが職安占拠などの戦闘性でならした。

戦闘的だったが、その反面「サボルほど革命的」という風潮が強かった。それではとても生き残れないということで、五洲は「民主的改革（民革）」という概念を唱えて、もっと市民に支持を得られるような働き方、労働をしようと提案した。

新聞も読まない全日自労のおじちゃん、おばちゃんが「民革」、「民革」といって支持し、雰囲気を変えてしまった。総評の太田薫や岩井章も高く評価し、「中西君はたいしたものだ」と太田は何回も言っていた。

彼は全日自労をやりながら、もう一つ生活者として生協を作り、自ら早朝、長靴を履いて魚、野菜市場に通った。

時代の流れの中で、失対現場は、打ち切りへと向かうが、五洲は「雇う、雇われる」の関係から、自らが「労働の主人公」になり、自らが律する労働者協同組合を発想し、転換に成功した。さらに、少子高齢化社会の到来をいち早くとらえ、高齢者生活協同組合を三重県で立ち上げ、厚生労働省の認可組合として今もやっている。この二つの協同組合は、労働組合と結合し、日本を代表する世界的にもユニークなものである。

日本の構造改革派は自らの歴史的総括を問われているが、山形県長井市の地域循環農業や、関西金属労働運動とともに、中西功の理論とその発想を実践展開した。中西兄弟のこれらの運動は、もっとも優れたものと私は評価してきた。革命家・労働運動家の想像力・創造力が、見事に花開いた歴史的実績である。

中西五洲は、全日自労委員長だが、党内対立で現場降格を二回も繰り返した。中西五兄弟で、次男篤は、共産党を早くに辞めて、中西意見書を出すなどの役割をつとめた。三洋が三番目で共産党千代田地区委員長・区会議員。五番目が五洲。娘が中西準子で、顔もそっくり。水やダイオキシンの代表的学者で、横浜国大教授などを務め、活躍している。

【「異色の構造改革派中西功」『先駆』二〇〇五年一一月号】

6　寡黙の人、行動の人、財政を背負いつづけた革命家——一柳茂次

一❖地位も名誉も金も命も惜しまない「志士仁人」

＊体当たりの人生

私の革命運動人生に、大なる影響を与えてくれたのはゾルゲ事件の尾崎秀実であった。彼は「大正——昭和革命で死刑となったただ一人の反戦革命家」（石堂清倫）だった。裁判長は死刑としたが、公判に臨んだ彼の態度の堂々さ、思想識見の豊かさに感動し「志士仁人」の人であったと述懐している。

尾崎を近衛首相のブレーンに入れて、朝飯会の常連とした風見章（当時、書記官長——現在の官房長官にあたる。戦後は左派社会党代議士）も、あの戦争末期に「尾崎国賊・スパイ」論一色であったときにも、一歩もたじろがず弁明もせず、志士仁人の人であったという態度で一貫した。

いまの人に志士仁人は耳慣れないであろうが、日本に根を下ろした儒学の人間観である。「志士」とは「高い志を持つ人。国家・社会のために自分の身を犠牲にして尽くそうとする志を有する人」。「仁人とは仁愛の深い人。仁者」（『広辞苑』）。

一柳茂次は、一九三〇年代と戦後革命に生き、一生を貫いた志士仁人であった。

日本マルクス主義と日本共産党は、とくに戦前の一九二〇年代後半から三〇年代頃は、帝国主義侵

略戦争に反対する党として、かなりの知識人や先進的労働者の中で光り輝いていた。あいつぐ大弾圧で幹部が根こそぎやられた三〇年〜三五年の実践は、ごく一部をのぞいて惨たるものであったが。

獄中死、虐殺死した殉難者、文字通り生命をかけた革命実践者は一七〇〇人に及んだが、まわりの人々に感動、畏敬の念をいだかせるものであった。地位も名誉も金もいらず、命もおしまない体当り人生の革命家が、戦前も戦後しばらくのあいだ中心にいた。ほとばしる革命への情熱と献身性、困難にたえる忍耐力、犠牲的精神……。

私は、一九四七年にその道に参加したが、一〇〇人以上の中央、地方幹部、労組グループの先輩からある時は具体的に、あるいはその行動に接して、有形無形の教育をうけ伝統に学びながら育った。一方ではつねに「上」ばかりみる自主性のない人、出世主義、権力主義など普通の社会とかわらない傾向も強く、幻滅も何回も味わった。

一柳茂次は、それらの状態下にぬきんでた革命家であり、半世紀を経たいま振り返ってみても、心から尊敬できる数少ないコミュニストであった。

私は、一九六七年から三年間、「共産主義者の総結集」の中から生まれた共産主義労働者党の中央常任委員（労働運動・統一戦線担当）として一柳先輩と活動をともにした。

＊人のさける仕事を自ら〝志願〟

彼はマルクス主義農業理論家の第一人者といわれていたが、寡黙の人であり、会議でぶったり、理論展開したことは一度もなかった。一方では〝行動の人〟であり、六七年五月の第二次砂川闘争では、小雨の中をスクラムを組んでジグザグデモをしていた。

私が、一柳茂次を畏敬する第一は、農業理論家の彼が大学教授や理論探求の道を自ら絶って、党の仕事で、人々がみな敬遠する財政部長を社会主義革新運動→共労党→労働者党・労働運動研究所にいたる六〇年代から八〇年代の長きにわたって担い続けたことである。社革新は、日共からの集団脱党（三〇〇〇人余）、創立のときは意気高く、財政も、彦さん（西川彦義）が大阪人らしく、「新しい運動を始めるのだから、弁当も立派なものを」といって、結成大会では上等品がだされたという。

が、その意気込みは、ごくわずかの期間で消え去り、春日議長の脱退と統一社会主義同盟さらに社会主義労働者会議への分裂や議論の明け暮れに急速にしぼんだ。当初、内藤知周事務局長は、本人の、広島にいて拠点をつくりたいという念《ねが》いを無理矢理説得し、家族の住む家も、人件費もちゃんと保証するという約束で上京させた、と聞いていたが、現実はまったく逆。専従費は遅配欠配、家賃も同じという状態下に、内野壮児がみかねて家の一角を提供した。が、機関紙発行も本部員専従費も底をつき、組織存亡の危機におちいった。その最悪の情況下に、一柳は自ら財政担当を「志願」したという。共労党結党三年間は（その後も）、党の政治的社会的基盤もわずかであり、機関紙は定期刊行がやっと、党費収入もわずか、事業財政はないなかで党本部専従費だけは、一回も遅配もなかったことは一柳財政のおかげであった。

彼は経歴からいっても「商才」があるわけではなく、仲間の一人がソ連貿易をやっていたが、そこから金が上がったことは聞いたことがない。

結局、戦前戦後の党員、シンパ、運動をやめて企業幹部になった人から、カンパを組織していたのであろう。「強引だ」などの電話がかかってきたと、二、三回聞いたことがあった。が、彼には私心が一切なく革命と党へのひたすらの献身をその人々が認めていたのであろうから、定期的カンパが集まり専従費は保障されたのであり、彼はそれをひけらかしたり、嘆いたりしたことは一回もなかった。

＊複雑な財政状況の中で

党財政への外国党による援助の問題点を、日本革命運動と党の作風、党風からみてみよう。

一九四五年一二月、獄中一〇年の徳田、志賀を中心に再建第四回大会が開かれ、七人の中央委員が選ばれた。徳田、志賀、金天海、神山茂夫、宮本顕治、袴田里見、黒木重徳である。その担当任務は、書記長徳田、アジプロ部長宮本、機関紙部長志賀、労働組合・農民部長神山、書記局事務室長黒木であった。

見てすぐ気がつくことは財政部長職がないことである。それは戦前の党がコミンテルン資金でまかなわれていた経験からではなかったのか。それではまずいことがわかってか、直後の四六年二月の第五回大会では中央委員二〇人の中で財政部長黒木、副部長亀山幸三が初めてきまっている。亀山の『戦後日本共産党の二重帳簿』（現代評論社、一九七八年）には、再建党へのソ連党等から資金の記述はなく、一九五一年、新綱領の頃から中国共産党からの資金が何回か出てくる。例えば新綱領の出来た後、「中共の領袖（劉少奇か周恩来らしい）から『さあ、新しい綱領も決まった。金はいくら要るか。二億か三億か』と聞かれたそうだ」（同書）。

財政部長は、六全協前から七回大会にかけて小田茂勝（除名）、松本一三、竹中恒三郎らだったが、彼らが「何であったかといえば、実は名前は財政部長でも実際は経理課長か出納係であったにすぎない」（亀山）。大半は中共からで、野坂、宮本、袴田らしかわからないのであった。

ソ連関係では、同書の「特殊財政部」の実態の年表に「一九五一年　ソ連人ラストボロフ、大村英之助に数十万ドル渡す」とある。

財政の外国党、とくに中共党依存体質は、六〇年代半ばに日共と中共の決裂まで続いた。一方その宮本共産党と（ソ連関係は別途）対立、除名された「日本共産党（日本のこえ）」も中共支持の西沢隆二、山口左派も本家と同じく激しく相互対立したが、財政依存体質は同じであった。

「日本共産党（日本のこえ）」は、その周辺からも「モスクワの声」だという批判が、志賀委員長の「共産主義者の総括集」の準備会議からさえ公然とされていた。その財政は志賀夫妻以外は誰にも知らされなかったが、志賀夫妻がなくなった一〇年後くらいに聞いたことには、「こえ」結成時に「二億円」がソ共から来たという。今日でいえば、二〇億円くらいの大金である。毛派の方も、やり方は違ったが西沢グループにも、あるいは日中友好協会正統本部の五階建てビルをはじめ、相当の金が動いていた。これらの恩恵に全く無縁だったのが社革新であり、共労党、そして諸党派であった。

こういう歴史の状況下の一柳財政部長がどのくらい苦労したことか。

日本の革命運動、左翼運動の「花形」はアジ・プロ、機関紙、労農、特に労働運動の闘争で、党専従者間で財政はまったく不人気であった。

それは天皇制軍隊・大本営の三部門（情報、作戦、後方・兵站）で極端な作戦重視と戦略としての情報、後方の並はずれた軽視と実によく似ている。軍隊の後方、兵站の軽視は、「輜重輪卒が兵隊ならば、蝶々トンボも鳥のうち」といわれ、子どもの私さえそれを知っていたことにあらわれている。日共系も同じである。

徳田時代の四五～四九年、党中枢は労働運動、とくに大企業、大工場に集中した。もう一つは、マルクス主義理論の絶対化の中で理論面がとくに重視され、志賀がその代表格とされ本人もそうふるまっていた。この伝統――ゆがんだ極端化、一面化――が、六〇年代の社革・こえ・共労当時も続いた歴史的状況下に、財政を自ら引き受け背負いつづけたその〝すごさ〟にあらためて脱帽する。

二❖統一戦線の新しい発想――党派、グループにこだわらない公平さ

＊羽田闘争の追悼葬

日本の左翼運動の縦割り構造、閉鎖的なセクト主義はなみはずれていた。数年前に日共出身のマルクス主義学者・栗木安延の追悼会（二〇〇二年三月）で、労農派マルクス主義学者が、「講座派なんて人間じゃないと対してきた」と言ったのをその場で聞いて、さもありなんと痛感した。日共・講座派はその逆で、より激しくマルクスの翻訳まで、あれは労農派だから訳に問題があると常にいわれ、プロレタリア文学でも日共系以外の作家は低く評価された。

一柳茂次は、そういう姿勢、作風をはるかにこえた地平に立っていた。戦前の社会民主主義運動も高く評価していたという。私が驚きをもって実感したことが何回かあった。

第一、「中国派」対「ソ連派」「イタリア派」（文字通りに一〇〇％そういう幹部が多くいた）、国際共産主義運動の非妥協的な対立、論争、分裂がそのまま日本の党、グループを直撃した。宮本顕治、志賀・神山、西沢・福田ら各派中枢は皆そうであった。

第一次羽田闘争で京大生の中核派・山崎君の殉難死の追悼葬を統一してやろう、と毛派日中五団体が提案し、中核、ブント、解放派に共労党も参加した。すごく立派な日中正統本部で実行委員会が行

なわれ、共労党の私も参加した。名簿を見て、会議の冒頭、日中五団体代表の坂田組織部長（山口左派）が発言。「樋口さんという人はどういう人か存じないが、その党の共労党は修正主義で内藤議長とはともに天をいただかない。追悼葬はともにできない」と。私が「まだ日共と同じことをいっているのか」と大敵に対する行動、闘争の統一を強調したが、第二回目の冒頭、再び同一発言をして、四団体がぞろぞろと退席した。自分たちの事務所なのに。三派系とともに山口健二ら青年共闘会議だけが「共労党も羽田の現場で闘った」として同席したのであった。その経過上、追悼集会への分担金は少し多めの三万円とし、一柳が同意して対応した。

第二、高野実が一九七四年に逝去した。毛沢東支持派の中で、高野実は例外的な一人で、高野主導の総評全金労組の後輩だったこともあり、共労党機関紙に私が「オルグ――過去、現在、未来」を五回連載した（七〇年）が、評価してくれ、三里塚・戸村一作委員長の参院選挙全国区立候補のときには、長谷川浩さんと入院中の登戸病院を訪ねた。「選挙は勝たなくてはダメです」の一言が今も残っている。

高野は第一次共産党員。一九五六年、総評事務局長退任後に日共に再入党・秘密党員。六七年に毛沢東支持で除名され党員だったことが初めて知れわたった。

毛派・中国派とその他の反代々木派との「ともに天をいただかない」関係は前記の通りであり、七〇年代もつづいた。が、高野死去に際して一柳は次の一言を送った。

「昔のことですが、共産党系の文献と共産党陣営の経験からもっぱら運動史をみていたおり、高野さんの著書にせっし、眼からうろこのおちたおもいをしたことを想いだしました。ごめいふくをお祈りします」（『高野実追悼録――階級戦士の墓標』一九七五年）。ちなみに同追悼集会に出た広義構革系は、佐和慶太郎、井汲卓一、中島誠、亀山幸三、渡部義通、横井亀夫らであった。

＊中核派への支援と伊藤律の名誉回復

新左翼、特に三派全学連を中心に（共労党も参加）一九六七年一〇、一一月の羽田闘争で、佐藤訪米阻止闘争を羽田空港周辺で果敢に闘い、日共が赤旗祭りで何もしなかったことと対照的で、一躍人々の耳目を集め始めた。その二ヵ月後の六八年一月、ベトナム侵略戦争の尖兵として空母エンタープライズが佐世保に寄港した。その闘いの直前、中核派の野島三郎から私に連絡があった。反戦青年委員会の運動で同派の陶山健一や彼とは交流していた。野島は「田中英光論」等もある文学出身の党政治局員、東部地区・化学労組担当（当時の同派の政治局員は書記長等をのぞいて地区・産別を分担していた）。七〇年代に議長をしばらくつづけた後、何かの理由で役員を辞めた。

彼は佐世保現地をよく視察していて、駅前にある共労党事務所を、「エンプラ反対闘争の連絡事務所に使わせてほしい」と私を通じて共労党に提案してきた。

その頃の革共同中核派は、その戦闘性と大衆性（杉並区議選など）、作風などで、反日共系の文化人や活動家特に東京で人気が高く——若き日の己の再現とみていた——本来なら共労党に近いのに、そこを素通りして同派にけた違いのカンパが寄せられていた。

それらのことをよく知っていたが、党事務所まで貸すのはどうかな、と迷いつつ常任会議に報告した。すると一柳が一言「貸してやれよ」と発言して一決した。党内では、一年半後の第三回大会で「トロツキーは反革命」論が公言されていたような状況下に、である。

佐世保闘争は、社共・総評部隊と新左翼が合流して、機動隊を押しまくり、中核派がその前衛隊であった。前代未聞の他党事務所を中継所に指導部と突撃前線部隊が緊密に連携し、「街頭闘争の中核」の声望を高めた。以後、三月三里塚、四月王子、六月と一〇月新宿でも同様で同派は勇敢に闘い、倍々の勢いで伸びていった（七〇年代～八〇年代は、内ゲバでその信頼感を一挙に低下させていった）。

私が一柳を畏敬する理由の三つ目は、伊藤律の名誉回復の運動と一柳との関わりである。この件は大金久展の方がより詳しい。

一九八〇年九月、伊藤はスパイではない、革命運動の冤罪であり人権のいちじるしい侵害であるとする人々――山崎早市、山口武秀、大金久展、樋口篤三、鈴木市蔵、一柳茂次、増山太助、寺尾五郎が各々の立場で発言した（『労働運動研究』伊藤律特集、八〇年一〇月）。

私が特に驚いたのは一柳発言であった。徳田時代、伊藤律農民部長と一柳農業理論は対立していたと思っていたが、その一柳が〝論敵〟伊藤理論を一定に評価したのである。野坂、宮本、袴田の日共中枢は、特に六全協と七回大会前後に伊藤スパイ説の証拠を膨大な党機関と人をあげて追及しつくした。が、本人の自白はもちろん、断罪するに足る証拠は何一つ上がらなかったのである。

だからこそ「五〇年」「六〇年」「六五年」の日共党史＝宮本正統史観には、必ず「伊藤律」除名は出てくるが、「スパイ」とはさすがに規定出来ず、「党撹乱者」なるあいまい規定ですり抜け、一方では、権力のスパイとして除名した一九五三年秋の中央委員会決定（所感派）、それをそのまま引き継いだ六全協――七回大会決定は取り消さず、今もその一八〇度誤った規定が生きているのである。野坂除名後に大幅に改定された「七〇年史」の伊藤律＝スパイ説への「降格」は、まっとうな人間的感覚が麻痺した宮本顕治の大失策なのであった。

にもかかわらず「無謬な指導者」として四〇年前後君臨した宮本と、徳田派と国際派時代に対立し迫害されたことにこだわらず、伊藤律無実とその理論まである程度肯定した一柳とは、人間の品格の大きな差、コミュニストのあり方がまるで違うことに、あらためて注目し評価しなおすことが必要である。

＊共産党幹部と異なる発想

私は、若き日にフランス共産党トレーズ書記長の『人民の子』、コミンテルンのディミトロフ書記長の第七回大会の統一戦線戦術、中国革命の西安事件や抗日統一戦線に感銘した。日本では神山茂夫『統一戦線戦術の諸問題』（新科学社、一九五三年）を繰り返し読み、実践した。

が、昨今の憲法統一戦線や大左翼連合形成の一翼の中で気がついたことがある。統一戦線は、革命の「戦術」なのであろうか、と。また大杉栄やトロツキーの批判もかなり当たっていた。それはマルクス・レーニン主義による「唯一真理・正義の前衛党」である共産党が、〝おくれた〟社会民主主義党等を指導対象とするという発想と不可分であった。ここでは触れられないが、この一文を書きながらも、それを強く再認識した。

日本で統一戦線論の著書を出した党幹部は、神山茂夫、安東仁兵衛、上田耕一郎らである。一柳と同時代を生きたこれらの幹部は、高野実・高野派、中核派等新左翼は統一行動・戦線の対象外であった。特に日共は、逆に「人民の敵」として排除しつくした。その典型例として新左翼・反戦派労働運動への対応がある。革マル派・動労青年部、中核派・街頭闘争、ブント派・大阪中電マッセンスト、解放派・東水労青年部を、一九七〇年頃に、東大社研の戸塚秀夫を中心に兵藤釗、中西洋、山本潔の四教授が詳細に調査研究を行った。宮本顕治は、それをやめよと指令。両者のやりとりの結果、「研究の自由もないのか」と戸塚らは抗議して離党した。調査は『日本における「新左翼」の労働運動』上下巻として東大出版会から出版された（七六年）。

この宮本と一柳を比べてみれば、統一戦線について戦略発想がまったくことなっており、宮本の極端なセクト主義があらためてよく分かる。

私の革命運動は、静岡県沼津市、京浜の川崎市、横浜、それから東京（一九六五年以後）で行った。七〇～八〇年代には大阪、関西に毎月のように通った。ひとくちに日本といっても東京――京浜――大阪では党風や気質がかなり違うことを実感した。

川崎、京浜のオルグ党会議ではちょっと難しいことが出ると、すぐに「今日何をやるのか議論しよう」とおさめられた。東京は理論がない（弱い）と発言権もあまりないような風潮であった。

大阪は、吉田四郎〔註〕や故上田等〔註〕のような力のある者が財政をやっているのに接して驚いた。東京ではそういうあり方はきわめて弱かったからである。一柳茂次はその「理論万能」（一時はとくにそうであった）かのごときなかで、理論家の道を捨て、人の嫌がる財政を黙々とこなした希《まれ》な革命家だった。「人の値打ちは棺を覆って定まる」。

〔註〕吉田四郎　元日共五全協中央委員・元北海道地方委員会議長。
〔註〕上田等　元能勢農場代表・元日共大阪府委員会常任。
〔註〕一柳茂次年譜　一九一一年、東京府で誕生／一九三一年五月、中央再建に踏み出した共産党と共産青年同盟の直接的な指揮下に入る／一九三二年、藻谷小一郎などのもとで「関東軍事委員会」の活動

に参加し。一〇月三〇日の一斉検挙（熱海事件）に連座、市ヶ谷刑務所の未決鑑に収監される／一九四六年五月、復員と同時に日本共産党に再入党。中央委員会農民部直属の全国農業会細胞に所属／一九四七年、中央委員会農民部、つづいて「アカハタ」編集部に勤務／一九五二年一一月、山口武秀、竹村奈良などと農民運動研究会結成／一九六一年一〇月、社会主義革新運動創立に参加／一九六九年七月、労働者党全国連絡会議の結成に参加。九月、労働運動研究所の設立に参加／二〇〇一年一〇月二四日、肺炎のため死去。享年八九歳。

【『一柳茂次　著作・回想』社会評論社、二〇〇二年】

第二章

革命家・労働運動家追悼

戸村一作

反権力の鉄の意志と情熱——その志

＊——常東から三里塚へ

戦後日本の農民運動は、茨城県の常東農民組合が最強といわれた。山口武秀氏（労農党、共産党、共産党代議士、一九五三年「日農中央グループ」として日共除名）の率いる常東は、霞ヶ浦、北浦と鹿島灘のあいだの一帯の地域で農地改革前の土地を要求する「農民暴動」的闘争をはじめ、改革後の潮がひくようになくなった農民闘争の中でも、反独占を掲げた、サツマイモの価格引上げ闘争、あるいは税金闘争など一頭地をぬいた独創的な大衆的実力闘争を展開した。

この山口武秀氏が『常東から三里塚へ』という書を三一書房からだしている。

戦前、戦後を通じて農民闘争一筋に闘い、農民の強さにも、弱さにも精通した武秀さんの三里塚論は教わることが多い。彼によれば三里塚は左翼の指導する伝統的農民運動から異質であり、さまざまの面で断絶した地点で闘われていることが具体的に語られている。

この本の標題通り、戦後日本の農民闘争は「常東から三里塚へ」と戦闘的、革命的伝統がひきつがれたのであった。

＊——武秀さんと戸村さん

在日韓国人のすぐれたリーダーの一人である鄭敬謨（チョン・ギョンモ）さん（『ある韓国人のここ

ろ』の著者）は、私と雑談したおり、三里塚は秩父困民党（一八八五年）の闘いと並ぶ日本の偉大な闘争ですね、といった。

アジアの活動家の多くもそうであるが、日本帝国主義の姿、経済侵略はよくみえるが、日本人民の闘いはほとんどみえないといわれる。そのなかで三里塚を通じて日本でも国家権力に対する非妥協的な闘いがあることが知られてきた。

このことは、なによりも三里塚の十四年におよぶ長期の闘争、鉄火の実践そのものによるが、もう一つは戸村一作さんの獅子吼、著書や論文、スケッチなどの絵や彫刻等によることも多い。戸村さんの存在は、三里塚闘争にとって大きなものであった。人民思想ともいうべき思想家、二科会の会友でもあった芸術家であり、あるいは系統だってはいないがキリスト教共産主義ともいうべき宗教家でもあった。

武秀さんと戸村さんとはウマがあわなかった。とくに七四年の参議院選挙に戸村さんが立候補したことについて、武秀さんが中途から批判にまわったことから決定的にあわなかったようだ。

武秀さんは卓抜した運動者、戦術家であるが、戸村さんにはこの面はほとんどなかった。

＊――戸村選挙

参院選の時は、前年の夏から戸村擁立の一員となり、決定後は選挙本部で半年間、戸村さんの人となりを日常的によくみる機会があった。

驚くことが多かった。

反対同盟の「輝く委員長」というイメージであったが、同盟の幹部会や執行役員会にはまったくといっていいほど出席していないことがわかり、労組や党の経験をへてきた我々一同をびっくりさせた。

反対同盟の幹部を前にして決意を語ったとき、プロレタリア独裁を説き、革命党の必要性とその建設を説いた時には、「キリストの戸村」から「キリスト教共産主義者の戸村」なのかな、と思った。

中野好夫氏は、硬骨の文学者であるとともに革新陣営のまとめ役の中心メンバーの一人であるが、若き中野教師に成田中学で戸村さんは薫陶をうけたとのこと。その中野さんは戸村さん推薦のハガキを二五〇枚ぐらい丁寧に書き、どこに出せば、より効果的であるか、『世界』の安江編集長と半日がかりで人選し、沖縄を中心に書きました、と選対本部を訪ねてきた。

作家の野坂昭如さんは、全国区に出ようと思ったが尊敬する戸村さんが立たれたので、東京地方区へ変えたのですと語った。そして進んで日比谷公会堂の大集会に加わり「共闘」を訴え、街頭でも渋谷などで「共演」した。

三里塚はその闘争そのものとともに戸村さんという人格を通じて意外なところに意外な人々の共鳴者を多く呼んでいることがわかった。

＊——戸村さんの志

最後に親しく話したのは、一年前（一九七八年）の晩秋に浅田光輝さんの還暦の祝いを池上の本門寺でやった時だった。十歳年長の戸村さんは、意気軒昂で、お得意の「オンナ」の話をぶち、川田泰代さんの頬にキッスするしぐさをして満場を笑わせた。

あんなに元気であった戸村さんが亡くなったのは今でもウソのようだ。

「偉大なタクワン石」を失った三里塚は、十四年の闘いでもっとも困難な局面にたっている。

田中正造を尊敬し、反権力に徹して寸分の妥協もしなかった鉄の意志と情熱、貧農大木ヨネを心から愛し、擁護した戸村さんの志を今にどう生かすか、同盟も「支援」も改めて問われている。

【『革命の炎』一九七九年一二月一五日、原題「戸村一作さんの志」】

荒畑寒村

革命と解放の志は永遠に若者を魅了する

私たちは、先輩の社会主義者、共産主義者、革命家からさまざまなことを教わり、学び、受け継いできた。ロシア革命は全世界を震憾させたが、東北アジアでは中国の五・四運動、朝鮮の三・一独立運動、日本の米騒動の爆発と高揚となり、一九二二年には日本共産党が生みだされた。第一回の準備会は寒村翁の家でもたれたという。この第一次共産党のメンバーをみると、戦前と戦後の共産党、社会党系の中心者が目白押しである。堺利彦、山川均、渡辺政之輔、市川正一、徳田球一、野坂参三、浅沼稲次郎、鈴木茂三郎、猪俣津南雄、高野実……。

「死なばわがむくろをつゝめ戦いの塵《ちり》にそみたる赤旗をもて」

『寒村自伝』の最後の余白頁に当人が歌ったこの一首のように、すぐれた革命家たちは生きぬき、獄中、獄外で闘い斃れていった。

私は大杉栄、荒畑寒村などの革命家たちに人間的に深く共鳴、共感してきた。自由闊達であり、革命と人間のロマンにみち、思想と原則、信条にきびしかった。生涯を通じて無産者階級解放の原点がみごとにつらぬかれていた。

＊――生涯を決した谷中村との出会い

寒村編『社会主義伝道行商日記』に次のくだりがある。

一九〇五年（明治三十八年）七月十五日「晴、畑の方で『此の村泥棒メ』と大絶叫をなす者があるので駈け付けると其れは谷中村買収の調査に来た県庁の吏員や警官を田中正造翁が駆逐しつつあるのであった、あゝ此れ野に呼べる人の声に非ずや、午後から貧民の状態など見た、谷中村は資本家制度の害毒を最もよく現はした好模型である」。そして足尾銅山にいく。

七月二十二日「曇、小滝坑場へ行って見ると坑夫が燕の巣へ石を投つける悪戯を禁ずる札が立って居る、燕の巣は保護して労働者の家庭は常に破壊しつつある、資本家という者は勝手なものだ」

寒村十八歳の時であり、田中翁にこわれて名著『谷中村滅亡期』を一気に書いたのが二十歳であった。以後九三歳までこの怒りと闘いを貫いた一生であった。

本年（一九八一年）二月末、『毎日新聞』の記者の八一春闘等の質問に対して「ヒストリカル・ミッション（歴史的使命）による運動が忘れられては困るね。どんな運動でもよって立つ基盤を忘れてはダメだ。……風に吹かれたようにあっちになびき、こっちになびきではたいしたことはやれない。労働組合とその指導者が純粋な歴史的使命をとらえ直してやって欲しい」「プロレタリアの使命とは社会変革の担い手となることだ。新しい社会の建設こそ究極の目的でなければならない」と言い、社、共、総評の運動の最大の弱さをずばりとついてみごとなばかりだ。そして、ポーランド〝連帯〟労組のワレサ委員長を高く評価する。九十歳にして四十歳の女性を愛し（フラれた！）、本場アルプスを訪れ、新内（しんない）を愛したその若さ。

＊——寒村翁よ、安らかに眠れ

寒村翁の政治的面目が躍如としたのは、関東大震災直後の日本共産党解党決議にただ一人敢然と反対しぬいたことである。が、同党『赤旗』は死の翌日、弔いの一行ものせなかった。また、戦後社会党結成懇談会でかつての同志賀川豊彦が「天皇陛下万才」の音頭をとるや、怒って退揚した。社会党とブルジョア政党、民主党などとの片山連立内閣形成に際して、中執でただ一人反対し、民社党の元祖西尾末広の「書生論」と鋭く対立した。次の芦田連立内閣の時には、運賃値上げ法案に国会で反対票を投じ（労農党はこれを契機にできた）一人で党と訣別した。

寒村翁は、たしかに批判されるごとく政治家、組織者ではなく孤高に徹した。だが、その思想と志の高さから、七〇年代の反公害闘争にふれあい、孫、ひ孫のような青年に愛され共感をうけ、そこを貫く反権力、反資本の姿勢が新左翼とも内面的に通じたのであった。

九三歳。大往生である。生涯を貫いた解放と革命の松明《たいまつ》は、次の世代がひきつぎ、必ずや発展させるであろう。寒村翁よ、安らかに眠れ。

【『労働情報』一九八一年三月一五日、原題「革命と解放の志は永遠に若者を魅了する」】

天衣無縫、自由闊達の人

渡部義通

＊——民主主義科学者協会初代幹事長

渡部義通（わたなべ・よしみち）同志逝く。

また、大きな星が一つ消えた、という実感である。

私にとっての渡部義通とは若い時は遠い「高嶺の花」であった。日本でマルクス・レーニン主義と史的唯物論を歴史学に応用した創始者、戦前の唯物論研究会やプロレタリア科学者連盟の戦後版であった民主主義科学者協会の初代幹事長、そして一九四九年日本共産党の代議士（埼玉一区）、日共系学者の元老であり、中心にあった革命的学者であった。

日共内の長い党内闘争とその決起が、私との距離をぐっと近づけた。一九六四年のいわゆる「党員文化人声明」は、宮本独裁体制に対する勇気ある反乱であった。

丸木位里・俊、野間宏、国分一太郎、佐多稲子、出隆、朝倉摂、佐藤忠良、本郷新、山田勝次郎、宮島義勇（佐藤、宮島は降りた）。党内に残った——それ以前に大多数の「古参」や現役の多くは脱党していた——哲学・経済学の学者、芸術家、作家らの中心の訴えは、ソ連党の臭い紛々たる志賀義雄の「決起」とはちがった思想・文化があった。

「日本のこえ」、そして〝共産主義者の総結集〟と共産主義労働者党の結党。旧社革主流であった内藤知周、長谷川浩さんらとの激しい路線対立と党内闘争。そこを一貫して義通さんは、当時のヤングパワーであった我々を支持した。

共労党は、革命運動の元老に対して指導部である全国委員会とは別に「評議員会」をつくった。ひらたくいえば「顧問会」だが、大所高所から遠慮なく苦言、提言を、という趣旨で、春日庄次郎、国分一太郎、大井正、そして渡部さんらが選ばれた。

＊――共産主義者としての特徴

共産主義者渡部義通さんの特徴は何か。

数ある著書、論文の何ほども読んでいないので全体は他の先輩にゆだねたい。ただ、革命的労働運動を党の主たる部署としてきた私からみて、学んだ点は……。

その第一は、何といってもマルクス主義の原則性を守りつつ、つねにその創造的発展を追いつづけたことである。

第二に、現実の実践の一歩一歩から超越してはいたが、その弱点を強味に転化し、巨視的にあらゆる事物、流れをとらえていたことである。歴史学者の特徴であろうか、ものごとを長い歴史の流れでとらえ、その前進面、プラス面の勘所をよくおさえていた。

この二つの特徴は、同時代のマルクス主義者、たとえば講壇マルクス主義の大家・大内兵衛が東大全共闘の闘いに対して、機動隊に感謝したいくらいといって、その権力主義的本質を自ら暴露したことと比べてみると歴然とする。あるいは、山川均なきあと労農派マルクス主義の総師として社会主義協会を大きくした向坂逸郎の化石のごとき誤った社会主義論と「ソ連前衛論」等と比して、一頭地をぬいている。

義通さんは、ある一時期の反戦派、新左翼――〝内ゲバ〟に激しく反対し、春日さんとともにやめさせる努力をしつづけた――を、大きく肯定的に評価した。大内、向坂らがまったく対立し、敵対化したのと対照的であった。

＊――洒脱な人

そして、その生き方は飄々としており、天衣無縫、自由闊達であった。日共系共産主義者としてはめずらしく、すべてに恬淡としていた。猫や囲碁の学術的著書などは、その一側面を表している。

かつて、私に語ってくれたエピソードは忘れがたい。

一九四九年。共産党代議士が三五人に躍進し、徳田書記長がその年のメーデーで「九月革命説」をぶちあげ、物情騒然とした頃のことだ。

自共対決で緊迫した国会が、今日開会という日まで渡部代議士は一週間行方不明で、秘書も家族もわからず、指導部は困り果てていらいらする。すると、党国会議員団会議が始まる寸前、衆院のその部屋に突如姿を現わした。徳球は例のごとく頭にきてどなりつけた。「渡部、いったい何処をうろうろしていたんだ！」

渡部は悠揚せまらず言う。

「神武天皇がどこから大和に上陸したのか調べるべく、熊野の方面を廻っていたんだ」と。

この珍奇な答えに、さすがの徳球も爆笑、一同大笑いして「罪」は許された、という。

万事こういう洒脱な人だった。

義通さん。冥土の果てから、我々の革命への歩みと仕事を見守っていて下さい。

一九八二年七月一日

【『革命の炎』一九八二年七月一五日、原題「追悼・渡部義通同志の死をいたむ」】

古屋能子

反戦運動家と革命運動家

古屋さん、あなたの訃報を函館の「労働運動と市民運動を結ぶ」連続講座の会場で聞いた時に私は思わず「しまった」とつぶやきました。それは茅ケ崎の病院から福富さんを通じて「私と会いたい。話したい」と三回も連絡があり、ただ回復にむかっているとのことでのびのびになっていた矢先だったからです。あなたと最後に会ったのは、六月九日反安保六月行動の実行委員会の時でした。虫の知らせなのか、その時も私が体の調子がわるく早目に帰ろうとしたらあなたにひき止められ、しばらく話をしました。それは運動の危機をどう突破するのか、革命運動の現状と今後についてでした。

古屋さんにはいくつかの顔がありました。第一は朝鮮戦争、そして特にベトナム戦争下における反戦闘争であり、今日の反戦・反核・反安保闘争の先頭に立ってきた、べ平連や日市連のたたかいです。第二はアメリカ軍の支配下にあった沖縄闘争に連帯した現地におけるさまざまな闘争——渡航証明書拒否による逮捕などのたたかいでした。第三は女として「戦争への道を許さない女たちの連絡会」などにおけるたたかい、また三里塚闘争への連帯、故神山茂夫氏とともに『海洋汚染』（三一書房刊）を生みだした反公害闘争、あるいは朝鮮民主主義人民共和国への日本市民八人の会の団長としての訪問などの多面的な活動でした。そのすべての戦線で行動する女としてラジカルな思想と闘争によって、そしてまた独特の和服姿によって人々に愛され、信頼され親しまれてきました。だが、あなたの真骨頂は一人の革命家としての生き方にこそあったと確信します。

朝日新聞の『現代人物事典』では、あなたの略歴は反戦運動家となっています。それに対していいだももさんから「古屋さんいつから革命家から市民運動家になったのですか」といわれたことを、この数年、こだわっていたのはけだし当然でしょう。私と深い心の結びつきがあった絆も、そこにこそありました。共労党の結成時とその後も終始私を励まし連帯してくれました。この春、ある機関紙で「ある革命家その父と娘」などを連載した時にも同志的な伝言を伝えていただきました。危機を深めるわが革命運動を労働者階級を基礎にしてどう再建するか、その一事をあなたは私と話し合い、行動をともにするべく繰り返し伝言があったのに、ただ一人天界に先に旅立つなんて人生の無情を深く味わっています。私たちは、あなたの志と固く固く結んで嵐に立ちむかいたたかい抜くでしょう。在天の古屋さん、これからもいっしょに歩きつづけましょう。

〈ふるや・よしこ　一九二〇年山梨県生まれ。四五年に結婚、日本共産党に入党、五一年離党。六五年べ平連に参加。反戦平和を貫く〉

【『労働情報』一九八三年一一月一日、原題「反戦運動家と革命運動家／古屋能子さんを偲ぶ」】

アイヌ解放を教えてくれた

結城庄司

　私はこの春以来、持病（動脈閉塞）から来ると思われるが、体調を著しく悪化させた。六月半ばから一ヵ月の休養許可を得て静岡に転地療養し、また九月の反核・平和の船に乗船し積極的な意味とともに体調を回復させたいと思ってきた。何しろこの半年間は右腕がブラブラする状態で字をほとんど書けない状態であった。この原稿も、若い同志に口述筆記をしてもらったものである。口述筆記などしたことがないので、まだ〝樋口節〟の調子が出ないことはお許し願いたい。

＊――アイヌ民族との出会い

　私は静岡に生まれ育ち、京浜と東京の労働運動と党活動のなかで、成長してきた。一九七〇年頃からおこった新左翼世界における差別問題、とくに部落差別や障害者差別がおこった時に、驚き、大いにとまどった。

　華青闘が告発した民族差別は、戦前、戦後の長い運動の中で充分理解できたし、さほど衝撃をうけたほどではない。だが、部落差別は、戦後の社会生活の中でも、労働組合、党の会議でも、大阪等とは違って、一度も提起されたことがなく、討論されたこともなかった。

　だがそれが、首都圏でも身近に存在し、現実に差別されていることがわかった時の驚きは大きく、自分らの経験と実践の弱点を痛感した。

さらに、アイヌ民族問題は、全く実感もなく、一般的な歴史としてしか理解していなかった。アイヌ人を目の前にみたのは、一九七七年の参院選挙の時の札幌駅前であった。

折りしも立候補していた成田得平氏とともに、民族衣裳をきた数人のアイヌ人が、宣伝カーの上から演説していた。はじめて間近にみるアイヌ人と、その主張を理解しようと小樽行の電車をひとつ乗りすごして道路にすわって聞いた。そのすぐ直前に、日本共産党の宣伝カーが、まったく誤まった民族主義の思想と政治から「北方領土返還」をがなりたてていた。成田氏らは、それへの鋭い反論として千島列島はわれわれアイヌ人のものだと訴えていた。私はそれに共感し、改めてアイヌ民族の歴史といまについて大いに考えさせられる契機となった。

その前夜は、札幌の「労働情報」集会で講師として行った時だったが、アイヌ解放同盟の結城庄司さんが仲間と共に来てくれた。終ってから一杯のんだ時に、結城さんは「樋口さんの話の中でアイヌ問題がいつでるか、と心待ちしていたが、ついにでませんでしたね」と淋し気にかつ批判を込めて私に語りかけた。

私は不勉強で、アイヌ問題を確信をもって言える状態ではなかった。

その後、いくつかのことから、私は、アイヌ問題を少しずつ学んだ。今から三年前、私の故郷沼津での高橋茂夫君の結婚披露宴の翌日、大瀬岬から浅田光輝、吉田四郎さんとバスにのっていて、ふとあることに気がついた。

そのあたり一帯は、かって田方郡西浦村であったが（戦後合併して沼津市となる）、沼商の同級生もいて、自転車で何回も行き、よく知っていた。

だが、子供の時からのなじみの地名であったが、改めて古宇（こう）、立保（たちぼー）、足保（あしぼー）などのバス停の地名は日本語にあまりないなあと感じた。その晩、私の親しい先輩で朝鮮戦争下の平和擁護闘争等を同志的に闘った前沼津市長の井手敏彦さんと一杯くみ交した。そして、「井手さん、あれは妙な地名だね」と聞いてみた。そしたら彼は驚くべきことを言った。「あれはアイヌ語の地名だよ。古老は、言い伝えで皆知っているが、公文書などには一切記さないことになっている。それは、我々の遠い先祖は、アイヌ人だから、ということになるからそれをいやがってかくすためだからだ」と。

伊豆半島とくに西側一帯の地名、「妻良（めら）」「安良里（あらり）」「戸田（へた）」等はみなそうである。それらの地は、入江で波静かであり、すぐ背後には山がある。魚や動物の狩猟にはもってこいの土地だったたから住みついていたのだ。このかくされた歴史を聞いた時、まさに大いに驚いた。そして、アイヌ人問題が、一挙に身近なものになった。

その後、日本・朝鮮やアジアの生きた歴史に通ずる大先輩国分一太郎さんにその話をしたら、山形県出身の国分さんは、即座に次のように言った。「山形の酒田など海辺は、大和（ヤマト）の反主流派、スサノヲノミコトらが闘いに敗れて海岸線に逃げてきて住みついたといわれる。一方、東北山脈の山の方はアイヌ人が住んでいたといわれる。私は山の方の出身だから、アイヌ人の系統なんでしょうね」と話されたことに、またもや蒙を開かれた。

それから関心を深めていくと、九州の別府や東京の蒲田などもアイヌ語の地名だという。つまり、かっては、アイヌ人が本州や九州などにも全般的に住んでいたことは歴史的事実だったのだ。

中曽根首相や民族主義者や国粋主義者らが言う、単一のヤマト民族などあざわらうべきインチキ史学にすぎないことは、これらのことをみるだけでもよく分る。

＊――誇りと差別

昨年は、北海道の伊達で漁師を営み伊達火電反対闘争の中心的活動家の一人であった苫和三（とま・かずみ）さんが私を訪ねてきてくれた。私の自宅に泊ってもらい色々話をした。彼の姉さんは、三多摩にすんでいる。その府中で、道を若者に聞いたら、大学生らしいその彼は目の色が少し青味をおびた苫さんに、「あなた外国人ですか」と聞き、彼が「そうだ、アイヌ人だよ」と答えたら、仰天したという。その大学生は、アイヌ人が、この東京の空の下に歩き住んでいることを夢にも思わなかったのであろう。

自ら労働し、アイヌ人の誇りをもつ彼は、「多くの仲間たちは、あまり差別が強いので、アイヌ人であることを隠したがる。だが、俺は自らチャンと名のり、生き、闘っているのだ」と昂然と言った。私は、彼の語り口とその生き方に、アイヌ人の誇りを強く感じ、心と心が通い合う思いであった。

翌朝、私が味噌汁を作って出した。我が家のは濃すぎるかと思ってわざわざ薄めて出したら「和人の味噌汁は薄くてのめない」といわれて、その生活を知らないことの無知さをまたもや味わった。

今年の九月、北米インディアンのロン・レイムマンさんが『労働情報』を高木仁三郎さんと共に訪ねてきてくれた。京都での反原発全国集会に呼ばれ参加しての帰路である。その時のインタビュー記事は同誌九月号にのっている。そのレイムマンさんも、インディアンであることに誇りをもっていた。そして、カナダなる国籍と地名は侵略者が勝手につけたものであるから使うことを拒否する、と言った。イギリス植民地主義者が北米インディアン絶滅政策をとってきたことと、日本政府が特に明治以来、アイヌ人の絶滅政策をとってきたが、その政策、やり口は全く同じことであることがよくわかった。

＊――少数民族の問題

我々は、日本革命における不可分の構成要素をなす、少数民族問題、アイヌ人、オロッコ人などの民族自決の問題や沖縄や奄美において最近新たな思想と質をもって主張されだした、沖縄独立や奄美独立の問題などをよく学び、真剣に検討しなければならない。

結城庄司さんは四十数年の短いその生涯をアイヌ解放のために捧げ、闘いぬいた先駆者のひとりである。結城さんは、日本労働党による左翼連合の代表のひとりであった。だが、思想と人間の純粋な彼は、労働党が権力主義的、利用主義的にのみ対応していることなどを知るにつけ、その後訣別した。

そして、『労働情報』の札幌支局長であり、アイヌ解放やあらゆる差別に反対する運動の中心者のひとり、山田順三（日教組）さんを通じて、『労働情報』との接触と交流を強めてきた。そして、樋口に会いたいと何度なく伝えた、という。だが、かくも若死にするとは誰も思わなかったので私への伝言ものびのびとなり、死して、四九日の後、北海道へ行った私に初めて伝えられた。

七年前よりはいくらか理解と成長を深めた今の私にとって、結城さんと再会し、日本革命とアイヌ解放について語り合い、同じ戦列で同志として闘えなかったことは、かえすがえすも残念であった。結城さんへの思いは、山田順三さんの追悼文ににじみでていて、二重の意味で、私の胸に強くひびいた。

【『革命の炎』一九八三年一一月二五日、原題「日本革命とアイヌ解放／故結城庄司さんを偲んで」】

林　大鳳

階級闘争と反差別の闘いを結びつけた

＊――波乱万丈の人

林大鳳さん。

あなたは名前も大きいが、人間のスケールも大きい闘士であり指導者でした。歴史的危機にたつ総評と階級的労働運動の再建、新生のためにはもっとも活躍できる経験、思想、志をもった、なくてはならないリーダーの一人でありました。いま、その林さんが病いに倒れ天界に行ったことはまさに残念であり、無念のきわみです。私たちは深い悲しみと人生の無常を実感しています。あなたの人生とその日本階級闘争史への刻印は、波乱万丈というにふさわしいものでした。

運動が順風満帆のとき、順調の時には誰でもやれるし、やりたがるものです。だが、逆風のとき、嵐の吹きすさぶときには、ゴーリキーの「海燕の歌」のように、多くの幹部は難をさけたがり、岩かげにかくれ、あるいは口先は勇ましくしつつ行動はただただ右へ右へとすべりおちていくことを、戦前、レッドパージ、そしていま、いやというほど労働者大衆は見聞してきました。

その右への、とうとうたる流れに抗して起つ。嵐にたちむかう。この苦難の中でこそ階級戦士の真価はたしかめられます。林さんにはその情熱、革命的気概がありました。産業別組織の中央委員長を立派にやりぬいた人が反対派におとされて、もう一度もとの現場、「下」にいく。一人の無位無冠の「タダの人」になっても、そこで再び労働し、生活し、そして再び大衆の信頼をうけて中央のリーダーとなり、そしてさらにまた足をひっぱられて「下放」を余儀なくされる。

＊――同盟休校の子供たちに学べ

しかし林さんは労組の「中央指導者」にはめずらしく、現代の「差別」に対して怒り、泣き、共に闘いえてきためずらしいリーダーでありました。部落解放同盟が、狭山事件に抗議する闘いの一環として同盟員の子供たちの同盟休校を組織して闘いました。体制、権力、御用派はマスコミを動員して「関係ない子供までまきこむのはやりすぎ」というキャンペーンをはりました。そして三里塚の子供のそれとダブらせることなどによって、その攻撃に多くの組織や幹部が動揺しました。

そのとき、林さんは断言した。「わけのわからないことばっかりやっている〝中央の幹部〟の指令より、同盟休校した子供たちの闘いに学ぶべきだ」と。この一言は、階級闘争と反差別の闘いの結合をみごとに結晶したものでありました。

林さんは、この二年来、人生と運動のすべてを、危機にたつ総評の、その「再生」のための「労働運動研究センター」と、その京都の組織化の先頭にたち、橋頭堡をきずくにあたって大きな力を発揮しました。そのために中央執行委員長を二度もつとめた組織の顧問を剥奪されてもなおかつ、日本帝国主義の御用組織、全民労協と対決しぬく思想と方向を決断したときに、国鉄や京都をはじめ全国の多くの闘う活動家は、林さんの姿勢に強く打たれ、心からの連帯を表明したのでした。

その高き志、階級的労働運動の思想、路線を、次の時代をになうわれわれと若者たちは必ずひきつぎ闘いぬき、突破口をつくるべく闘いぬきます。

在天の魂よ　安らかに。

〔註・林大鳳略歴〕一九四〇年国鉄入社。五一年機関車労組大阪支部書記長。六〇年動労本部副委員長。三期四年動労中央委員長。八二年社会党京都府本部副委員長。八三年京都労研センター代表幹事。八四年七月肺ガンのため死去。享年六一歳。

【『労働情報』一九八四年八月一〇日】

国分一太郎

先輩、同志、兄貴——人間の師

国分先輩、国分同志、兄貴。

私にとって国分一太郎は、これらのうちどのようにも呼びたい暖かい人であり、心の人でした。まだ七三歳というのに、天界にいくなんて、人間の運命（さだめ）は何と無常のことでしょう。それは私情もさることながら、そこを越えて、日本の労働者階級解放の革命運動にとって、綴り方運動をはじめとする教育とその労働者運動にとって、そして『労働情報』にとって、とにかく残念であり、無念です。

国分さん、あなたは、私（たち）にとって思想、芸術、教育、人間の師であり兄でした。思想の歴史について何かわからないこと、壁にぶつかった時に、ためらわずにすっと聞くことができ、そしてすぐに答えてくれる先輩でした。

ベトナム革命戦争のさなか、その革命の父たるホー・チ・ミンが、ベトナム革命の道徳として、「仁、義、勇、志、廉」をくり返し語っていることを知った時、私は、大いに驚き、そして共鳴しました。とともに、日本では右翼や仁侠の世界でのみいわれる「仁・義」を共産主義革命家がいっていることにすごい共感とともに、正しくはどう理解したらいいのか、すぐにその場であなたに電話しました。答は、「仁とは人の道、義とは道理のことであって、儒教の教え」と。そのことが私をしてその国の人民に根ざした人民道徳、プロレタリア道徳の大事さを強く実感した大きな契機となりました。アイヌのことについても忘れられません。そして、私たちが日本労働運動の革命的再建、新生のための「労働者宣言」（草案）についてのあなたへの問い――緊急課題としての教育――とその答えが、最後の会話となってしまいました。

昨年いただいた『文章入門』のとおり、「宣言」の文章について、一字一句添削して頂くべくお宅へいくつもりでしたが……。

『労働情報』は、最大の理解・支持者の一人をうばわれたのです。日本の解放運動の先輩たちが次々と現世をさり、まさに寂寞《せきばく》感の連続ですが、私たちの今の運動の精神的支柱の一角がポッカリとあいた今回は、ひとしおその実感が大きく、思わず目頭が熱くなりました。

先輩の屍をこえて終局の勝利にむけて、ただ闘いあるのみです。国分同志よ安らかに。

〔註〕国分一太郎は、一九八五年二月一二日、消化管出血のため死去。七三歳。生活綴り方運動の推進者としても知られる。

【『労働情報』一九八五年三月一日、原題「『労働情報』最大の理解者の一人／国分一太郎先輩を悼む」】

由井　誓

「火焔ビンは指導者が投げるものである」（抄）

この十一月十七日（一九八六年）、二十年来共に闘った同志であり戦友であった由井誓が死んだ。急性脳くも膜下出血で、まだ五十五歳という若さである。由井誓は私の同僚であり、三歳も若くして天界に旅だった。

＊――由井誓の原点―小河内ダム闘争

一九六五年、私は生まれて初めて東京の革命運動に参加した。「共産主義者の総結集」運動がおこり、紆余曲折を経たのち共産主義労働者党が結成され、その過程で由井を知った。彼は同じ結党委員会のメンバー（二十人）であり、その後、共労党中央常任委員、機関紙「統一」編集長（五五年から六一年まで「アカハタ」記者）であった。

由井誓の共産主義者の経歴で、その原点となったのは、一九五〇年日本共産党に入党し、レッド・パージ反対闘争を闘う早稲田大学細胞の一員として五〇年分裂時に国際派に属したこと――早稲田は寺尾五郎経由で神山派の影響が強くその拠点だった。東大の主流は宮本顕治――であろう。彼は終生、公私にわたって万事に批判精神が強かった。

その早稲田大学細胞は、反対派の拠点なるが故に、その懲罰の一つとして、一九五二年小河内山村工作隊に派遣される。

当時の朝鮮戦争下の軍事闘争方針にもとづくものであり、奥多摩の小河内ダム建設反対闘争を通じて、そこに山岳根拠地なるものをつくる工作隊であった。

延べ何百人と行ったであろうこの闘いは悪戦苦闘の連続であって、何よりも依拠すべき地方農民、土木労働者はみな敵にまわり（選挙で入ったのは「七票」のみであった）追いまわされたり逃げまわったり、食うにもことかく悲惨なものだった。

この時の軍事方針とその実態は、最高指導部にいて現存する野坂参三、伊藤律、椎野悦朗氏らが固く口をとじて何一つ明さぬために、このままでは永遠に迷宮入りになりそうだ。当時の中心の一人で北京にいた西沢隆二（ぬやまひろし）は、その総括をやる気になったちょうどその時にポックリ死んでしまった。

由井のその後の生き方は、この時の体験が大きく作用したようだ。

一九六九年秋、新左翼の街頭闘争、とくに共労・プロ学同による「七〇年決戦」の都庁、銀座闘争は無惨な結末をとげた。

その直後の七〇年、共労党中央常任委員を辞任した。そのやり方と内容は痛烈だった。彼は当時の「朝日ジャーナル」に、小河内の経験を書き、その末尾に共労党指導部を降りたことを初めて明らかにした。理由は一つ「火焔ビンは指導者自らが投げるものである」。

即ち小河内の時も、方針をきめた指導者達は、身を安全な所におき、その後も方針の誤りに口をぬぐったが、共労党もまた同じ思想、方向であるという弾劾であった。

指導者が闘争の前線にたち、最も危険なところに身をさらして闘うことが正しく必要な時と、時と所と条件によっては逆にそうしてはならない場合もある。が、この由井の批判は、新旧左翼指導者に対するある根底的な批判であった。

＊――――「大きな構想」を果たさず……

日本革命運動においては「将軍と兵士」「大将と歩兵」の上下関係と、その何万という「兵士」達は使いすてという思想と運命の連続下に苦闘し、苦悩しつづけてきた。そして多数が万感の思いをこめ、生活の困窮下に戦線を去っていった。

五〇年の軍事方針とその結末はとくにその典型といってよい。

ある人々は、いまも「将軍」である。一つの「部隊」なきにもかかわらず……。

数年前に寄せ場で行き倒れて死んだ小松豊吉（日電、産別幹事、軍事闘争時の「軍司令」、その後「日本のこえ」専従）の生と死は、本人の生き方に責任もあろうが、党組織と指導部のあり方こそ決定的にまちがっていることを示したものだ。

由井誓は、その全生命をもってこの誤てる思想・路線と闘ってきた一人であった。

彼は一九七〇年、共労党を見切って労働運動研究所（長谷川浩代表）に入る。

沖縄の労働者のあいだでは、彼の影響がいまもある。そして、浩さんがなくなり、月刊「労働運動研究」が代替り、再編するに伴いこの秋に彼が編集長となった。

十余年の「助っ人稼業」――私はそれに不満で何回か文句をいった――の終わりである。彼はひさかたぶりにはりきっていた。

十月末、二人でウィスキー一本をあけ「協力を」「おっこ」と気炎をあげたが、その後、彼が大きな構想をいだいていることが少しずつ分ってきた。その性格からか、一度にすべてをいわなかったが、

二、三の古い仲間から同じことを聞くにつけ、これは、と感じ期待もした。
その矢先の急死である。まさに残念のきわみである。そのつなぎは生きのこったわれ等がやるしかない。さらば由井誓よ、安んじて眠れ。

【『革命の炎』一九八六年一二月一日、原題「火焔ビンは指導者が投げるものである」】

安斎庫治

朝鮮、中国の運命への思い（抄）

＊――安斎さんの経歴

安斎さんの経歴書は非常に興味深く、時代背景を思い浮かべつつ三回読みました。日本の共産主義者の経歴としては、特異な経歴でして、中国革命に対して、日本人革命家として戦前も戦後もこんなにコミットした人はあまりいないのではないか。

たとえば、五〇年一月に日共特使として中国へ派遣となっていますが、そのまま中国に居ついたということなのかどうか。五〇年二月に金日成とスターリンが朝鮮戦争の開始について同意したといわれていますが、それをいつ知ったのか。

朝鮮戦争そのものと、また日本共産党の関係の真実は、二十世紀の歴史でもっとも解明されていない一つであり、日共は、「悪いことは徳田派が勝手にやったことで党はあずかり知らない」として、武装闘争など闇のなかにあります。安斎さんは、それらを最も知る立場にいた一人でした。

もう一つは、安斎さんとゾルゲ事件の尾崎秀実との深い関係をあらためて感じます。戦前一九二七年から四五年のあいだの経歴に、尾崎秀実の名が四回もでてくる。私は一九四七年に共産党に入党したが、そのとき一番大きな影響を受けたのは尾崎秀実でした。

私は軍国少年でしたが、十七歳で敗戦。価値観が百八十度変わって大変びっくりした。そこで、人は何のために生きるのか、一生懸命にマルクス、クロポトキン、賀川豊彦、倉田百三、河合栄次郎などを読んだ。キリスト者内村鑑三の『後世への最大遺物』からは、人が人生を誠実に生きることの大事さを学んだ。

衝撃を受けたのは、尾崎秀実の『愛情は降る星のごとく』で、これは絞首台にのぼるまでに愛する妻と娘にあてた獄中書簡です。私は帝国主義侵略戦争とはしらずに、そのために命をかけたが、尾崎さんはその侵略戦争に反対して殺された。その生き方に私の魂はゆさぶられ、これで戦後の私の人生が決まりました。

もう一つは、毛沢東の『持久戦論』（一九三七年）で、十年後に読んでその通りになったので、驚き、これを通じてマルクス主義の正しさを学びました。

金相泰さん著の『ある被抑圧者の手記』（新地平社、一九八六年）に安斎さんが書いた序文「発刊によせて」は非常に名文です。これは、金さんが安斎さんと私に序文を依頼したもので、私も書いたのですが、出版社の手違いで載りませんでした。

＊――社会主義とは共にメシをくうこと

安斎さんは子供のとき福島から朝鮮に移住する。少年安斎は、朝聞配達で冷えきった手をオモニが暖めてくれたことなどをつうじて、当時の日本人をおおった民族差別と偏見をもつことなく育ち、朝鮮語の通訳をするくらい現地の人にとけこんで育つ。「貧乏だったので民族の差異などというものは感じなかった。日本帝国主義にたいする朝鮮人たちの反感はつよかったが、貧しい日本人にたいしては違ったものがあった」と。

また、「大きくなってからも朝鮮の人たちは、特にわたしが共産主義者になってからはあたたかった。たとえば戦前の党再建の場合、……どこに行ってもまっ先にかけつけてくれたのは、朝鮮の人たちだった。メシも食わせてもらったし、家にも泊めてもらった」。

また戦前・戦後、朝鮮の同志たちをいちばん困難なところで利用したという面を自己批判しつつ、安斎さんはこう述べています。

「宮本天皇の党史をみれば一目瞭然なように、こうしたことについての自己批判が決定的に欠けているのである。朝鮮民族と本当に団結するという思想、中国民族と団結するという思想がきわめて薄いのだ。またそういうことと、勇敢かつ徹底的にたたかってこなかった、日本人民と共産主義者の弱さを私たちは反省せざるをえない。……これではアジアの真の団結も、なかなかうまくいかないと思う。……その弱さを私は反省する」

私は、革命運動に入って四十五年たったが、そのなかで同志愛を感じたことはほんとに少なかった。もっとも同志愛を感じたのは、敗戦直後に共産党をともにした在日朝鮮人の同志であった。むこうもメシが一杯ぶんしかないのに、そのメシを二つに分けて食わせてくれる。そういうことを日本の左翼、新左翼がやってくれたことがあるか、ほとんどない。社会主義とは何かといわれますが、「社会主義とは共にメシをくうことである」につきると思う。それが出発点であり、結論です。

以上の意味で、安斎さんが一九一三年に植民地朝鮮に渡り、そこで育ったことは経歴上、重要な点です。その経験が、安斎庫治の人間性、革命運動を裏付けたある原点だったのではなかろうか、とおもいます。「社会主義と労働運動そして協同組合」の三位一体の思想と路線の形成を、死ぬまで追求したい。

金相泰さんがいった言葉が印象に残ります。

「一九四九年頃、みなメシが食えなかった。代々木の党本部食堂での昼飯は、コッペパン一個に水だけ。が、宮本顕治は皆の前で銀シャリと卵焼の弁当をひろげて一人で食う。この人はダメだなー（思いやりが全然ない）と思っていたら、やはりダメだった」。宮本はこの〝メシと魂〟がまったくわからなかった。いや、多くの指導者も同じだった。

これらのことを安斎さんはわかっていたのではないのか、と偲んでいます。

【『プロレタリア』一九三三年七月二五日、原題「植民地朝鮮で育ったことも原点では」】

前田俊彦の三つの顔

前田俊彦

＊――京都共産党責任者→離党

前田俊彦には、三つの顔があったと思う。

第一は、青年・壮年期で、マルクス主義、社会主義を信じて日本革命に全力を投入した時である。一九三二年、特高警察に逮捕されて七年間、刑務所へ。二三歳の若者が実刑七年とは党中央幹部についできびしい方だが、それは日本共産党京都地区キャップだったことによろう。

当時京都は、日本における左翼の拠点であった。一九二〇年代後半から約一〇年間は、マルクス主義・社会主義は日本の歴史上、知的道徳的に最も光り輝いていた時期であり、党員は「左の聖教徒」であり、殉難者であった。多くの学者、知識人、学生の間に広くその思想が浸透した。

その土壌の上に一九二八年初の普通選挙では、合法最左翼の労農党（委員長、大山郁夫早大教授。書記局等を通じて地下の共産党ともつながっていた）から、山本宣治（生物学者、産児制限運動。三〇年に神田で右翼に刺殺された）、水谷長三郎（戦後は社会党右派、片山連立内閣で商工〔通産〕大臣）の二人を当選させた。

河上肇（京大教授）の二冊の『貧乏物語』はベストセラーとなったが、河上は、三二年、共産党の地下活動に加わり、人々に衝撃を与えた。

前田はその京都の党責任者だったのだ。

敗戦直後は、郷里で「赤い村長」となり、農村の民主的改革を実践する。

ただし、四七年、二・一ゼネスト直後に離党というのはめずらしい。四九年までの日共は、「民主革命」の前衛党として行け行けドンドンの風潮が強かったのだ。ちなみに、この時期の著名な脱党者は、田中英光（四七年三月脱党。四八年、太宰治の墓前で自殺）ぐらいしかいない。前田思想をとく鍵の一つは、この時期の離党にあるのではないか。

＊――「瓢鰻亭通信」に見せる顔

第二に、戦前戦後の都市と農村の実践、その後の農村生活は、土着の前田思想を生み、しだいに発酵していく。「瓢鰻亭通信」（一九六二年～九二年）は、きわめてユニークな思想通信として序々に人々をひきつけていく。

日本文化は、政治経済の中央集権主義と同じく、日本イコール東京的文化として高度成長期を通じて、東京にあらずんば指導性なしかの如き風潮を強めていく。近代を止揚するはずのマルクス主義、社会主義も同じ近代主義、生産力主義に強くとらわれ、地域、農村軽視の思想、理論として肥大化した。

九州に定住した作家、思想家は、この都市化・産業主義・生産力主義にとらわれない一群の人々を生んだ。上野英信、石牟礼道子、森崎和江、松下竜一らであり、わが前田俊彦である。

朝日新聞の故森恭三（論説主幹、副社長）は、若き日に前田を知り、その思想、人格に魅せられ、終生前田の後盾として朝日紙上によく紹介した。前田は一九七五年頃から在京が多くなり、やがて三里塚に定住する。

そのきっかけは戦前京都で前田が入党させたただ一人の青年、故渡辺四郎（戦後、日本共産党本部労働部、全国オルグ）が、八・一五集会に前田が講演することを知って訪ね、再会したことによる。渡辺らは、宮本体制で本部からはずされ、増山太助（読売新聞争議書記長、党文化部、都委員長、五全協中央委員候補）らと『一同』を発刊し、前田も渡辺宅によく寝泊まりして参加した。

前田と初めて接した在京の左翼文化人は、東京的発想と異質の前田思想にいたく驚き、「信奉者」が急増する。「瓢鰻亭」は開花する。

＊――「三里塚空港は廃港にすべきだ」

第三に、前田思想は言行一致――ただし夫妻関係は別だという前田梅香さんの証言を朝日新聞「それから」は紹介している――、六八歳にして「常在戦場」の三里塚にあえてとびこみ、住みつき農民と一体で闘ったことにその生き方は躍如としている。

べ平連が生まれて数年、社共系等の既成の平和運動は、発想、行動スタイル、スローガン、組織運動論等がことごとくちがったので評価がさだまらず、日共等は「反党分子」がいるからと敵視した。

前田は、べ平連の社会的評価が定まらない初期に、地下鉄神楽坂駅前にあった事務所を九州からでていって訪ねた。「べなんとかという事務所はここかのう」と。

べ平連の直接民主主義の思想と行動が、波長に合ったのであろう。その後、日高六郎、鶴見俊輔ら知識人との交流はつづく。

一九七八年、三里塚は再び風雲急をつげ、燃えはじめた。凍てつく二月の厳寒のさなか、横堀要塞にたてこもった戦士たちに機動隊は高圧のポンプで冷水を浴びせつづけた。そのＴＶの映像は、支援者達をいたくふるいたたせた。

支援連帯の輪はさらにひろがり、ふたたび上昇気流にのりはじめた。全国から集まる人々との宿泊結集の場を、という声はまたたくまに労農合宿所となって戦場のまん中近くに建設された。

鉄骨プレハブで百～百五十人くらいが泊まれた。爺さんは「ワシャ住むぞ」とただちに引っ越したのには皆驚き、改めてこのおやじを見直した。

たまに泊まるのならともかく、毎日生活をするのは、メシも、そして終日ザワつき夜おそくまで人が出入りするので、若者とて疲れがたまる。が、前田俊彦の意気は天をついた。

「人格的には毛沢東、吉田松陰にとおく及ばないが、その志は湖南省農民運動講習所、松下村塾に決してひけをとらない」と。

闘いの大衆的高揚は、人々に内在するさまざまなエネルギーをひきだす。自企業の公害と闘ったゼネラル石油精製労組の古郡は「三里塚空港は廃港にすべきだ」と、ある集会で発言した。それまでは「断固阻止」「絶対反対」で「廃港」はこれが初めてであった。私は「これだ」と直感し、労働情報などでこれでいこうとぶった。

「三里塚空港廃港宣言の会」は七八年、前田代表、鎌田慧事務局長でスタートする。前田は、水をえた魚のごとく、大風車を提案、建設させ——よく動かなかったが、闘いの象徴として「名物」となった——デモの先頭にたった。孫のような機動隊員を困惑させ、縦横に活躍する。

そして、三里塚・瓢鰻亭が労農合宿所のすぐ近く、熱田一さんが提供した土地に建てられた。吉川勇一中心のカンパによってである。

するとまもなく、ドブロク製造をはじめ、やがて国税庁長官を利き酒招待という「挑発」によって「公開密造」が堂々と宣伝された。マスコミが報じ、人々は喝采した。

九三年五月、政府は三里塚芝山連合空港反対同盟（熱田派）に対して、実に二七年ぶりに公式に謝罪した。主権者たる現地農民に対して、事前に一切の相談もなく、了承をうることもなく、空港を着工し強行し、民主主義に反したことに対してである。そして（一）国側の土地収用採決申請取下げ、（二）二期工事の白紙還元、（三）地域住民が国と対等での立場で話し合いを進める場を設ける、の三項目が合意された。

前田は、現地農民とともに一五年前からこれらの道理をくり返し主張していたが、それがやっと公知されたのであった。

日本民衆の闘いは、明治維新いらい自由民権運動をはじめ次々とつづいたが、三里塚ほど長期にはげしく全国的ひろがりをもって闘われた大衆的実力闘争は、初めてであった。

前田俊彦がこの日まで生きていたら、その感慨を聞きたかった。とともにその晩年、おそらくは死の直前まで情熱を燃やしたであろう前田思想の到達点――いかなる日本革命をどのようにして、について――が無情の焔と共に天国にいったのは、かえすがえすも残念であった。


【『追悼・前田俊彦　ええい、くそっ』一九九三年九月、原題「前田俊彦の思想と行動」】

椿　信

三里塚闘争に体当りした頃

私は戦後五〇年ちかく労働運動・社会主義運動にたずさわり、何百何千人という同志、戦友たちと交わってきた。人の一生には必ず浮き沈みがあり、谷も山もある。一つの目標、理想に体当りした人生には、失敗、挫折と共に歴史の一瞬の光芒の様に光り輝く時がある。

椿信は、長命化した社会では、すこし早めに人生劇場の舞台を去った。青春、北大の頃のことを私は知らないが、その時期をのぞき、最も生きがいを感じ充実した時は、日本人民闘争史に輝く、一九七八年三月二六日をはさんだ数年間の三里塚闘争にうちこんだ時だったのではなかろうか。

三里塚闘争は、明治維新いらい、国家権力と正面から闘い、現に闘いつづけているスケールの大きい最長の反権力人民闘争であり、農民の民主主義の闘いである。

三〇年に及ぼうとする長期持久戦には、六七年の激突、七二年の東峰十字路の闘い、七八年の三・二六「包囲・突入・占拠」の管制塔占拠で福田政府を震撼させた大闘争があった。

一九七七年。闘いは引き潮から再び上げ潮に向いはじめた。

「三里塚闘争・廃港宣言の会」が結成された。前田俊彦代表、鎌田慧事務局長であり、日高六郎、宇井純、高木仁三郎、花崎皋平ら知識人が多く参加した。

七五年参院選挙に、戸村一作委員長が全国区に立候補した時（一二三万票）に作られた「三里塚闘争に連帯する会」は、その後も継続し、この二つに第四インター、共労党、戦旗派等が参加した。この二団体と反対同盟の三者によって、一九七八年春に三里塚・横堀地区に「労農合宿所」が建てられた。百数十人が寝泊りできる大きさで、六八歳の前田が常駐して人々を驚かせた。そして「人格的には毛沢東や吉田松陰には及ばないまでも、志においては湖南省農民講習所や松下村塾には決して劣らないものに」と宣言して、意気天をついた。椿は、「廃港宣言の会」メンバーとして共に住みこんだ。一人の活動家、戦士として、プロのカメラマンとしてである。

私は七五年から『季刊労働運動』編集委代表。七七年から『労働情報』編集人・全国運営委員長をつとめた。両誌ともに階級的労働運動の展開をめざし、とくに後者はニューレフトと高野派、総評左派との合作で幹部活動家の全国的ネットワークを進めた。その一環として三里塚との連帯を基本とし、毎号のように大きくとりあげたが、その写真の多くは椿の作品であった。

椿は、酒を愛し、意気に感じ、男気に惚れっぽく、やさしい男であった。合宿所へいくとメシをご馳走し酒をよく呑んだ。彼の写真は、闘いの息吹きに満ちており、激しい戦闘を内側から撮り、リアリティに溢れていた。その代表作が『季刊労働運動』十七号（七七年四月号）の「特集ドキュメント三里塚三月決戦」であり、表紙に赤ずりで次の三つがひときわめだっている。

——かくして管制塔は占拠された　　鎌田　慧

——〈写真構成〉人民の大義勝利す　　椿　信

——座談会　二月要塞攻防戦　　反対同盟

椿の写真の一枚一枚に、あの日あの時のすさまじい闘いの迫力が伝わる。十七年たったいま、この一文を書くにあたっても一度見てみたが、闘いがよみがえる。戸村一作（反対同盟委員長）に、おっ母《かあ》たちに、戦闘団に、彼の魂が乗り移っている。

この大戦闘で、逮捕者は一六五人、大半が起訴され、重傷二、重体一（直後に死去）、負傷一〇〇人、機動隊は一八発を実射した。

福田首相は、開港無期限延期に周章狼狽し、秦野章（六九年警視総監、のち法務大臣）、中山素平（興銀頭取）、今里広記（経団連）らが反対同盟に打開策を求めてきた。

椿は、プロ写真家として「カメラをどこからとるのかが重要」、つまり「バリケードの向う側からか、闘う主体の内側からか」にこだわった。彼の写真のすごさは、マスコミ写真の大半が「向う側」からなのに比して「内側」から、しかも至近距離でとっていることだ。それは闘う人々の日常の信頼感なくしてはありえないのであり、彼はそれがあったのである。

しかしそのことは、「フリーで食うのはたいへん」であり、「自分の写真にこだわると食えなくなる」悩みでもあった。彼の体当たり人生は、接した人、常駐した仲間のひとしく認めるものでもあった。

数年前、長野県からひょっこりと、なつかしげに電話が何回かかかり、うまい鶏卵をつくっている、と送ってくれた。そのうちに一杯、と思いつつ時が過ぎた。個性的で魅力ある男、惜しい人であった。


【『椿信追悼集』一九九六年三月一六日】

清水慎三

社会主義への第三の道とロマン

十月十八日（一九九六年）、労働運動の前進のために献身してきた清水慎三が死去した。八十三歳だった。清水は鉄鋼労連の初代書記長、左派社会党中央執行委員、総評長期政策委員会事務局長などを歴任し、七〇年代後半からは、右翼的労働戦線再編に反対して階級的労働運動をめざす闘いに連帯し、昨年まで『労働情報』誌の顧問をつとめてきた。

＊――社会主義と労働運動

日本の敗戦後の左翼世界、とくに労働組合と社会主義・党の思想と運動の双方に、清水慎三は最も深く長く影響を与えてきたまれな存在であった。

私の五十年の実践経験で、この二つは一貫して「肉離れ」してきた。党人派の幹部活動家は、労働合運動と現場をほとんど知らず、一方、労働組合の幹部活動家で、社会主義・党と政治をわかる人は指おり数えるほどであった。両者を統一した数少ない一人が高野実であった。

清水は、一九三一年の満州戦争直前に社会主義者となったが、「私の人生を決めた人」は、戦後総同盟――総評初期に接した高野実であった、とライフヒストリー『戦後革新の半日陰』（日本経済評論社、九五年）で述べている。（以下「　」は引用）。

横浜市にある高野の墓碑には、本人がよく使った「天下の眼をもって視よ、天下の耳をもって聴け」が刻まれている。清水は、「日本の労働界のトップレベルに立った大幹部のなかで、高野実さんほど広い視野で日本の労働運動を位置づけ指導した人は他にみあたらない」という。

そして彼のえらんだ第一は「『天下の眼、天下の耳』を労働運動に結びつける勘所」をあげ、第二は高野の師匠猪俣津南雄〔註〕が一九三〇年に提起した「機能前衛・横断左翼」を実践的にすすめるイニシアチブ・グループ結集をあげた。清水理論はこれらに学んで労働組合運動次元で職場活動家重視、革命過程次元では中衛論の展開となっていく。

＊――現場活動で最も大事なもの

労働組合では、中小企業労働者の組織化として「全国一般」の結成に尽力し、また一九五六～五八年の三年間に膨大な調査（聞き取り、分析）をもとに、職場組織、職場活動、職場闘争を高く評価した歴史に残る『総評組織綱領草案』を起草した。

「やはり末端の活動で一番大事なのは、仕事がよくできて、そして仲間の面倒見がよくて、人望があり、そのうえ労働者的正義感があって、職制にも公然とものをいう人、思想性がどうとかではなくて、そういう人が一番大事である」

左翼とくに党派的活動家は主観的にはまじめだが最初（ずっとそのままの人も多い）は頭でっかちで、この逆のこと——マルクス搾取論や党方針を媒介なしで「外部注入」し、自派に獲得せんとする傾向——は今も続く。レーニンが「左翼小児病」で言う労働者にとけこむ能力の今日版が右の清水の指摘であろう。

＊——民同主流と青年活動家

戦後労働組合の大指導者は、「高野実、細谷松太、太田薫、岩井章、滝田実」（宝樹文彦元全逓委員長）という評価はかなり多い。清水は高野のブレーンをつとめ、太田——岩井ライン後も理論的リーダーであった。

太田は、六〇年安保と三池闘争後に三池の職場闘争評価などで右にぶれるが、清水はその「戦闘的組合主義」に対して、「労働運動における使命観の欠落」（「世界」六一年十一月）で痛烈に批判した。この論文に宝樹は「総評から追いだせ」と激怒し、太田、岩井はそっぽをむく。併行した構造改革論争とセットとなって、清水は総評長期政策委員会事務局長をやめ、組織綱領草案は棚上げされて大幅にトーンダウンした「組織方針」にさしかえられた。総評民同主流から追われたのである。

しかしそれと入れ替わって、戦闘的青年、中堅現場活動家に熱烈に受入れられていった。同時期に出た『日本の社会民主主義』（六一年十月）と「使命観」論文は、六〇年安保を最前線で闘った社青同活動家にバイブル視され、さらに自立的思考をもった日本共産党員や新左翼の活動家にも横断的に受け入れられていった。

私は、当時京浜の金属労組の現場にいたが、「使命観」に大いに共感し、繰り返し読んだものである。

*――トロツキスト集団と共産党

清水は、新左翼については、『戦後革新勢力』（六六年）で「六〇年安保激動期で主役についたトロツキスト集団」という評価を行った。

「当時の全学連（その点では主流・反主流の区別はない）は反安保大衆の衆望をになうものであった」「全学連のエネルギーにかけられたこのような反安保民衆の期待、その心情をかみわけ、とにもかくにもその時点で全学連が立っていた位置を素直に評価し、その役割を目標達成の方向で配置していく心構えは、あの時点での大衆指導のカナメの一つであったと言わなければならない」「行動場面におけるトロツキスト集団排撃の徹底ぶりは安保闘争における共産党の評価を低下させるうえで決定的であった」。日本共産党のこの「排除」の論理は弱まりはしたが、いまも続く体質である。

トロツキスト集団の戦略的観点については、きびしく批判しながらも、戦闘現場で果たした機能前衛としての評価として全く正しいものであった。

*――新左翼に対する考え方

この観点は、七〇年安保闘争においても一貫する。一九六八年のフランス五月革命をはじめとした世界的な新左翼の登場に対して「管理社会へのラジカルな反乱」としてとらえ、日本ではノンセクトラジカルズの感覚、情念、エネルギーをどう汲みあげるべきかに焦点をおくべきだ、と社会党・成田委員長らに提起した。だが、社会主義協会は一切反対で、総評の対応も新左翼を切れ、追いだせとなり、そうなっていったのは周知のことである。

中核派の陶山健一は、六五年頃に『日本型社会民主主義』という著書を出し、当時（その後も長く）新左翼が「社民」を蔑視扱いしていたなかで積極面を肯定評価したが、清水著『日本の社会民主主義』などが下敷になっていたのであろう。

＊――清水理論の特徴と残したもの

清水理論の方法論的特徴は、①感性と現場感覚を重視する　②実践経験を基にそこから教訓を引き出し理論化する。闘争の中の「新しい芽はなにか」を発見する　③マルクス主義理論の相対化。教条主義（向坂理論）、権威主義（共産党）に批判的で、左翼内の対立論争の中で「第三の道」を常に模索し提起した。反帝社会主義革命、構造改革論争、総体革命から社会的左翼、さらに協同社会セクターとパブリックセクターの結合を通じた社会主義の再生など　④戦略・戦術の双方を常に具体化した。七〇年代の創共協定前後の頃に創価学会を念頭に「左翼中道連合」を構想し、提出した等々がある。

また、清水理論の中で、再発掘さるべきものには、①「前衛・中衛・後衛論」――国際的にも新しい問題提起と展開であるが、その発展として、生協、労働者協同組合、あるいは市民運動をどう位置づけるか、が今日問われている　②世紀末――二十一世紀の左翼再建の中の統一戦線で、「左翼・中道連合」を政治レベルと労組・社会運動レベルでどう構想し、運動展開するのか。左翼反対派からの脱却と社会的多数派への道（レーニンの労働者階級の多数者獲得論の発展）。そして、ライフヒストリーの結語「私と社会主義――第三の路を求めたロマンの旅路」の中の「再生への橋頭堡」の路線と具体化が残された最大の共通の課題であろう。

＊――社会主義再生をめざして

私は、『労働情報』が全民労協と対峙した八二年頃、従来の左派路線ではダメだ、と痛感しその根本的改革を模索した。「労働者綱領」の提起がそれだったが、私の中の思想・路線が未成熟であり、途中からあきらめた。

その数年後、「労働組合と協同組合の歴史的再会」「生活協同組合の戦前・戦後」(一～三)、を連続して「現代の理論」誌(八八年)に書いたら、清水から「新しい境地の展開おめでとう」という便りをいただいた。「労働組合・協同組合(生活・生産)・社会主義」を一つにとらえる晩年のマルクスやG・D・H・コールの再構成の試みである。

三年前からは有志と協同社会研究会を行い、その第一回で清水講演「協同社会センターの再生と社会主義の創出」をしていただいた(第二巻『協同社会』とは何か』参照)。

その構想が前記「再生への橋頭堡」へとつながっていく。日本――第三世界――世界の各国地域における協同社会セクターの創出。自治体などの公共部門や公益産業部分における「民衆に服務する……パブリックセクターと協同社会セクターとの提携を促し政治的多数派への条件」の創出。

それは生活・生産協同組合と労働組合が地域社会で具体的に提携することであるが、その志向と展開いかんでは社会主義再生への道が開かれる、と展望する。

社会主義――第三の道とロマンを求めて歩みつづけてきた清水の到達点である。

このグランドデザインについて協同で検討し、いまの思想、政治、運動における左翼の大危機をどう突破するか。危機を新生のチャンスととらえて闘うのか、われわれの想像力と創造力がためされている。

死のほんの寸前にいただいたメッセージを重くうけとめたい。左翼の根本的再建のために不退転の決意で、起って闘うことを在天の魂に誓いたい。

〔註〕猪俣津南雄　アメリカ共産党員から日本共産党員となり、福本イズムのセクト主義に反対して「横断左翼論」をとなえて排除され、二七年テーゼ後も本人の意志に反して復党させられず。『窮乏の農村』『極東における帝国主義』等の名著がある。

【「かけはし」一九九六年一一月四日】

横井亀夫

真実一路――労働者革命家として生きた生涯（抄）

横井亀夫は、その長い人生を搾取と貧困、失業と侵略戦争に反対し、プロレタリア解放・人間解放運動につくした生涯であった。

横井は、満州（中国東北部）から引き揚げた当初、川崎市の共和寮の一室（四畳半）に親子四人で生活した。東京では、徳田球一らが獄中を出た後、国分寺の寮に集団入居したが、京浜では京浜川崎駅から横浜寄り一つ目の八丁畷で、共産党員のみが一つのアパートを獲得して共同生活をはじめたのであった。

戦前派の横井も、先輩同僚たちと同居し、神奈川県委員として直ちに党生活に入った。一九四七〈昭和二十二〉年四月、党本部から指示された三菱重工横浜造船所では労組組織部長として活躍したが、一九四八〈昭和二十三〉年一月には占領軍令違反で解雇され、一九五〇〈昭和二十五〉年の党の二大分裂——主流の所感派と反主流・国際派の対立抗争では、後者であったために除名されて寮から強制的に退去命令を受け、家族を置いて一人で出ざるを得なかった。

党からの除名は、「裏切り者」として、このような非人間生活扱いを受けたのである。多くの党員は、今日のメシにも困る貧乏と党内における同志愛がほとんどない非人間性、このような非道の扱いに絶望して運動から身を引き、やめていく。だが横井は頑張り抜き、分裂五年を経た後の六全協〈日本共産党第六回全国協議会・一九五五〈昭和三十〉年〉で、国際派党員は「名誉回復」された。つまり、除名そのものが誤っていたのであり、それが取り消され、その間の党籍も続いていたとされたのであった。

＊——労働・平和運動の高揚と一体に

横井の長い運動人生で、大衆運動と党生活、労働運動・平和運動と党活動が一つのものとしてつながり、生きいきとして活躍したのは、六全協から一九六〇年安保闘争後までの七〜八年間ぐらいであった。

横井は、一九五五〈昭和三十〉年に川崎市の不二越精機に就職した。その社長の藤井哲夫は、一九二八（昭和三）年当時の共産党中央幹部の一人で九州担当。逮捕・投獄後に転向し、経営者の才覚があって企業をおこし、金属機械の中堅メーカーとして成長していた。その経歴から、かつての仲間を党員とわかったうえで採用し、その一人には数学者（戦前の唯物論全書で「数学論」を出した）で戦後、一九四九年に衆議院議員になった今野武雄もいた。彼は徳田時代も、宮本時代も、路線はまったく変わっても、自己の反省もなく、常なる「ゴリゴリの党中央支持者」で、横井排斥の先頭に立った。約二百人いた同社労組は、総評全国金属に加盟した。

全金労組は、金属労働者の産業別組織として戦前の左派系労組・全評系の伝統を引き継いで敗戦直後にスタートした。一九四六（昭和二十一）年一月、関東金属労組を結成し、会長・荒畑寒村、主事・高野実で、六、〇〇〇人を結集し、総同盟左派の中心であった。同年九月には全国金属産業労働組合同盟が結成され、鉄鋼、造船、電機、車輛、機器の大産別労組で組合員二八万人。鉱山、繊維、進駐軍労組につぐ第四位の組織人員で、しかも金属産業という基幹産業部門を組織する総同盟の中心的組織であった。

一九五〇（昭和二十五）年六月、朝鮮戦争開始の直後、総評（日本労働組合総評議会）が三九七万人という日本労働組合史上最大のナショナルセンターとして結成された。高野実の大車輪の活躍と全金、全港湾、全駐労等の高野派が、ヘゲモニー力となり、日教組を中心とした官公労、国労、全逓、私鉄等の民同左派との合作であった。全金は、大阪等右派が強く、総評は鉄鋼、造船等の中産別組織方針をとったことと相まって、全国金属は一九五〇（昭和二十五）年十月に左右が分裂し、四万七七〇〇人で出発した。

全金労組は、指導部が高野派中心であったので、賃金闘争や労働条件をめぐる反合理化闘争、そして平和四原則や米軍基地反対闘争等で民間部門の左派としての地位を占めていた。一九五八（昭和三十三）年には産別会議で最後に残った全日本金属労組と合同し、二十一地本、組合員数十万人となった。

＊――日本の心臓部――京浜工業地帯の川崎

川崎市では全金に東京機械、池貝鉄工・神明工場、同・溝の口工場、不二越精機支部等が加盟していた。

戦前派の幹部としては、横井と山本重（藤井精機）の二人で、山本は小柄の身体だが、アジテーターで「動」の人とすれば、横井は面倒をよくみたり、全体の団結をよく考え行動する「静」の人とみられていた。

おりしも一九六〇年安保闘争にさしかかり、労働運動は、敗戦直後の民主革命の高揚期についで上昇気流に乗っていた。川崎市には、日本の重化学工業地帯の心臓部として、地区労（川労協）があり、一五万人を結集していた。全国の都府県単位の県評地評でも、一〇万人を越える組織は十くらいしかないときで、地区労として日本最大、専従者も四～五人いたが、横井はその幹事でもあり、地域共闘とストに、水を得た魚というか、時と所を得て縦横に走り回った。私は川崎生協に一九五六（昭和三十一）年一月に入り、翌五七（昭和三十二）年に同生協労組委員長として川労協に加盟、幹事会で一緒だったが、横井の経歴は知っていたので、すぐに話し合うようになった。

かげた。

その結果、一九六〇（昭和三十五）年春闘は五七一支部、六万四、〇〇〇人の参加、一九六一（昭和三十六）年には八七五支部、十一万人に飛躍的に拡大した。

私の属した大和電気は、この波の中で全金労組に加盟した。会社側は日経連、警察庁、そして親企業の東芝等と連絡を密にし、全金の戦闘性を警戒して組合内に強い「会社派」＝労資協調派をつくって激しく加盟に反対した。横井、山本など川崎地協幹部も参加した全員大会では、執行部と会社派・右派が激突するなかで討論したのち加盟したのである。

同社は、当時の労働者家庭の「三種の神器」といわれて躍進した、テレビのチャンネルであったチューナーの二大部品メーカーの一つで、七五％が女性であった。臨時工制度の撤廃と全員本工化、職務給体系の阻止、反動労務担当重役の追放・首切り、転向派大幹部三田村四郎と直接対決して勝利した。一方では反安保闘争で何回も政治ストを打ち、ハガチー闘争（アイゼンハウアー大統領が沖縄から東京に入るための先遣特使を羽田空港で、デモ隊が包囲し、三十分後に軍用ヘリコプターで漸く脱出した）でも、即時ストを打って現場に急行した。私も参加したが、すごい熱気で高揚した闘いであった。

大和電気は、南武線鹿島田駅（川崎から四つ目）の近く、横井の自宅も、歩いて十分の近くの距離にあり、職場の不二越精機から自転車で二十分くらいなので、横井はよく訪ねてきた。

＊――「隣組」の大和電気支部と

安保闘争を全力で闘った全金労組は、賃金闘争、春闘でも果敢に闘い、双方が相乗効果をあげて、組織が伸びはじめ、一九六一（昭和三十六）年春闘では、産業別の「統一要求、統一行動」をうちだし、全金加盟組合員に限らず、「金属労働者なら、だれでも最低五、〇〇〇円以上の引き上げ」をか一九六二（昭和三十七）年～六五（昭和四十）年は、会社が日経連、東芝等と連携の上に、偽装倒産↓一〇〇〇人全員解雇↓党員とシンパを切り捨てた上の再雇用という「非常手段」に抗して、工場占拠・自主生産で闘った。三階建ての一階、三階には家族ぐるみで住むなど、数十人が工場で生活する。横井は、毎日のように来たが、必ずアメやダンゴなどを小遣いで買い、子供ぐらいの年齢差のある娘たちに、誰彼となく接し、その温顔と共に親しまれていた。

＊――平和大行進――「再び原爆許すまじ」

朝鮮戦争は、一九五〇（昭和二十五）年六月に南北朝鮮の分断国家の内戦として始まったが、米国中心の国連軍と革命中国の義勇軍の大軍が共に主力軍として参加し、共に全力で闘った。三年余の死闘の後、一九五三（昭和二十八）年七月、「引き分け」的に休戦となった。

だが、アメリカは次なる戦争準備として、日本国内では内灘基地（金沢市郊外）での実弾射撃訓練等と共に、一九五四（昭和二十九）年三月、南太平洋のビキニで第一回水爆実験を強行した。

静岡・焼津港の第五福龍丸が被爆し、久保山愛吉さんの被爆死と、マグロの大量放棄のニュースは、日本列島を震撼させた。

原水爆禁止署名運動は、東京・杉並区に始まり、またたく間に全国に波及して、三、〇〇〇万人署名に達した。人口八、〇〇〇万人のころのことである。

広島、長崎と、人類史上初めての原爆被害を体験した日本の民衆は、その惨害に敏感に反応し、再び「原爆許すまじ」の声は、主婦を先頭に、労働者のほとんどをとらえ、都市から農村へと広がり、原水爆禁止世界大会が開催された。

六〇年安保闘争を頂点に反戦平和運動は高揚して行くが、その一環として、一九五九（昭和三十四）年に東京——広島往復の平和行進が始まった。

八月六日、広島へ原爆投下された日をめざして、行進は東京を出発する。毎日四十キロ前後を歩き、二ヵ月間続く。大半の人々は、自分の出身地域のみを半日～一日歩くのを、横井は日本山妙法寺の坊さんらと全行程を歩きとおした数人の一人であった。五十歳である。横井は翌一九六〇（昭和三十五）年も広島——東京間を歩き通した。

当時は五十五歳が定年で仕事をやめるという時代、いわば老壮青の「老」の部類の年齢である。

*——私の探していた大衆運動

私たち全金大和電気支部では、ほぼ全員参加で横井の歓送会を工場構内広場で行った。そのためのカンパ活動を近辺の戸別訪問などもしたが、かなりの金額が集まった。

五十歳のおじさんが、広島まで歩く。組合員の過半数が二十歳前後なのに、自分の父親みたいな年齢の人が平和行進を、それも全行程を歩くという、それ自体にみな驚き感嘆し、万雷の拍手でこたえ、「ふるさとの街焼かれ……」という歌詞の「原爆許すまじ」の歌を全員で合唱した。感激して涙を流す人も多かった。

横井のおじさんは、まさに平和と民主主義そのものであり、反戦平和・原水爆禁止の生きたシンボルとして若い労働者たちから尊敬された。

横井は言う。

「高年齢であったから、肉体的にはかなりきつかったが、精神的には、私がかねて望んでいた大衆運動にマッチしたので、気持ちが充実して、ちっとも疲れませんでした。最終日の八月六日、全国からの行進団と合流し、原水協主催世界大会に参加します。私も何度かひな壇に外国代表と並ぶ名誉に浴しました。壇上から見ると、何万人という人々が広場をぎっしりと埋め尽くしています。本当に感激しました。これだけの人々が平和を願って行動をおこしている。この大衆の力が戦争をやめさせ、原水爆を禁止させることができる。その運動に、自分もささやかながら役立つことができている、と実感できました。これこそ、私が探していた大衆的運動だったのです」

横井の生涯で最も充実した日々であった。大衆とともに！　十四歳からはじめた労働者解放、人間解放の闘いは、反戦平和・原水爆・核戦争禁止の闘いの中で、己と一体の運動に体当たりして燃焼させたのであった。

一九六〇年安保闘争の大高揚を前後したこの時期のいくたの闘いは、戦前戦後を貫く運動三十年余（当時）の横井の人生で、最も充実した時期であった。大衆闘争と自分の情熱と運動が一つになり、党活動と労働運動・平和大衆運動が一体であった。

＊――反代々木派の四分五裂

だが、歴史は順調には進まない。一九六一年の共産党第八回大会を機に党内における宮本の支配が強まっていく。党内民主主義が圧殺されていく過程で、一九六四年六月には横井が、翌年二月には私が、それぞれ党から除名された。

除名された私たちは、その後に「日本共産党（日本のこえ）」→「共産主義者の総結集」→「共産主義労働者党」に参加した。

十年間働いた不二越精機の倒産、二回目の日共除名のときに、横井は五十五歳。定年の年であり、当時は再就職の道はけわしかった。相模原市の職業訓練所に入所して、自動車の免許をとったのもそのころであろう。

生活費を稼ぐのに精一杯であったろうか、「日本のこえ→共産主義労働者党」の会議で顔を合わせることもあまりなかった。

「日本のこえ」のころ、神山茂夫が「横ちゃんは、どこを向いているか分からない」と、問わず語りに二回語ったことがあった。というのは、一九六一（昭和三十六）年の党第八回大会時の脱党・除名の人々による「社会主義革新運動」があり、「全協刷同」の仲間であった内野壮児はその幹部であった。

その「社会主義革新運動」は、一年にして「統一社会主義同盟」（春日庄次郎、山田六左衛門、安東仁兵衛ら）と分裂、そのうえさらに「統一有志会」（春日、原全五ら）に分岐し、「社革」は内藤知周、長谷川浩、内野ら主流と、西川彦義、中村丈夫ら反主流派に分裂、さらに「社会主義労働者会議」（増田格之助、小野大三郎＝元神奈川県委員ら）に四分五裂していった。

この複雑骨折の対立抗争、分裂に、三、〇〇〇人余の大多数は、深く絶望して、どの組織にも属さない無党派コミュニストや、あるいは戦線を去っていったりして四散して行き、「総結集」に再回帰した人はごくわずかになっていった。労働組合の幹部や活動家は、独占資本との闘いを通じて、組織の統一、団結の重要さを身にしみて感じてきた。それは革命・党にある程度距離をおくプラス・マイナス両面を持っていた。全金本部の理論的リーダーだった内山達四郎（後年、総評副事務局長）などがその典型であった。横井は、大同団結論者であった。労働者大衆の支持も当初の広範な歓迎ムードが退いていった。

一九六〇年代の反代々木各派の四散分裂について、原因究明と責任所在についてはどこからも誰からも自己批判はなされていない。

日本のこえ派も、多数は共労党へ、四人の中央委員（志賀、鈴木、神山、中野）は、前二者と後二者は分裂し、神山、中野の葬儀に志賀は顔も出さなかった。

一九六六（昭和四十一）年に始まる「毛派」「中国派」の除名、脱党者も西沢隆二（ぬやまひろし）、安斉庫治、山口県左派に分裂し、さらに労働者党、労働党と、同じく、いくつにも分裂した。歴史的系譜は異なったが、学生中心の新左翼系も共通して七花八裂状態であった。

*──「総結集」→「共労党」とその結末

横井は、自ら属する「日本のこえ」の単独強化論には批判的であり、それをこえた「共産主義者の総結集」に参加し、「共産主義労働者党」（共労党）に加盟する。

だが、その「共労党」も、一九六九（昭和四十四）年初夏、新左翼の評価をめぐって激しく対立し、公開論争ののち分裂した。内藤議長、長谷川浩、内野壮児、松江澄（広島）、原全五（大阪）らは、反戦青年委員会、全共闘、べ平連の新左翼の闘争──羽田闘争、佐世保、王子、三里塚、新宿等の街頭闘争や全共闘の大学闘争などを極左のはね上がり・冒険主義闘争と評価した。さらにトロツキーは「反革命」という認識であり、したがって「革共同」や「ブント」はその系譜だから、味方ではない、という理論傾向が多数であった。一柳茂次らは違っていたが、いいだもも書記長、武藤一羊、樋口篤三、吉川勇一、白川真澄らや評議員の春日庄次郎、渡部義通、国分一太郎、大井正らは、新しい左翼の歴史的登場であり、われわれもその一翼を形成するという路線対立であった。

べ平連、全共闘、反戦青年委員会など、伝統的な左翼とは発想も運動の闘争形態も異なるベトナム反戦の新たな質の闘争、これらの闘争を担ったニューレフト（とくにべ平連）の一翼を担ったわれわれは、相対的には正しかったといえよう。ただし、振り返ってみて私たちにも行き過ぎがあり、「論争と会議」で結着させる作風が強く、より多く時間をかけて実践で正否を問うという思想と方法に欠けていた。

私は後年、松江澄、柴山健太郎らと共同行動をとるなかでそのことを強く感じ、反省した。

＊――渡部義通と石堂清倫

横井は、この分裂に失望したのか、両派に距離をおいた。ただそのマルクス主義・共産主義思想性は貫かれていた。一九七〇年代、八〇年代、九〇年代に最も親近感を示して、常時接触し親しく交流したのは、石堂清倫と渡部義通であった。また片山さとしとも、そうであった。

横井の政治的理論的立場は、渡部、石堂とほぼ一致しており、この二人を尊敬し信頼していた。渡部義通は人間的マルクス主義者を指向し、優れた学者・研究者であり、共産主義運動の革新をめざして奮闘した。

日本古代史に唯物史観を適用した日本で最初の歴史学者として、敗戦後の日共系マルクス主義学者（当時は光り輝いて、社会的理論的「権威」は絶大であった）の要の位置にあり、民主主義科学者協会幹事長であった。日共第六回（一九四七〈昭和二十四〉年）大会の綱領起草委員会（徳田、野坂、志賀、宮本、伊藤律、労組・鈴木市蔵、竹内七郎、学者・渡部）のなかで、数ある学者で、ただ一人の代表者であった。

一九四九（昭和二十四）年の総選挙では、衆議院議員に埼玉一区で当選し、一九六四（昭和三十九）年六月（横井が除名された月）、次の十二名の文化人で、党中央に対する批判と意見書を提出した。渡部義通は被除名者の中心的人物であった。

朝倉摂、出隆、国分一太郎、佐多稲子、佐藤忠良、野間宏、本郷新、丸木位里、丸木俊、山田勝次郎、宮島義勇、渡部義通

これらの人々は、文学、美術、彫刻、映画、哲学、経済学等で日本の第一級といわれる人々であった。

一九六四（昭和三十九）年には、「日本のこえ」に国分とともに参加し、一九六七（昭和四十二）年の「共労党」には、評議員として参加した。渡部の業績は、『思想と学問の自伝』（河出書房新社、渡部義通述、伊藤晃らヒアリング・グループ編　一九七四〈昭和四十九〉年）に詳しい。

石堂清倫は、二〇〇一（平成十三）年九月に九十七歳で死去したが、その二ヵ月前に発行された『二十世紀の意味』（二〇〇一〈平成十三〉年七月、平凡社刊）は、二十世紀共産主義の歴史的総括として、世界的トップ水準のものである。

戦前以来の膨大な論文、文献一覧は、同書の巻末にのっている。

石堂については、同書や『わが異端の昭和史』（二巻）、『運動史研究』全十七巻の推進をはじめ、マルクス・エンゲルス、レーニン、スターリン全集の翻訳をはじめ、日本マルクス・レーニン主義やグラムシ研究など、大きな仕事を成し遂げた生涯であった。

徳田書記長が、マルクス理論研究の第一人者として満州からの帰国を待ち望んでいた（その割には

冷遇した）のも、むべなるかなと思わせる。

一九六一（昭和三十六）年、日共第八回大会に抗議、離党し、翌年、除名となった。「社会主義革新運動」に参加した。同派が主流（内藤）、反主流（西川）に分裂したころに離れ、諸組織に一定の距離をおきつつも、「革命運動の革命的批判」、「社会主義思想、運動のたえざる革新」、政治、運動にさまざまな協力を行った。

私が一九八〇年代末に提起した「労働組合と協同組合、社会主義」の一体的路線に対しても、次のような手紙をいただいた。

「このところ、あなたの協同組合論は注目しています。このような社会形態や、エコロジーの運動、フェミニズムの問題、生命そのものの存続のための運動など、これまで変革の中心におかれなかった諸運動が、いまでは労働者階級の解放の運動とともに新しい変革主体になっていて、組織論的には民主的選択として登場しており、これまでのレーニン＝コミンテルンの『運動戦』（全般的危機の規定はジャコビニズムの表現）に代わり、『陣地戦』戦略を考えるときに到達したというのが、私の感想です」

〔一九八八（昭和六十三）年五月十七日、石堂清倫氏の私宛私信〕

＊――真実一路――労働者革命家として

横井は、その晩年、「宮本」共産党への批判を堅持したが、昔の同志である日共古参党員たちの「旧縁の会」には参加していた。いかにも横井らしい。

今回この一文を書くために、故人の書いた多くのものを長男の陽一さんから見せてもらった。内野壮児、小野義彦（赤旗記者をへて経済学者、大阪市大教授）などへの追悼文を初めて読んで、政治的立場は違っても、きわめて同志的であり、強い親近感で結ばれていたことがよく理解できた。

横井の生涯は、常に労働者の一員として働き、労働者のなかで生活し闘い、理論と実践の統一として、優れた知識人、研究者を尊敬し、そこから学んだ、労働者革命運動家、労働者コミュニストの誠実な、真実一路の旅であった。


【『回想──横井亀夫の生涯』同時代社、二〇〇二年八月】

今野　求

今野求と統一戦線の思想

＊──新左翼と統一戦線

今野求（一九三六〜二〇〇一年）は、全学連をふりだしに総評（県評）オルグ、社青同、反戦青年委員会、第四インターの中心的リーダー、三里塚闘争、出版社社長、労働情報、全労協を通じた社会主義と労働運動、日本革命への一筋の道を誠実に歩んだ一生であった。

その最大の功績は、「日本における新しい質の統一戦線」運動の推進、組織者であった。

私も若い時に、フランスが代表する反ファッショ人民戦線とその後のレジスタンス、中国革命と抗日統一戦線の思想と運動に、大変感動し、その後、レーニンのプロレタリア統一戦線を学んで確信を深めた。

日本革命は、中国の党・軍・統一戦線とはちがって党・労働運動・統一戦線だと考え、統一的に永く実践してきた。

一九七七年にはじまる第三期「労働情報」は、全金田中機械・港合同の闘争を拠点に、高野派（市川誠、松尾喬、兼田富太郎、そして理論の清水慎三の四顧問と吉岡徳次・全港湾委員長、平坂春雄・全港湾関西地本書記長）と協会派ではない社会党左派（新日鉄社党協や電産中国など）と内ゲバ派をのぞく新左翼（党派と無党派）の左翼連合、プロレタリア統一戦線をめざしたのは、戦後の長い運動実践の総括からくるものであった。

新左翼ピーク時の六八〜六九年には、新左翼八派共闘のメンバーであり、別に職場反戦派として『根拠地』（月刊誌と運動）で闘った。

高見圭司（社会党青年部長）、久坂文夫を軸に第四インターの主力陣、合田和哉、橋井宣二らや解放派の石黒忠、関西は要宏輝（全金）らの五地区反戦（大阪社青同独立派、東大阪・豊中などで展開）らがメンバーであった。

今野はその頃上京し知りあった。いらい三十年のつきあいである。

＊――新左翼の颯爽たる登場と反戦青年委員会

今野求の統一戦線の発想と展開は、みごとであった。

一九六八年の佐世保、王子、新宿闘争で社会的衝撃を与え、一九六九年六月、十月等の大統一集会、デモは、三万五千人が大結集し、新左翼の政治的存在を広く、社会的にアピールした。

社会党の「陰の内閣」（岩井章総評事務局長、飛鳥田一雄横浜市長、水口宏反安保国民運動委員長に成田知巳書記長が加わった）を代表した水口が、鈴木市蔵を介して（二・一ストの戦友同士）、私に会議の申し入れがあり、七〇年安保闘争の提携案をもちこんだのは六八年五月だった。べ平連、とくに小田実との提携案だったが、二回目にわれわれ（共労党）が「反戦青年委員会」をいれるならOKといったら、水口はサッと顔色をかえて、話は御破産となった。向坂協会派が反戦派は労働運動ではない、異端の過激派であると猛反対していたことが主因、とあとから聞いた。清水慎三らは積極賛成提携論だったが。

反戦青年委員会は、協会派――総評主流の多くからそれくらい「鬼子」扱いだったのである。事実、党派間抗争は強かった。

六九年のオール新左翼の大統一行動・デモは、広く社会に、そして社会党・総評をも震撼させる力量を発揮した。とくに難航したのは党派間反目で、その難仕事と大結集をまとめたのがべ平連・吉川と全国反戦の今野が中心で、それなくして「十万人集会」はありえなかったであろう。私は六九年の「八派共闘」（中核、ブンド、ML派、第四インター、社労同、共労党、フロント、解放派）に毎回出席したが、全共闘、べ平連、反戦委、そして知識人らをどう結集するのか、という議題、議論は一度もなかった。

＊――縁の下の力持ち

私が、今野求・第四インターに驚いたのは、七四年の三里塚・戸村一作委員長の参議院全国区選挙闘争と、その三年後の三里塚闘争である。

選挙闘争は、戸村擁立から敗戦処理までまる二年かかったが、実働動員力で最も頑張ったのが、東北中心の第四インターであり、かつその党勢以上に過分の財政負担を背負ったのもそうであり、他党派の水準をはるかにこえていた。他に関西の吉田四郎〔註〕の分担が大きかった。私はだまって脱帽した。

〔註〕吉田四郎は戸村選挙や映画「襤褸の旗」製作に一億円超の桁外れの資金提供をした。吉田の古い友人である故上坂喜美（関西三里塚闘争に連帯する会代表）も自宅を処分してまで支援した一人だ。新左翼の党派幹部が吉田宅を度々訪れていた。吉田は不動産業を営んでおり左翼運動を支援した。吉田なりの哲学、身の御し方であった。

七八年二月の横堀要塞戦闘は、こごえる寒気の厳寒の二月に、塔に立てこもった戦士たちに、機動隊はホースで冷水を浴びせつづけた。古屋能子（ふるやよしこ、新宿べ平連）が「人殺しだ」と怒りたつすさまじさだったが、全国の三里塚派や人々をふるいたたせる大きな役割を果たした。その戦闘のかげにかくれていたが、その「トーチカ要塞」は、一メートルのコンクリートの厚さで固められ、その費用はインターが独力でつくったもので「六千万円」と聞いていた。選挙闘争につぐ大金である。五十万円、百万円を出す党活動家がかなりいたらしい。それだけでも大変なのに、その塔に他党派、プロ青同と戦旗をさそって「共同闘争」にしたことはさらに驚きであった。そういう作風、党派は戦前戦後にこの党派だけであったであろう。

＊――人民闘争の輝く一頁

「包囲、突入、占拠」で、人々を闘いに起ち上がらせ、多くの活動家が参加した三・二六管制塔占拠闘争は、敵の虚を突くゲリラ戦――地下トンネルなどと大胆不敵の管制塔占拠で、天下を震撼させた快挙であった。

三里塚闘争は、明治いらいの最大最長の反権力闘争で、農民闘争を中心に新左翼の連携で、いくつかの山があったが、三・二六闘争は開港直前のこともあって、権力の中枢・福田内閣を直撃した。政府を右往左往させたものは、戦後人民闘争で（敗戦直後の首相官邸占拠や六〇年安保闘争などをのぞくと）画期的なものであった。そしてこの時の企画、立案、推進の主力はインターであったが、管制塔戦士は横堀戦闘と同じ「三派共闘」の枠組みを堅持していた。

＊――統一戦線の思想

この二つの闘争は、当の三里塚農民を中心に、いくつかの党派、多くの活動家、全国の支援者らの総力ぬきにはありえなかったが、その中軸の情報・作戦・兵たん主力はやはりインターであり、今野求であった。日本人民闘争の歴史にのこるみごとな戦闘であった。とくに財政の多くをすすんで背負い、それを恩着せがましくいったり、宣伝したりすることを聞いたことがなかった。「縁の下の力」を常に担ったが、それは言うは易く、行うは難なことは、組織活動を苦労した人ならすぐにわかることであり、党派間や統一戦線的運動の中ではなおさらのことである。

労働情報の初期の十年、私は編集長・全国運営委員長をやり、約四十の都道府県をオルグで歩き、講演し交流した。インター系が組織した集会にもかなりいったが、戸村選挙や三里塚闘争で行われたその作風、党風はかわらなかった。

＊――同志　今野求

私も半世紀、多様な統一戦線運動にかなりのエネルギーをふりむけ、「報われること」を期待することなく努力をしてきた。日本の労働運動、社会主義、革命の大義のために、「己の利益」はもとより、「党派の利益」と「階級の利益」が相克する時は、一に「階級の大義」のために闘ってきたつもりである。

だが、二つめにあげたいくつかの闘争、運動において今野求が果たした役割、前衛的機能は公平にみて彼の方がすすんでいた、と当時も考えたし、この一文を書いていて改めてそう思っている。また、中核派対革マル派間の革命闘争という名の「内ゲバ」に対して、知識人、春日庄次郎ら先輩革命家の「和解提案」と努力以外では、第四インターのみが唯一公然と批判し反対した。

八〇年代にはそれを承知で、「反革命」としてテロられたが、その筋を貫き通したのは立派であった。

その作風に対して、私は彼を党派をこえて人間的に信頼した。かつて一九五七年頃に、トリアッチ（イタリア共産党書記長）が、ネンニ（イタリア社会党書記長）を、「同志ネンニ」とよびかけた講演をみて、たいへん驚いたことがあった。

同志とは共産党の党員のことのみといわれ、信じてきたからで、党はちがっても「社会主義をめざす人は同志」なのか、と認識を改めた。統一戦線の原点、思想にかかわることである。

日本プロレタリアートの根本的解放、東アジア人民の解放と連帯の大志と運動を共にする人々は、私にとって同志である。今野求は、心を通わせた同志であった。
追記——私の最初の著作『右翼〈労戦統一〉反対』（柘植書房、一九八一年）の題名は、今野社長がつけたものである。

【今野求追悼文集『夢を追ったリアリスト』二〇〇二年九月、原題「追悼　今野求同志と統一戦線」】

井手敏彦

市民革命家のさきがけ

井手敏彦が二月九日（二〇〇四年）、天界に旅立った。八四歳だった。彼は、中曽根康弘（一九一八年生）の翌年の生まれで、共に東大法学部卒、海軍主計大尉であった。これは大学卒としては最短コースのエリート将校である。

だが、この二人が戦後歩んだ道は一八〇度異なるものだった。中曽根は、新憲法下の初の選挙（一九四七年）で、新憲法はマッカーサーの押しつけ憲法だから自主憲法をつくれという自作の歌を掲げてトップ当選した。田中角栄と同期の二九歳。

井手は、敗戦直後に、侵略戦争であったことへの強い反省から、民主革命と平和勢力の中心部隊であった労働組合の活動に入り、産別会議・芝浦機械（現・東芝機械）労組の委員長を務めた。四九年の「百万人首切り」では、国鉄の十万人をはじめ、東芝、日立などで軒並み、今でいうリストラ攻撃があり、井手も仲間二百余人と共に首切られた。今日のメシを喰うために、彼を慕った五人組でガリ版印刷の仕事（辛く根気がいるが低収入）をはじめた。私はそのころからの知り合いで、終生心を通わせた先輩であり、同志であった。

井手は終生、沼津市に生き、市議四期を経て、七三年から七八年まで市長を務めた。政治家の経歴として、中曽根と大きな違いがあるが、その思想性、価値観、仕事のなかみは井手の方がはるかに時代のさきがけであった。

中曽根政治は、再びの軍事大国化、アジア人民と対立する親米脱亜、そして、経済効率至上の競争原理の押しつけ、水、空気、大地を汚染する環境破壊をすすめた。イラク参戦と年金など社会保障大改悪をすすめる今の小泉政治は中曽根の後を継ぐ「亡国・亡民の道」である。

井手はその対極で、「地域から日本を変える」道を選んだ。その地域主義、地域主権論は見事なまでに一貫していた。井手敏彦著『ゴミ公害——未完成交響曲』（九〇年、協同図書サービス刊）は市民革命家としての井出の思想と運動を集約した名著である。冒頭に、田中正造の「亡国に至るを知らざれば、これ即ち亡国」が記されているが、田中の思想と足跡の継承の願いがこめられていると私は感じた。

＊——井手敏彦の「後世への最大遺物」

彼は反戦平和を終生の志とした。五三年には、原爆反対資料展を街頭で組織し、数千人が訪れる大盛況であった。昨年には、病床からイラク戦争反対の意見広告を「沼津朝日」紙に載せた。また、平和運動の一環として、西伊豆・仁科の中国人殉難者の遺骨返還運動を一九五四年に久保田豊代議士らとはじめ、これは今も続いている。
井手が「後世への最大遺物」として残したものは次の諸点である。
(1)池田内閣の所得倍増・経済成長至上の地域開発政策で、保革共に誘致合戦の絶頂期に、沼津・三島コンビナート反対の大闘争(日本でただ一つだけ。公害反対の闘いで高く評価されている)の先頭に立ち、勝利した。
(2)市長当時、市長・清掃労働者・市民の三者一体のゴミ分別収集を自治省や自治労双方の猛烈な反対に抗して組織し、沼津方式として、その後全国に波及した。
(3)いまの上からの地方分権(形を変えた中央集権)と異なる地域主義を、反対闘争とオルタナティブの関連で提起した(前記著作で展開)。
(4)市民演劇研究所(一九五五年~現在)の演出をやり、また、前進座(河原崎長十郎など)や新制作座(真山美保など)をはじめ、数多くの上演、沼津映画友の会は、五〇余年間、今も続いている。全国でも珍しい文化の町づくりを仲間と共にすすめた。
(5)晩年は、全国自然保護連合理事長となり、また、生活クラブ生協・静岡の理事長として、愛と協同の精神で女性エネルギーを引き出し、事業面でも独立採算制で堅実な経営を築いた。
井手は、かつて勝間田清一(社会党委員長・衆院副議長)から後継者に指名されたがことわり、終世「沼津市」を貫いて、下からの民主主義、市民革命の王道を歩いた。井手と中曽根、両者の評価は、権威的権力政治をよしとするか、二一世紀を拓く市民革命をよしとするか、その価値観によって決定的に異なる。井手は、最後の、数少ない、日本が誇るべき先駆者であった。

【『明日を拓く』二〇〇四年三月一五日】

ある活動家にみる戦後労働運動の軌跡

渡辺　宏

＊――はじめに――軍国少年から革命青年に

「国労沼津の良心」「沼津革同のリーダー」といわれた渡辺宏と私は、朝鮮戦争時からのつきあいだが、彼の経歴と思想、文章やノートを調べ直してみて、二人の歩んだ道と思想信条、世界観と人生観が根っ子のところで共通していたことがよくわかった。

戦後活動した地域は、彼は生涯を沼津で、私は五五年以降は京浜・東京であり、部署や個性の違いは当然であったが、従来考えていたより似通った道を共に歩んでいた。

彼は一九二八年四月に生まれ、片浜小学校――横浜・鶴見中学へ、私は同年三月と一ヶ月の差だが早生まれなので学年は一期早く県立沼商へ、そして共に四四年に海軍予科練（甲種飛行予科練習生）を志願した。予科練発祥の土浦航空隊から彼は茂原へ、私は厚木へとそれぞれ勤務した。渡辺は書いている。

「一九四五年（昭和二〇年）八月一五日は、よく晴れたむし暑い日だった。

この日、千葉県茂原基地の海軍二五二航空隊所属戦闘飛行隊（零戦隊）は早朝の朝霧を衝いて房総半島沖の英海軍機動隊に向かって出撃した。私は滑走路に並び帽子を大きく振って見送ったが一二時近くなっても数機は帰投しなかった。

やがて一二時に戦闘指揮所への集合命令で地下壕にて昭和天皇の「耐え難きを耐え」のラジオ放送

の敗戦の勅語を聞いた。
それなのに未帰還の数機は何のために出撃したのか、その時の「何故、何故」が今日も私の脳裏を去らない。
一九四五年五月一〇日茂原基地から復員、沼津の駅頭に立った。元陸軍飛行予科練習生は衣嚢を背負って見渡す限り焼け野原の故郷の街並みと青い空を仰いで、敗戦とは斯くなるものかと一七歳の軍国青年の胸を打ちました」（国鉄退職者の会の人々への手紙、一九九九年四月二九日）
私は少し早い八月二三日に復員したが、沼津駅から見えたのは浅間神社の鳥居のみで市中はすべて廃墟であり、彼と同じ思いだった。

〈新たな価値観へのめざめ〉


彼は〝第二の人生〟となった新たな出発点を次の如く語っている。

「昭和二〇年一一月に沼津機関区故広瀬紋平さんの紹介で国鉄に就職しましたが、その頃すでに故山口寅吉さん達が国鉄労働組合の組織化の前兆ともなる沼津機区従業員組合を結成（一二月四日）されました。

それは軍国青年の私には強烈な印象と新しい生き様も示唆してくれました。

昭和二二年の暮れに東大生らしき人達から「共産主義の怪物がヨーロッパを徘徊している……」にはじまる『共産党宣言』（昭和二二年九月一五日発行、ナウカ社）を買わされ食い入りました。これが赤と言われ特高警察に追われたものかと、私の戦後の生き様を示唆したと言っても過言ではありません」

国鉄の労働と生活そして労働組合運動、そこで一八歳の時にであったマルクス思想が彼の生涯を決定づけた。

彼も私も戦争中の予科練から敗戦による価値観の大崩壊をへて新たな人生「人は何のために生きるのか」を必死で追い求めた。国鉄の現場で働いた彼、たまたま長兄のはからいで横浜高商（現横浜国大経済学部）で学んだ私は、回路は違ったが同じ理想と同じ道を歩むことになった。彼は『共産党宣言』、私はキリスト者内村鑑三『後世への遺物』、絞首台で処刑されたゾルゲ事件の「反戦革命家」（石堂清倫）、尾崎秀美『愛情は降る星の如く』に決定的に影響をうけて日本共産党に四七年三月入党した。

彼の入党は八年後の一九五五年五月であるが、「民主革命と労働運動」、「社会主義と労働運動」はほぼ同時期に参加した。

一❖日本労働運動の中核体国労と革同

＊——東海道線の拠点—沼津機関区と寅さん

渡辺が働いた国鉄沼津検車区（のちの客貨車区）は、一〇〇メートル隣に機関区があった。東京機関区と並ぶ東海道線の拠点区であり、沼津駅は特急つばめが停まる重要駅であった。

一二月五日、全国のさきがけの一つとして沼津機関区従業員組合が発足した。委員長の山口寅吉

（寅さんと皆に親しまれた）は、一九一九年の大日本乗務員会結成から労働運動に関心をもち、現業委員、連合委員をやった戦前派で、国鉄の中枢「新橋管理局管内労組結成の中心人物」でもあった。

村上寛治は朝日新聞労働記者として最古参の一人であったが、その後国労顧問を長くつとめ、『国労運動史の中の人々』（平原社、一九八一年）という日本ではじめての労組幹部列伝を書いた（他に『総評』『総評物語上・下』『日本共産党』などの著書がある）。

鈴木市蔵（共産）、岩井章（民同左派）、加藤閲男（同右派）ら国労はもとより日本労働運動の歴史にのこる人々などもふくむ約六〇人の幹部紹介の冒頭「敗戦・混沌のころ」の四人目に、寅さんは「ウワサの中の熱海事件」の「大物」として登場する。絶対権力者であった米占領軍の使者と称する男が、実は東鉄局事務官でスト破りのワナを仕組んだ、という実話である。寅さんは国労の前身の名門「新橋管理機関区組合」初代委員長の候補者であったが、この事件でひきずりおろされたのであった。

＊――沼津機関区にのりこんだ徳田書記長

日共の徳田書記長（徳球と愛称された）は、その後の宮本顕治→不破哲三→志位和夫らとは比較にならない比重で労働運動を重視した。その路線は戦前の赤色労働組合主義の誤りの延長線上にあったが、大産業と大工場、国鉄や郵政の拠点が民主革命の鍵を握るとし、自ら現場にのりこんでアジりまくった。

再刊の日刊赤旗の一二月五日号一面には沼津機関区講堂で演説をする徳球を、岩瀬俊彦（青年部長、のち市議会議長）らが真剣に聞き入る写真がのっている。

徳球は「憲法よりメシだ」「国宝なぞ売っぱらってメシをくわせろ！」と叫び、また皇后を「良子

（ながこ）のババア」調の天皇制打倒論をぶち、知識人や多くの人々の批判や根強い反感をあびたが、青年や若い労働者のうけは大いによかった。獄中一八年をたえぬいた捨て身の闘いと、率直で気取りがなく、車座になって焼酎をくみかわす人間味が好感された。

この一夜の交流で岩瀬らが入党し、党国鉄細胞が結成された（四九年大首切りで壊滅）。これらの動きは隣の検車区にいた渡辺らにもさまざまな影響を与えたであろう。

＊──戦闘化と併行した日共セクト主義

四七年の二・一ゼネスト（占領軍命令で中止）を前後して、日共・産別ブロックの左翼化、戦闘化はピークに達したが、その半面「平家（日共党員）に非ずんば人に非ず」的な極端なセクト主義、占領軍を中心にした国家権力や資本と闘うよりも「社会党（社民）主要打撃論」、つまり友党の「社会党はもっとも危険な敵」として攻撃を集中した。

日共に対抗して（占領軍や国鉄当局の働きかけで）国鉄反共連盟が全単産にさきがけて生まれたのが一九四七年秋であった。翌四八年三月には産別会議書記局で全国的に実質指導した党フラクの細谷松太（事務局次長、実際の最高指導者）らが、党のひきまわし指導に対して「もはやこれまで」と反旗をひるがえして、産別民主化同盟を結成した。矛盾対立が充満していたために、民主化同盟は全戦線にただちに波及する。

国鉄は、日本経済にしめる大きな位置ゆえに、全国網下に、日共と反共の全面対決が複合し、対立は極限状態に達した。

＊――国労革同の誕生

この瞬間、「第三の勢力」として一九四八年四月（産別民同結成の一ヶ月後）、国鉄労組革新同志会（国鉄革同）が生み出された。「そこに流れるものは、国労の団結と統一であり、友好団体との協力であり、政党批判の自由、政治信条の自由、階級性の堅持、労資協調主義の排除、共産党の独善性に対する批判、などであった。集まった同志は、圧倒的に無党派の人々が多かった」（二〇〇二年五月『国鉄労働組合運動の一翼を担って――革同会議の五〇年』）。編纂委員会代表は、革同発足以来のリーダーとして革同会議本部幹事長、国労中執を定年までつづけた子上（ねがみ）昌幸である。彼は熱海駅から本部に出たが、沼津市に定住してきた。

革同は、国労で民同とならぶ二大勢力の一つであり、主力が日共へ入党後も同党で独自のヘゲモニーを一貫して貫いた稀な集団である。その原点は次の通り。

《組合員諸君に訴える》

国鉄労組は、二大潮流によって対立によって半身不随の状態にある。今次、上諏訪大会の現状は組合員に対し、右か或いは左に非ざれば組合員に非ずとの印象を与え、その独善的思想と行動は目を蔽（おお）わしめるものがあり其（そ）の結果今や国鉄労組は産報化せんとする危機に至った。

たくましい労働運動の発展を願う吾々は、いつまでも此の儘（まま）に国鉄労組を放置しておけない。是（ここ）に於て吾々はあらゆる勢力に拘束されない立場で、真に自主的な労働運動を推進せんことを誓い「国鉄労働組合革新同志会」をつくった。

組合を愛する諸君、挙（こぞ）って参加されんことを切望する。

《宣言》

日本民主化の一翼としてわれわれ国鉄労働者は一九四七年六月五日単一労組を結成し、六〇万組合員のゆるぎない団結をもって歴史的第一歩を踏み出した。

しかしながらわずか四ヶ月にして左右の対立を生じ、一〇月東京における全国大会はついに流会となって、国鉄再建闘争の前途もまた混迷するに至った。

内部抗争の愚を知るわれわれは陰に陽に大同団結に努力しつつ今時上諏訪大会の成果を期待したのであるが、遺憾ながらその対立は益々激化して、今や国鉄労組は分裂の危機に瀕している。われわれはもはや黙視できない。

ここに同憂の士を糾合して、国鉄労組革新同志会を結成し内部の統一と友誼団体との緊密な提携をはかり、正しい労働運動の発展と祖国再建のため勇敢に邁進せんとするものである。組合員の決起と友誼団体各位の支援を切望してここにこれを宣言する。

一九四八年四月二五日

国鉄労組革新同志会

《綱領》

一、労働者としての自覚に基づいて、真に組合員の組合とする。

一、偏見を避け、たくましい包容力をもって、健全な国鉄労組の発展を図る。

一、政党批判の自由を堅持して、御用組合化を防止する。

《運動方針》

一、組合員を啓蒙し、フラク活動の弊害を是正する。

一、同志を獲得し、組合機関に進出させる。

一、友誼団体と連携し運動の統一を図る。

《スローガン》

・知的な、たくましい、そしておおらかな組合をつくろう。

・組合員の組合御用化、私党化絶対反対・反撃。

＊――大首切りと三大謀略事件

革同は出生以来「容共左派」であった。

一九四九年は「百万人首切り」といわれた官民の大リストラがあり、国鉄一〇万人、郵政三・七万人などが首切られ、日共党員は中闘一二人、中央委員三六人全員をはじめ根こそぎにやられた。革同中闘は九人中五人が解雇された。

下山事件、三鷹事件、松川事件という三大謀略事件は、国鉄首切りに合わせて強行されたが、一九二九年大恐慌時のアメリカモデルの日本版であった。松川事件は国鉄、東芝の五人が死刑、無期五人、懲役刑一〇人の判決であったが（一九五〇年）、一三年後の六三年に全員が無罪となった。

四九年夏――五〇年は、この大首切りと三大事件等で、労働運動は一挙になりをひそめて「真冬の沈黙」となった。

沼津メーデーは、四九年には第一小学校校庭を二千人余の労働者が赤旗でうめつくし、反合理化決戦に向かって意気盛んであった。しかし国鉄、郵政も芝浦機械（現東芝機械）も惨敗して、翌五〇年メーデーは、小雨のふる中でわずか百人くらいのわびしさであった。

だが、機関区や検車区など国鉄を代表した（駅など民同系は不参加）長谷川弘俊機関区分会委員長（二三歳）のアッピールはすごかった。

「与論、与論と言うが、闘いによってこそ与論はつくられるものだ！」

私はこの演説を聞いて国鉄革同の戦闘性をはじめて実感した。この直前まで「闘う党は唯一つで共産党だけ」と教育されそれを信じていたので、闘う勢力は他にもちゃんとあるのだ、とはじめて納得した。この時の確信は、その後日共の「唯一真理・唯一正義」の党、他はニセモノという独善性に対して、常に働いた自省の原点であった。

＊――沼津革同の登場

沼津革同は、この一九五〇年に長谷川、田村登（機関区、沼津支部委員長を歴任、一九六二～七四年）と渡辺宏の三人で相談し結成された。以来長くつづいた機関区・客貨車区中心の革同である。

革同は、日本労働運動のなかで国鉄のみに生まれ育ったものであるが、労農党・革同ブロックとして全国性をもって社共両党グループのまん中に立つ政治グループであった。前記の『革同会議の五〇年』は、歴史編は子上昌幸が執筆の中心であり、なかなか内容的にも秀れたものである。

革同の拠点には、歴史に残る国鉄新潟闘争を闘った新潟地本、労農党（一九四八～五七年）の館俊三代議士が何期かつとめた青函地本や、東京、大阪、広島、門司など国労の名門地本・支部がかなりある。

沼津革同はその拠点の一つとして全国でも名高いし、『五〇年史』（前出）には「一九五六（昭和三一）年三月二四日、中央交渉が始まる。その交渉の場に、東海道線沼津機関区ストライキ突入の報が入った。前日から革同・子上中闘が派遣され、中闘の特別指令によってストライキに突入したのだ」

（一一三頁）とでている。

官公労の中核である国労とはいえ、スト権を不法不当に奪われた状況下で、沼津機関区が一九五六年にストへ突入したのは、東海道線の拠点ということと共に、職場における組合の力がそれだけあったからである。

＊――大国労をリードした革同

革同はその戦闘性と活動家の質に誇りをもっていた。すでに五一年頃に「革同の基盤は、活動家の層と質が違う。平和運動、単独講和反対、仲裁裁定の不履行などの矛盾等を見て、立ち直りは早かった。革同は、実力行使（ストライキ）について民同左派を説得するが、なかなか一致しなかった」（一〇八頁）とあるように、理論的運動的へゲモニーも革同が握っていた。

一九五二年（柴谷要委員長、土門幸一副委員長、横山利秋書記長、岩井章企画部長らの時代）から、運動方針の立案は革同の細井宗一であった。この方針では「実力行使をためらわない」とし、共産党評価は「誤った指導の続くかぎり、共闘はありえない」としていた。日本労働運動史で有名な岩井章（その後の総評事務局長）や平和四原則の立て役者とされる横山利秋より、この時すでに「革同・細井」は、実践上のヘゲモニー力を握っていたのである。

＊――革同の右派と左派

革同には、当時の革命とその前衛党とされた共産党をめぐって二つの流れがあった。公的にはいわれないが民同に近い「右派」と左翼性の強い「左派」である。

革同は政党では労農党とブロックを結んでいた。労農党は一九四八年に片山・芦田連立内閣のあり方に反対し左に分裂、衆議院議員は黒田寿男主席など岡山県や北海道に二人など五人前後、のちに衆議院副議長となった岡田春夫、石野久男（日立総連委員長）や久保田豊（韮山村長）、衆議院議員で木村喜八郎（経済学者で池田蔵相・首相との国会における経済論争は〝国会の華〟といわれた）や堀真琴（政治学者）ら実力者がそろっていた。

杉本泰は、検車区で渡辺宏の一期一歳の年長であった。彼は後年に沼津地区労事務局長から市議会議員を長くつとめ市議会副議長となった。

レッドパージが吹き荒れていた頃、私は日共国際派として党を除名されていたが（六全協で除名が取り消され〝名誉回復〟）、彼はその私に率直に語った。「理論や政治は、おめやっち（お前ら）の方が正しいだ。だが共産党は弾圧されるからこやあ（こわい）だ。でそちらにはいけないからよろしく」と。「革同右派」ともいうべき思想と体質といえよう。

彼の父は国鉄静岡管理局の局長であった。戦前の国鉄は「一九二八年三月一五日」の大弾圧（小林多喜二に同名の小説がある）以来六三七人が検挙された歴史をもつ。そのことを知る父親からもクギをさされていたのであろうか。革同の右派的体質部分は、後年の渡辺の市会議員選挙への無原則的批判ボイコットなどにあらわれた。

一方、長谷川、田村らと私は日常的に親しくひんぱんに会い交流していた。彼らは右派的ではなかったが、革同結成の「組合員諸君に訴える」にいう日共の「独善的思想と行動」、革命的ではあるがその半面ものすごいセクト主義に対して強い批判をもっていた。その批判的態度から革同に結集したのである。渡辺も入党が私よりおそかったのは「家庭の事情」（裕子夫人）もあったらしいが、同じであったろう。

当時は「革命の党は一つ」とされ、左派社会党も労農党も一段下に見下ろす「同伴者の党」扱いが日共をおおっていた。

朝鮮戦争とコミンフォルム（西欧共産党情報局）の日共批判をめぐって、主流の所感派と反対派の国際派に真二つに分裂していた。

静岡県東部地区は、田中英光（最初の地区委員長で小説家、四七年三月に脱党、四八年に私淑した太宰治の墓前で自殺）の『N機関』等に出てくる「戦前派」広瀬善四郎地区委員長が国際派だったことの影響で、三島・沼津中心の地区党の多数派が国際派だった。しかし、コミンフォルムによる分派活動への批判にあって、皆やむなく復党した。

私は逆に五一年二月の臨時指導部・統制委員会決定の「スパイ・挑発者との闘争」に反対して除名された。それは「中央への批判意見をもつ者＝分派＝アメリカ帝国主義のスパイ・挑発者」というメチャクチャなもので、それを適用すれば尊敬されていた広瀬前地区委員長らも「スパイ・挑発者」ということになる（八年後の第七回大会でこの決定は無効となった）。

私が除名された時に、「人民の敵である樋口とは、道であっても口をきくな」という提案が戦前からの長老党員渡辺太郎（古本屋経営）から出され決定され、きびしく実行された。

＊――革同の人間味と渡辺の入党

だが革同の諸君は、「同じ共産党員」「労働者の味方」として私に接してくれた。

井出敏彦（のちの沼津市長）、和田新（沼商教員）らもそうだったが、沼津の平和運動、労働運動における国鉄の位置は大きく、革同の同志的対応は私にとって大きな味方であった。

渡辺宏は長谷川、田村と共に「革同左派」の代表格で、当時の彼の学習ノートをみると、中共ナンバー2劉少奇の「大衆路線」やマルクス経済学の講義ノートがきちんと書かれている。

彼はその思想・政治性ゆえに、一九五五年の日共六全協（第六回全国協議会、武装闘争をやめ対立している両派が再合同し、徳田書記長の死去を認め、宮本顕治が復権し中心者となった）後に、同党に入党する。

この時の革同からの入党は全国的にも早く、それ以前の五〇年に入党した門司地本の徳沢一（のちの中執、革同幹事長）らにつづくものであった。労農党は左右社会党の谷間で党勢が伸びず、五七年に、総評の高野実事務局長の三党合同（左社、右社、労農）提唱により実現（五五年）した、統一した社会党へ議員は解党合流した。

その最大基盤だった国鉄革同（約千人の党員といわれた）の多数は、細井・子上をはじめ日共に、東京の木田忠らは社党へと分かれて入党し、革同はその政治的性格を転換した。

沼津革同は、主力がそのどちらにもいかず「無党派革同」が多数派、渡辺宏や機関区の少し若い望月勇や高木正行らが革同左派の日共、という共存体制となった。

＊――安保大闘争と国労

国労は戦後日本の平和と民主主義そして社会主義派の最大勢力であり、朝鮮戦争に対する平和四原則と米軍基地反対闘争をへて、六〇年安保・三池大闘争でもその主力部隊であった。

日本人民の、有史いらいの大闘争といわれた安保闘争は、五～六月には国会をとりまいたデモ隊が数回にわたって一〇万人から二〇万人に及び、国会構内にも突入した。六・四全国統一政治ストで国労は二時間ストをうち、東京一五電車区等の参加で各幹線ダイヤは大混乱に陥った。しかし朝日新聞社説（六月三日）が、「この程度の抗議の行動を違法と非難できるのは、その政治が民主主義と議会主義の原則に従って、たえず出処進退を明らかにし、責任を明確にしている内閣だけである」と書いたように、与論は国鉄ストを圧倒的に支持した。

品川駅前では数千人の労働者、学生や著名な学者らが徹夜で国労に連帯した。

沼津市の反安保デモも国労・地区労を中心に一万人近く、駅から香貫までデモの波が渦まいた。わきあがる下からのデモ・ストに、石橋湛山、三木武夫ら保守の一定層も同調、岸内閣は辞職に追い込まれて「野垂れ死に」した。『国労静岡三〇年史』（一九八〇年）にあるように、「労働者階級を中核とする大衆の力が、日本の歴史上初めて時の政府をここまで追いつめたのである」。

国労沼津支部は、一九五〇年いらい民同左派の沼津駅分会の渡辺芳男（のち衆議院一期）、斉藤新二（県会議員数期）らが主流で、革同は長谷川弘俊が支部書記長（五〇～五三）として非主流であった。田村登が書記長になった六二年頃から静岡地本でずぬけた闘争力を背景に革同が主流となり、杉本泰書記長（六二～六四）、ついで渡辺宏に交替し、田村――渡辺ラインという最強の指導部が形成された。

若くして死んだ田村の葬儀は、原の実家（酒屋）から根方まで赤旗で埋めつくされ感動した、と弟の勉（私のあとの党市委員長）は後年のべていた。国労の絶頂期であった。

渡辺は田村の死後の七五年に委員長となり（書記長は機関区の望月勇）、革同の全盛時代がつづいた。七九年、五一歳で市会議員を杉本泰からバトンタッチし、以後五期二〇年にわたって「市議会の良心」、井手市長退任後の井手路線の継承、発展者として活躍した。

＊──反公害・反コンビナート反対闘争

沼津市の歴史にとって輝く一頁、日本全国の反公害・住民運動史にとっても断然光り輝いたのが、コンビナート反対闘争（一九六三〜六四）とその勝利である。国労と革同は地区労の中軸として大活躍した。

この大闘争については、宮本憲一編『沼津住民運動の歩み』（NHK出版、一九七九年）や、中心的指導者であった井手敏彦の論文が収録されている『公害──未完成交響曲』（協同図書サービス、一九九〇年）等がある。

＊──国労運動史の欠落──反公害

国労は労働者教育にもっとも熱心な労組であった。七八年の教科書『労働運動史』には、公害問題がかなりくわしくのべられてはいるが、「反公害運動」や「住民運動との連帯」への言及はまったくない。前記『国労静岡三〇年史』は四六五頁の大著で、合理化反対闘争、政治闘争、処分（逮捕者もかなりいた）とその反対闘争など詳細をきわめているが、不思議なことに沼津・三島のコンビナート反対闘争についての記述はゼロである。国労本部教科書に右へならえ、をしたのか。三〇年史は民同・革同両者の合作だが「五〇〜六〇年代」の執筆分担は沼津支部代表・革同県幹事長の工藤正憲である。

この欠落は、本部と地本、民同と革同をつらぬく、反公害運動や住民運動との連帯という問題意識の欠落であろう。私は工藤とも親しかったが、それを越えてでも指摘せざるをえない問題点といえる。

渡辺は当時客貨車区分会と支部の中心者で、大活躍したであろうにその記録がみつからないのは惜しまれる。

＊――日共の大失敗――一九六四年の二大事件

渡辺宏が「国労沼津の良心」「沼津革同のリーダー」としてその真価を決定的に発揮したのが、コンビナート闘争と重なった一九六四年の二つの闘いである。

一つは同年に総評が企画し、国労も中央委員会（三月二三日）で満場一致で決めた「四・一七スト」である。「国鉄輸送の安全確保」と「大幅賃上げ」で国労は半日ストを民同・革同一致で決定するが、史上空前のスト直前の四月八日に、日共は、この大ストは「アメリカ帝国主義の挑発だからストをやめよ」とし、アカハタで「四・一七ストを再検討せよ」と大々的に宣伝し、各労組に働きかけた。それを真にうけた公労協の党員は、各職場でのスト切り崩しを猛烈にはじめた。

渡辺は、党専従ではないのに沼津市委員長をつとめ（戦後はじめて）、この時に日共県東部地区委員であった。党員の圧倒的大多数は「中央の決定は絶対」という極端な中央集権体制が当然とされたなかで育ってきたゆえに（その後も長くつづいてきている――最近はインターネットもあって徐々に変わりつつあるが）、県委員会――地区委員会――市委員会――細胞（支部）・党員は「一点の疑点もなく」誤った決定に盲従し行動した。

＊――渡辺宏の勇気ある決起

渡辺はこの決定に地区委でただ一人敢然と反対した。さらにもう一つは核実験の問題があった。社・総評と後の原水禁系は「米ソいずれの核実験にも反対」し、日共・原水協系は「社会主義の核実験は平和の為によい実験」で賛成、と正面衝突した。そして折からの「部分核停止条約」をめぐって中共を「教師」と仰いできた（五八年の第七回党大会は、綱領を中共用語の「党章程」と改称したくらい中共一辺倒であった）日共中央もまた同じ論拠で反対を決定した。

中共はこの直後に新たな核実験に成功したが、そのニュースが入るや開会中の党中央委員会は大興奮し万歳がわきおこったといわれる。部分核停から全面核停へ、さらに全面禁止への道はここでたちきられ、以後核は多くの地域大国へ、イスラエルやパキスタン等に次々に拡散していった。

日本では原水協の多数が部分核停に賛成、日共党内では中西功神奈川県委員長らもそうであった。また、国会議員の志賀義雄（彼はとくにソ連党一辺倒で、野坂議長とは別に個人的ルートでモスクワと連絡していた）、鈴木市蔵（一九四九年時の国労副委員長で党の労対の中心者）が造反、神山茂夫、中野重治（日本の代表的詩人・作家の一人）中央委員も「保留」という名の賛成となったが、ごく少数であった。

渡辺宏は、この二つの党決定に反対を貫く。狭き（誤った）党利益より、労働者階級と国民の利益の道を断固として選択したのであった。

＊――地区で除名、県委員会で取り消し

その結果、彼は東部地区委で党除名となる。除名は党にとって「重罪」でさまざまな迫害を受ける。私は二回除名（国際派とこの時）されたが「人間扱い」でなく、「人でなし」「くず」「人民の敵」「階級の敵」として打倒せよ、と人身攻撃をふくめて猛烈な誹謗中傷攻撃を受ける。それが怖さにたじろぎ、正論や批判をひっこめる人もかなりいた。

が、彼はあえて党内孤立の道をえらんだ。

結果は彼の信じた通りで、党内では全く孤立したが国労内でも革同でも圧倒的信任をえたのである。彼がはじめて沼津支部書記長になったのは、この翌年の六五年であったことをみても、彼への支持が強かったことがわかろう。

総評の主力であった官公労の中でも国労革同はさすがにちがっていた。同じ公労協でも全電通では、党のいう通りやって労組から大量の除名、組合員籍剥奪、権利停止等が続出し、以後日共の影響力は壊滅的な打撃を受けた。しかし国労では、東京などの一部で組合処分者が出たが、「党の決定」より「労組の決定」＝「革同の決定」が優先し貫徹され、国労内の日共・革同ブロックの影響力は維持された。

革同本部は、「沼津の渡辺宏の党除名」を重視し、細井と子上の国労中執二人が静岡県委員会に「除名しない」ように申し入れをし、革同の発言力の強さでその通りとなった。中村県委員長・中央委員は、徳田時代も宮本時代も中央絶対論の「石頭」「党官僚」といわれたが、中央書記局と相談の結果であろう。

＊――沼津革同の結束と党細胞の解体

「四・八スト破り」と「部分核停」は国労と総評を揺るがし、さらに日本国民の与論が大いにわき、日本最大の大衆運動組織だった原水協（原水爆禁止協議会）を二分し分裂に至らしめた。

沼津革同は強く結束した。運動の政治問題において、その後の歴史でもなかった固い団結であった。機関区の杉山登喜夫（分会委員長を何期もつとめた）、渡辺久行（五六年度支部書記長等）、〝理論家〟の木村福太郎ら田村の同僚、工藤正憲（六七年～定年迄革同県幹事長、地本執行委員）、杉本泰、後輩の渡辺寿久（後に本部電車協議会議長、伊豆労働学校事務局長）ら幹部団は一致して闘い、かつ民同とも統一戦線としてまとまった。

沼津の国鉄党細胞は、望月勇（七三～七七年支部書記長）兄弟、高木正行らと、駅・電力をふくめて八人いた。渡辺は一人一人の進退を統制せず、各自の自由にまかせた。（日共内でこういうやり方はめずらしいが）、入党したばかりの二人を残して六人が脱党の道を選んだという。これも全国の国鉄細胞でめずらしかった。

渡辺宏の長い労働運動と政治生活で、この時が最大の〝決定的瞬間〟であり、階級的良心と真実と正義を守り貫いたことで最も輝いた時であったろう。

沼津革同は、長谷川――田村――渡辺の名指導者をえて、ストライキをうちぬく職場戦闘力と支部多数派となった大衆性、そして四・八スト破りを下から民主主義的に粉砕した政治性等で、その存在は全国に鳴りひびいた輝くモデル革同であった。

一九七〇年頃、朝日新聞の村上寛治は、週刊朝日ジャーナルにいた。同誌は、べ平連や全共闘にも好意的で、発行部数も一〇万部をこすといわれて青年・学生・知識人に強い人気があった。

村上は同誌に、沼津革同を訪問しルポルタージュを好意的に高い評価で記している。

この追悼文を書くために、本人に電話したら、今九一歳だが、田村登の葬式の時に渡辺宏に案内してもらったとよく覚えていた。

二❖外国人労働者の組織化——国際・日本労働運動の恥部

国鉄革同の思想性には、「社会主義と労働運動」を貫く「平等」の精神が強くあった。

一九五一年、国労が前年の大リストラで大量に首切られ全般的に組織力が低下し、危機的状況にあった時に、機関区分会から機関車労組が右へ脱退した。その瞬間のやりとりを私は連日分会事務所で見聞した。

＊——平等思想と差別化反対

加藤マンドリン（その楽器をやっていたのでそういわれていた）が、若き執行部とやりあっていた。彼らの主張は、「人命をあずかる機関士と、駅の切符切りや保線の土方と賃金が同じなのはおかしい。差をつけるべきだ」であった。

結局、「機関車労働組合」（その後の動力車労組→ＪＲ総連）が結成され三万八千余人が参加し、国労には二万七千余人の機関士がのこった。動力車労組はその後戦闘化し、「鬼の動労」といもいわれ、国労・動労が共に総評左派の牽引力であった。

沼津機関区は以来両組織が併存したが（八〇年代半ばまで）、機関車労組はずっと伸びなかった。国労とくに革同の平等を重んずる思想的団結と労働者仁義が強かったからである。

渡辺宏には、この反差別・平等思想が原点として確立し、生涯の運動と人生のバックボーンになっていった。

市会議員の時に誰もやらない障害者差別をとりあげたのも、その反差別・平等思想からであった。

さらに、それが最大に発揮されたのが、一九九〇年にはじまり死ぬまで貫いた外国人労働者の組織化であったといえるだろう。

平等思想は、下層労働者、底辺労働者への差別に反対する。

戦前の一九三〇年代に、日本資本主義が発達し、一方で植民地朝鮮における絶対的貧困が拡大するなかで、農村で没落させられた農民や都市失業者はその日のメシと仕事に困って大量に日本へ流れこんだ。

日本に来ても昭和大恐慌のつづく中で定職はなく、多くは日雇いの土木建築労働者として、丹那トンネルや河川・道路改修にたずさわった。そこでも民族・性差別はひどく、日本人の土方は日給二円でも、朝鮮人は同じ労働をしても一円、その女性は五〇銭といういちじるしい格差賃金であった。

労働総同盟は熟練工中心で、臨時工や特に外国人労働者は「労働者に非ず」的思考でしかとらえていないなかで、日共系関東自由労働組合だけが民族差別、女性差別に反対し、同一労働同一賃金を要求し、「同じ二円をよこせ！」をかかげて闘った。

同労組（神山茂夫書記長――戦後日共初代労働組合部長）三千人のうち約半数は朝鮮人が参加し、神山ら指導部に対して朝鮮人労働者は信頼をよせたという。

＊――八〇年代―急増した外国人労働者

日本自動車産業は、トヨタを先頭に一九七〇～八〇年代に大躍進する。当時は「ジャパン・アズ・ナンバーワン」（エズラ・ヴォーゲル）ともいわれ、電機、鉄鋼等は超大国米国を追いこし、自動車はGM、フォード、クライスラーのビッグスリーにつづいた。トヨタ式生産方式は世界になりひびいたが、その底には「乾いたタオルをさらにしぼりあげる」労務管理と合理化があった。日本の東北などの農村労働者が季節工として大量に職場に投入されたが、その収奪、搾取のすさまじさは、作家鎌田慧のルポルタージュ『自動車絶望工場』等にくわしい。

だが、拡大した生産現場は日本人労働者に季節工、臨時工のみでは不足となり、外国人労働者が急増する。

静岡県では一九九〇年六月時点で、二万一四〇二人と一年間で四六％も急増した。県東部でも小山町で一五四％、富士市七九％、裾野市三六％、熱海市七五％など大幅に伸びた。自動車産業の関連事業、中小企業あるいは溶接業で働く人びとが増えたことによるが、その人権は医療や労働災害保険からの排除に代表されるように全く無視され、労働条件や住宅も日本人労働者の下層よりさらにずっと劣悪であった。

この外国人労働者の支援連帯の動きも、九〇年前後に始まった。静岡県下では、静岡市の「アジアを考える静岡フォーラム（ＦＡＳ）」、浜松市の「外国人労働者と共に生きる会・浜松（ＨＬＳ）」が、東部では沼津、三島、裾野市などで「カサ・デ・アミーゴス東部」が一九九〇年一一月に発足した。CASA DE AMIGOS（友達の家）の世話人代表はカトリックのシスター尾高良子、事務局は渡辺宏であった。

それから一〇年間に、アジアの韓国、台湾、香港、フィリピン、タイ、ミャンマー、マレーシア、インドネシア、南米のブラジル、ペルー、アルゼンチン、コロンビア、ボリビア、北米のアメリカ、カナダ、ＥＵのドイツ、ルーマニア、フィンランド、アラブ・アフリカのイラン、アルジェリア等二一ヶ国の労働者が、職場関係、生活相談、出産、子供の教育、事件、帰国等で延二〇〇〇件の相談を持ち込み、対応が重ねられた。

渡辺宏事務局長は二〇〇〇年一〇月には次のように書いている。

「一九九三年には、過酷な3K職場で歯を食いしばって懸命に働く外国人労働者の祖国の実情を知りたいと、とりあえずフィリピンを一〇名の会員が訪問しました。

この訪問を快くガイドしてくれた二人の比国女性の爽やかな印象は忘れられません。特に私（事務局渡辺）が予定外のコレヒドール島の日米戦の要塞跡地を希望したのですが、島に到着すると何時の間にか、ガイドの比国の娘さんは姿を消しました。

更に、マニラ近郊の丘のアメリカ軍戦没者墓地公園を訪れた際も、彼女らは入り口までで姿を消しました。

その夜、宿舎の修道院で彼女たちの話から、『比国はスペイン侵略から始まり、米国、日本そして米国と長い長い外国による抑圧の歴史を刻んだ苦難をたどった悲しい国民です』と憂いの瞳を垣間見た時、私はかっての日本の侵略戦争が重く脳裏をはせ巡りました。

そして、カサ・デ・アミーゴスの活動で私自身の心を癒すことができればと自問自答して今日に至ってしまいました」

＊――フィリピンを訪ねて

私も一九八〇年一月に仲間四人と東南アジア――韓国を歩いた。マニラの大スラム街――東京の港区全体ぐらいの広い区域で、文字通りの掘立て小屋に一家八人～一〇人くらいが暮らし、上下水道はなく、せまい道路に汚水が流れるすさまじい生活に息をのんだ。トンド地区のスモーキング・マウンテン（ゴミの山）はその近くにあり、強烈な悪臭下に人々がゴミの山からすこしでも金目のものをさがして歩く。その数は数千人におよび子供も多かった。カトリック神父が案内してくれたが、とけこんで信頼をえている様子がよくわかった。

渡辺らも同じところを、一方では広大な大邸宅を見てまわっている。彼は東京新聞の九三年一一月二二日号の「比国観察記」でその回想を語っている。

「中流以上が二割、貧しくも勤勉な人が八割といわれる貧富の差は一目瞭然」。そして交流したNGO組織バティス（女性のための救援組織）で、シスター・エンビさんの言葉を紹介する。

「皆さんが感じたフィリピンの現状の悲しさは私たちも同感で、絶望的な悲しみを毎日感じている。皆さんは一週間だけの滞在だったが、私たちは明日から長い暑い日々を貧しい人たちとともに苦しみながら、少しでも助け合っていかなくてはならない。政府は貧しい人たちを助けようとしない。私たちの仲間の輪をもっと大きく広げたい。皆さんを友達として接してきた。なぜならば、皆さんと一緒に貧しい人たちを助けられるからです。私のスタートの体験でもあるからです」

彼女の言葉は何度も途絶えたが、眼は輝いていた。

この訪問記の中にも、彼のやさしさ、誠実、純粋さがにじんでいる。

＊――清水慎三の先見性

一九八〇年代頃から、日本の階級階層構造の変化――中間層の増大をとらえた資本・権力の攻勢は強まり、中曽根内閣の臨調行革――その最大のネライである国鉄分割民営化を通じた最強の「国労解体→総評解体→社会党解体」攻撃はかなり効を奏した。半面社共・総評はこの「戦略的攻撃」をみそこない、戦術主義的対応に終始する中で大敗北する。

「社会主義と労働運動」の〝冬の時代〟が始まった。九〇年頃にその危機の深まりの中で清水慎三（高野実、大田薫——岩井章のブレーン、『日本の社会民主主義』『戦後革新勢力』『社会的左翼の可能性』等の名著や、総評組織綱領草案起草者）は、労働運動の新たな芽を指摘した。

（一）江戸川ユニオンなどの地域ユニオン
（二）外国人労働者の組織化
（三）全日自労の発展としての労働者協同組合
（四）生活クラブ生協型の新しい生協とワーカース・コレクティブ

清水は一九五五年から数年間は、神山派だった小山弘健や浅田光輝（当時静大教授）、木村喜八郎、久保田豊（韮山・中伊豆の農村や沼津革同が支えた）と戦略問題委員会をやっていた。

彼はさすがに先見性があり、「外国人労働者の組織化」にいち早く着目していた。

が、連合はもとより、社共とくに日共系はいまにいたるもまったく関心がない。その理由は〝選挙で票にならない〟からであろう。

四つの芽のうち地域ユニオンだけが数年前から「しんぶん赤旗」にときたま載るようにはなったが、自党員のやっている労働者協同組合も、内橋克人、奥村宏らが高く評価しているが、党は賛否いずれもなくただ沈黙である。

＊——フランスと植民地ベトナム

〝ベトナム革命の父〟といわれたホー・チ・ミンは、若き日に宗主国フランスに留学し、皿洗いなど苦労しつつ学んだ。第二、第三のインターナショナルのどちらを支持するか、彼はその頃唯一つ、最大の理由を民族自決権におき、レーニンの民族・植民地問題に共感して第三インター（コミンテルン）支持となり、フランス共産党に入党した。

だがこの党（欧米諸党すべて）は、「おくれた」「野蛮な」植民地・従属国とその人民に全く関心はないので愕然とする。

ホー・チ・ミンは一九二五年のコミンテルン第五回大会で、このことをとりあげて強く抗議している。

「フランス共産党の機関紙ユマニテは、フランス人のアフリカへの無着陸飛行やボクサーが世界一になったことなどは詳細に報じる。がその植民地（ベトナム、アルジェリア等）で労働者や民衆がどれだけひどく搾取収奪され、人権が全く無視されて弾圧投獄がくりかえされていることに全く無関心である。

そこで提案する。ユマニテは、（一）少なくとも毎週定期的に植民地問題を扱った二つのコラムを設けること……（五）党員に、植民地問題にたいしてもっと注意をむけるような仕事をあたえること」

そしてホー・チ・ミンの結論は「本国と植民地の大衆を打って一丸とした統一戦線が一個の現実となった」ようになることを希望したのである。

が、その夢はその後も一顧だにされなかった。

ベトナムにおける日本軍国主義の敗北と撤退に際して、再びフランス軍が占領した時の一九四六年一二月、「インドシナ駐留のフランス兵に対して、フランスの啓蒙的・平和的存在を極東において維持しているその努力への、心からなる共鳴と敬意を表する」国会決議に、フランス共産党は「挙国一致の愛国決議」として賛成したのであった。

さらに一九六〇年代のアルジェリア革命――独立運動に対して、サルトルらは連帯したが、共産党はフランス帝国主義の弾圧側を支持したのである。

＊――人権は「文明人」だけのものか――「文明と野蛮」

かつて日清戦争は、日本＝文明、清国＝野蛮、の戦争とされ、勝海舟は反対したが、福沢諭吉らは「文明の勝利」のために大声援し、巨額のカンパを行った。

いま外国人労働者はその第三世界＝野蛮という延長線上にとらえられている。「コンマ以下の人間」「教育のない、汚れ仕事しかできない低開発国の未開人」……。だから「人間並みの労働、住宅、医療、人権」の対象外なのである。

ＥＵの西欧諸国は、第三世界へのある反省のうえに社会党、社民党や労働組合の長年の闘いでかなり改善されてきた。私が一九九五年にドイツ、イギリス、スウェーデンの労働者組織を講演で歩いた時に、泊めてもらった家はほとんど自国の革命を闘った亡命イラン人、クルド人であったが、公共住宅（三人なら３ＤＫ、八人なら６ＤＫなど）が無料で入居でき、言語習得の二年間は最低賃金が支給されていた。命からがら国境をこえたのでパスポートはなくとも、先輩の「この人は政治亡命者」という口頭保証のみで入国し、入居できていた。

ベルリンでは一人で一三〇人の保証人となっていた亡命者のかなり広い住居に泊めてもらった。

＊――〝労働運動に関係ない〟――驚くべき労働運動観

わが日本ではどうか。

渡辺宏は、数年前に怒りをおさえてはいたが絶望に似た驚きを私に語った。

彼は外国人労働者へのビラ入れのために、自費で紙を購入し、出身の国労沼津支部の印刷機を借りて刷っていた。

とある時、ずっと若い後輩がいった。

「渡辺さん、労働運動に関係のないものは、組合のものを使わないでくんな」

聞いた私にとっても大ショックであった。

レーニンはかって強調した。

「われわれがひきつづき社会主義者でありたければ、もっと下層に、もっと深く、真の大衆のところに入っていくことが、われわれの義務である。これこそ、日和見主義との闘争の全意義であり、この闘争の全容である」（「帝国主義と社会主義の分裂」）

＊――インターナショナルの思想と精神

日共党員＝革同の多くはいまや〝日和見主義〟になったのか？

インターナショナルの精神はどこに行ったのか？

外国人労働者は、戦前の在日朝鮮人労働者の今日版であり、まさに労働運動の最大課題の一つなのである。

もっともこの若い労働者が、一人で〝日和見主義〟になったわけではない。

信ずる国労革同＝とくに日本共産党の労働運動方針、それを律する思想と路線そのものに、この問題の本質が捉えられていないことこそ問題なのである。

日共のこの思想、路線、モラルを憂え批判する党員学者、研究者、知識人、運動者は少数ながら存在することは、革同の人もいることもふくめて承知しているし、交流もある。

「社会主義と労働運動」の根源的再建のためには、社民党や民主党の一部、無党派左翼の人々と共に、日共の新たな左への改革が大きな位置をしめている。横断左翼を念ずる私はそれを強く希望する。

渡辺宏は、一九六四年時に党を離れても、その民主主義・社会主義思想と精神は、生涯貫かれたが、その結実の一つが外国人労働者問題であった。労働者階級の一員として人間としての良心が必然的にゆきついた地平であった。

＊――労働運動に取り組みだしたカトリック

外国人労働者問題は、日本カトリックが大きな寄与をしてきた。

浜尾文郎神父（九八年に東アジアからはじめて選ばれた大司教）は、九六年九月にカサ・デ・アミーゴスに立ち寄り交流した。そして九七年一一月には法務大臣にあって「留置所や拘置所などにおける滞日外国人への対応・処遇改善」要望書を送った。

私は一九八〇年代はじめに、西日本のカトリック神父とシスター有志に呼ばれて姫路の教会で、日本労働運動の歴史と現状について講演した。

東日本でもやってほしいといわれて講演したが、東京日野の教会でフランス人、イタリア人もふくめた三十数人の神父、シスターが熱心に参加した。

それを契機にカトリック青年労働者同盟（ＪＯＣ）が生まれ、私が中心だった労働情報（かって高野実主宰のものを復活）が一九七七～八六年に毎年大阪で開いた全国労働者討論集会（約千五百人）に、神父さんらが数年間参加した。

＊――カトリック教団の活躍とスラム

日本の〝渡り鳥企業〟は、一九九〇年頃に社会問題となった。一九八一年時で日本の賃金を一〇〇とすると台湾は二九、韓国二五、シンガポール二〇、香港一九であり、フィリピンやインドネシアはさらにずっと低かった。

その低賃金、長時間労働、労組禁止の無権利状態を利用して日本企業が大挙進出しはじめた。スミダ電機が典型例とされた。葛飾区の本社工場は二〇〇人くらいの中小企業だが、韓国スミダは四五〇人で一八年間操業し、資本金が一〇倍になるくらい儲けていた。が、「私たちは機械ではない、人間なのだ」と叫んで労組ができるや突然企業を閉鎖し、退職金も払わずにより安い中国に移転する。その後は数千人規模へと拡大した。それに抗議した「海峡をこえた争議」が一九八九年一一月に始まり、二〇六日間にわたって東京で闘った。結果は、スミダ本社が「不当解雇の非を認め謝罪したうえで、未払い賃金や退職金ならびに雇用対策・生存権対策資金を労組に支払う」という合意書をもって労組が勝利した（当時の町田教会・大倉一美神父『海を越える労使紛争――問われる日本企業の海外進出』日本評論社、一九九二年）。

カトリック町田教会は、この争議中に来日した代表団の宿泊所となり、「進出企業問題を考える会」や全労協系労組とスクラムを組んで強く支援した。が、日共・全労連系は動かなかった。

渡辺宏らのカサ・デ・アミーゴスは、韓国スミダ労組妥結の直後に生まれた。外国人労働者問題に取り組んだ全国で最も早い一つであり、ここでもカトリックの支援はめざましかった。渡辺がカトリックに強い親近感を示したのは、出身母体の国労や日共・全労連系への絶望感の結果でもあった。同じ東アジアの〝ベトナム革命の父〟ホー・チ・ミンの思想・道徳・作風は、形式上の兄弟党日共より少数派の渡辺宏らによって継承され実践されたのであった。

渡辺のこの仕事は、沼津革同の良心としての闘いや、市会議員として取り組んだ柿田川の水環境問題、障害者との共生の具体化（片浜駅、私立病院のスロープ設置など）等と共に、大正時代以来の沼津市の労働運動、社会・市民運動の歴史に刻印された輝く一頁であり、沼津の誇るべき運動遺産である。

【『追悼・渡辺宏』二〇〇五年】

右島一朗

左翼世界に輝いた革命的ジャーナリスト

まことに惜しい革命家、革命的ジャーナリストを失った。右島一朗の死は、日本革命的共産主義者同盟（ＪＲＣＬ・以下第四インターと略）にとっての大きな損失であるだけでなく、日本の社会政治革命と社会運動にとっても打撃であった。

右島は実によく働いた。

七〇年代半ば頃からのさまざまな闘争の集会、デモには、カメラをもって歩きまわる姿が必ずあった。週刊の機関紙『世界革命』――『かけはし』には、毎号の様に「高島義一」と末尾に署名してある論文がのった。右島編集長は、取材記者であり、平井と共同論説主幹的役割もにない、そしてカメラマンでもあった。一人四役である。私も『季刊労働運動』、月二回刊の『労働情報』の二つの編集長をやったことがある。（一九七五〜八五年）もうじき六〇年近くになる革命運動、労働・社会運動で多くの機関紙誌を読み、革命的ジャーナリストと身近かに接してきた。

彼は七〇年代半ば頃に『世界革命』編集部に入って以来約三〇年間、一般労働者なみの有給休暇やまとまった休みは、ほとんどなかったのではないのか。「三六五日の階級闘争」である。

その息ぬき、心身のリフレッシュが絵に親しみ、モーツアルトを聞き、夏冬の登山（それで生命を失った）だったろう。

革命運動と革命党員は「報われることを期待することのない献身と努力」と、獄中一八年を闘った徳田球一（戦後日本共産党書記長・四五年〜五三年）は言った。彼は思想と路線上の誤りも大きかったが、反権力反体制の革命家魂は熱烈であった。

地を這うような危機下に新左翼系党派専従者の多くは、まさにこういう心情で犠牲的精神をいとわず忍耐と努力でこつこつと石を積んできた。

右島一朗はその典型人でもあった。

右島は、学生（運動）卒業いらい、一貫して党専従者として機関紙活動にたずさわった。いまは死語的になっているが、職業的革命家（職革）である。

右島一朗をよく知るためには、彼がその旗の下で三〇年ちかく専従者――職業的革命家として疾走し、「人生をあずけた」第四インター日本支部（第四インターと略称）の果たしてきた役割と前衛的機能を客観的に見、評価することを必要とする。「私観第四インター論」をあえてのべたい。

私は労働運動の実践が長かったので、一〇党派くらいの泊りこみ合宿、講演会、集会等によばれ、各派の実勢と幹部、雰囲気、動向等がよくわかった。

当時と今ではずいぶん消長がちがうが、今も頑張る党派は、各々の特徴とある「良さ」はある。その中で第四インターには、きわだった傾向性があった。
（一）統一戦線に対する誠心誠意さと「縁の下の力持ち」をいとわない隠れた「徳」である。（二）ほとんどの党派が「しりごみ」する財政負担、しかも負け戦《いくさ》の気の重い借金を、すすんで背負う党の作風である。そしてそれを自己宣伝しない、という謙虚さである。（三）〝内ゲバ〟は中核派と革マル派が約三〇年間にわたって〝死闘〟し、殺傷しあったが、他の党派間、党派内でもそれは流行魔の如く吹き荒れた。その中で〝内ゲバ〟を公然と批判し反対した唯一の党派であった。特筆に値する実績である。
右島編集長は、先にあげた第四インターの秀れた〝良さ〟を継承し、身につけていた。

思いかえせば、私と第四インターとの交流、〝つきあい〟は、三七年間になる。

そして〝冬〟が〝厳冬〟となった八〇年代後半から昨今まで、『世界革命』――『かけはし』の機関紙上で私も協力し、長い連載も二回あった。

第一回は、一九九五年に私が欧州の三か国（ドイツ、イギリス、スウェーデン）を約二ヶ月半にわたって講演して歩いた記録である。二回めの連載は、増山太助の『戦後期左翼人士群像』の書評であった。彼はこの時もまた自宅にたずねてきた。

普通の電話依頼なら一回の書評で終わったろう。が、彼の話に「のせられて」長い連載となった。

週刊『かけはし』二〇〇〇年一〇月二三日号～一二月四日号で、「日本初の革命運動列伝――増山太助の戦後期左翼人士群像」である。

ちょうど食道ガンにかかり、一七時間の大手術の前日まで、病院の大部屋で書いた。

それは書評というより、私のオリジナルな「革命家群像」みたいなものであり、伊藤律スパイ説の根本的誤まり、宮本顕治の（野坂、袴田共犯）人格抹殺への批判が、手術前日の執筆であった。

この連載が、香港トロツキストの目にとまり、その感想が機関誌にのった、と右島一朗が送ってくれた。

この二つの連載は右島編集長の問題意識と熱意なくては生まれなかったであろう。意気に感じた私は、私流革命仁義としてすき焼きをつくり、ありあわせのバナナなどをもっていってもらった。

膨大な右島論文を通読してみると（全部読むだけでかなりのエネルギーが必要）、どれにも共通した特徴がある。

（一）いつ、どこで、何が、どうおこったか、誰がやったのか、という事実を確かめそれをもとに分析するジャーナリズムの基本の日時、数字などをよく調べてある。

（二）その課題、テーマにそった歴史とその発展をあとづけて今にいたっている。過去と現在そして未来の展望が一体である。

（三）分析――批判する原理原則は、資本主義・帝国主義批判であり、左翼性――「反資本主義左翼」の堅持である。

（四）そのテーマの関係資料、書籍、論文のかなりのものを読み、理解し、問題整理に役立てている。

他の仕事にも共通しているが、新聞記者は、その仕事に誇りをもっている人は昔からかなりいた。各専門分野に精通しているが、いくつもの分野をたばね、あるいは総合的にとらえ分析し論評できる記者は数少ない。

「大朝日」や日経等は昨今「エッセイスト」として論評を書き、それがその新聞の「顔」であり代表的分析、解説となっている。

朝日でいえば、論説主幹の若宮啓文や国際問題の船橋洋一、政治・人間を一味ちがって描く早野透らである。彼らは時間と社費でかなり調査をやり、書く本数もそう多くない。

右島の扱った分野はとにかく多い。しかも短い「主張」とちがって「かけはし」の二頁くらいの長さで中味も重く、ちょっとすらすら書きなぐる、というような手軽のものではない。

〔編集部註〕この後、樋口さんは、エコロジー問題、社会的労働運動論、熱帯林破壊、発展しすぎた世界、女性の奮闘、資本に共犯者となった労組、反原発闘争、労働過程の変容と労働者意識、トロツキー・マンデル万能論をこえて——などの項目を上げて、右島編集長が執筆した論文と自己の見解を重ねた長大なコメントをしたためている。

長びく左翼、労働運動の〝冬の時代〟のなかで、危機的事態を一歩でも切り拓こうと奮闘しつづけた右島一朗に、改めて心から敬意を表し、感謝の気持ちをつたえたい。

良く頑張った。安らかに眠れ！

【「左翼世界に輝いた革命的ジャーナリストの足跡／右島一朗著作集によせて」『右島一朗著作集』二〇〇五年】

前野　良

日本社会主義思想と運動を発展させたもの

私は前野さんより一五歳若く、いま七九歳。戦後一九四七年から、当時は民主革命といわれた革命運動・労働運動で闘ってきました。そのなかで前野さんを知り、思想、理論、そして人間の生き方で多くのことを学びました。

前野さんといえば、日本の誇るべき革命思想家として、同時に原水禁運動や日朝・日韓連帯の実践で大きな仕事をやり、歴史にその名を刻印してきたと思う。

最近、日本共産党で書記長、委員長、議長として四〇余年にわたって君臨した宮本顕治が亡くなったが、前野さんは、その宮本路線と根源的、原則的に対立し、労働者、民衆に依拠して強烈な思想政治闘争をおこなった中心の一人であり、私にとっては尊敬すべき先輩「前野同志」であった。以下、前野良と呼びたい。

宮本原水協路線は「社会主義の核実験は必要で正しい」と公言し、中国の核実験成功の時は中央委員会は満場立ち上がって万歳を唱えたといわれる。

前野良は原水禁と共にいかなる核実験にも反対した。

宮本国際路線は、「自主独立」を理由にルーマニアのチャウシェスク大統領と三回も会談し、最も親しい盟友であったが、そのチャウシェスク夫妻は一九八九年の市民革命で銃殺された。

前野良はポーランド連帯運動の左派、クーロン、ミフニクらと親交を深め、フランス自主管理社会主義運動と交流した。革命理論ではとくに、イタリアのアントニオ・グラムシを、一九六〇年はじめに石堂清倫と共に世界的にもいち早く紹介し、トリアッチとの違いなどを深く分析した。

前野良は、常に先駆的であり、創造的開拓者であったがゆえに、現実的には数多くの分野で少数派であり、異端であった。

一九五〇年に日本共産党が所感派（徳田、野坂、志田ら）と国際派（宮本、春日、志賀ら）に二大分裂して激しく対立抗争したときは、そのどちらにも批判的で、統一回復をめざした。そのため、渡部義通（歴史学、代議士）らと共に「中道派分派」として双方から白眼視され、「最も悪質」とたたかれた人でもあった。日本共産党の七、八回大会の綱領論争時にも独自の立場をとっていた。

私が前野良に最初に出会ったのは、六〇年安保闘争の高揚期にかけて、当時私が所属していた川崎市の全国金属労組（一〇〇〇人）の大会で、反安保の講師として講演してもらった時である。

一九六五年から二年余の「共産主義者の総結集運動」は、志賀委員長のソ連一辺倒に対し多くが批判的だったが、徹底的に論争を挑んで妥協しなかったのが、前野良（ソ連主導の八一ヶ国声明路線反対）と春日庄次郎（党内民主主義）であり、われわれ労組グループはそれを大綱的に支持した。

それらの過程で人間的信頼感を深め、本州大学（その後の長野大学）で学監として多くの教員を集めた頃、フランス研究の海原峻教授と共に松本市の別所温泉に一夜招待してくれて、マツタケをふんだんに食べ、呑んだ。

その頃に、前野良の生き方を同じ大学にいた経済学・中村丈夫などからいろいろ聞いた。本人はほとんど語らなかったが、前野良の先祖は、幕末の名医として歴史に残る前野良沢である。

その伝統的家柄から若くして学問的素養を豊かに身につけて成長したが、九州大学を選んだのは当時ただ一人のマルクス主義政治学者、今中次磨（一八九三年生まれ）が法文学部教授でいたからであった。

一九三一年の一五年戦争の発端となった満州事変に今中は果敢に反対し、「軍部の非常識、無鉄砲そのものが、常に我が対支政策を裏から破壊しつつあるということに対して、国民はもっと憤慨しなければならない」と指摘した（「満州事変の責任」九大新聞、朝日新聞連載「新聞と戦争」二〇〇七年九月七日にて紹介）。

その頃、日本共産党の最高幹部の佐野学（早大教授）、鍋山貞親（組織の中心）ら獄中組が転向したのをはじめ、リベラルの学者、ジャーナリスト、朝日新聞等が一挙に右傾化した。そのさなかで、果敢な抵抗者だった今中を師として選んだのである。

前野良は一九四四年、一兵卒として動員され、四五年、広島で被爆者救援を行い、自らも被曝、その後遺症が生涯あったらしい。本人はほとんど語らなかったが。

戦後、彼は今中門下の俊才として九大政治学教授に招請された。だが「理論と実践の統一」に燃え、民主革命の中核とされた日本共産党本部――今では信じられないが、当時は知的道徳的総本山といわれた――で「職業革命家」として闘っていた彼は、国立大学教授の椅子をことわって革命一筋の道を選んだ。

だが現実は、低賃金に加えて遅配欠配の連続で、家族を食わせることもかなわなかった。そこで夫人が花売りをして生計を支えた。彼女は清楚でやさしそうな感じの女性で、前野良は生涯強く愛し、とても大事にしていた。晩年、彼より早く亡くなったときは、みるからに痛々しくみえた。

若い私が、前野良を生涯尊敬した最大のものは、学の深さもあるが、誰しもなりたがる「名門」大学教授のポストをけって革命運動に献身した生き方であり、姿勢であった。

一九八九年から九〇年にかけて、ソ連・東欧圏がなだれをうって大崩壊し、一般的には「社会主義の終焉」がいわれた時、私は社会主義政治経済研究所の事務局長をやってくれないかと前野良に言われ、即刻、引き受けた。もちろん無給の常任であった。それは「社会主義」に対する私の考え（労組と生協を両輪とした自主管理社会主義、協同社会論）もあったが、学問と人としての生き方の師たる前野良に頼まれたからであり、五年間、社政研の事務局長を務めた。

社会主義政治経済研究所（一九五七～二〇〇五年）は、二つのマルクス主義（共産党講座派系と社会党労農派系）とほかの社会主義の学者・研究者が一つにまとまった日本の戦前戦後を通じて唯一の組織で、在野では最大かつ最高の秀れた組織であった。

所長は小林良正、理事は大内兵衛、有沢広巳、今中次磨、上原専禄、主査は国際・都留重人、政治・前野良、経済・井汲卓一、労働・大河内一男、農業・近藤康男、財政・鈴木武雄、金融・渡辺佐平等、後年の実積をみてもまさに日本のトップクラスの学者が結集した。財政は松本七郎（社代議士、六〇年安保〝七人衆〟の一人）である。みごとな研究者の統一戦線であったが、それは渡部義通、井汲卓一らと共に前野良の力量のたまものであった。

私の前の事務局長は、高野実のブレーンだった高島喜久男である。私の在任中のレギュラーは、井汲卓一、中村丈夫、三戸信人（新産別）や松宮弘志（静大）、若手の桐谷仁（同）らで、福島要一（専大、社党安保論や護憲論の理論家）もよく出てこられた。

前野良の平和・原水禁運動は、吉田嘉清（原水協副理事長、八五年日共除名）、吉川勇一（平和委員会、べ平連事務局長、六四年同除名）が詳しい。

ポーランド「連帯」の研究は、社会主義政治経済研究所に同居したポーランド資料センターが中心だった。前野良が幹事の一人となり、水谷驍が事務局長を務めた。

前野良の仕事で私がすごいと思った最大の一つは、西欧世界のイタリア・グラムシやフランス労働者自主管理、そしてポーランド「連帯」等、世界史の水準を切り拓いた思想・政治等、明治以来のヨーロッパ学に精通し分析し紹介すると同時に、東アジアの韓国・朝鮮問題に熱心にとりくんだ――吉松牧師らとともに――ことである。

幕末維新革命期に活躍した先駆者達は「西洋の科学・技術と東洋の道徳」の統一をめざした。佐久間象山、勝海舟らである。しかし、日本のマルクス主義は、ロシア・西欧的解釈万能的となり、日本資本主義分析や綱領論でも長くそれにとらわれてきた。そしてアジアというと中国革命＝中国共産党一辺倒が長くつづいた。

西欧と共に朝鮮・韓国に連帯し、そして研究した人はごくわずかである。前野良がその一人であった。故小田実（作家、べ平連）は、「朝鮮問題は日本人をまっすぐにさせる」と言い続け、実践した。前野良の生涯は、まさにその通りで、今年の年賀状も韓国との連帯であり、それが「遺言」となった。

（附記）渡部義通『思想と学問の自伝』（河出書房新社、伊藤晃らヒアリンググループによる）のような「前野良自伝」があってもしかるべきだ。それにふさわしい人だとずっと思っていた。何人かの人に提案もし、自分で聞きとりをやりたいと思っていたが、ここ一〇年来ガンとの格闘で、身体がままならず、できていないことはかえすがえす残念である。本稿は「前野良先生を偲ぶ会」（二〇〇七年七月二五日）における発言に加筆したものである。

【『反骨の師　前野良を偲ぶ』二〇〇七年一一月、同実行委員、原題「労働運動家からみた前野良の足跡」】

労働生活をへて新左翼をのりこえた人生

望月　彰

その人が死んだあとで「しまった！　あれもこれも聞きたいことがあったのに」と悔いた人々が何人もいた。大先輩の高野実、神山茂夫、春日庄次郎、あるいは前野良や国分一太郎や、反原発ストを初めてうちぬいた清水英介（電産中国――少数派労組）など「惜しいことをした」と、何かにふれて今でもしばしば思う。

人生と運動で私は望月彰より一〇年「先輩」である。が、彼の方がいくつかの問題意識がもっと鮮明であり、感性のさえを感じたことがあり、この一〇年余に驚くことが重なった。

一九六〇年代末、彼がブンド・マルクス主義戦線派の中心幹部の一人であり、当時絶頂の反戦青年委員会（東京中央地区）世話人の頃に知りあった。同じ静岡県出身であり、静大・浅田光輝教授を共に知り、新左翼の中でマル戦派を相対的に評価しての頃である。が、当時はお互いに猛烈人間で己の仕事にあけくれていたので、ゆっくり話しあったことはなかった。七〇年代、闘争現場や諸会議で全く出会うことがなくなったので、「運動から足を洗った」と思っていた。

だが二〇数年後に「突然」のように一九九八年に家の光会館でコンサートをひらき「音楽家」として出てきた時には、本当にビックリした。戦後左翼で、林光や、いずみたくなどは、もともと音楽出身者であり、伝統をもつ日共・民青系からは多くの労働者や学生に愛唱された「かあさんの歌」の窪田聡、「原爆許すまじ」の木下航二、「民族独立行動隊」の岡田和夫らが生れた。新左翼系の芸術家、作家や音楽家はかなり活躍しているが職革（職業革命家）で作曲・演奏の音楽人は彼がおそらくただ一人、「唯一」者であろう。

第二に、長い付き合いのある柳田真（七〇年から）らのたんぽぽ舎の反原発運動に参加し、とくに9・30ＪＣＯ臨界被爆事故の糾明行動の牽引者であった。そして『告発！サイクル機構の〈四〇リットル均一化注文〉』（世界書院、〇四年一〇月）を出版して世に訴えた。

その後に彼とたんぽぽ舎で出会い話したら「その道の権威」とされてきた高木仁三郎とその理論をくわしく具体的に批判した時も驚いた。――私は不勉強でよくわからないが。

第三、マル戦派も主力の一つだった二回の一九六七年羽田闘争から六八年の相次ぐ闘争――エンタープライズ反対（一月）、三月の三里塚闘争、六月と一〇月の新宿の米軍タンク車輸送阻止闘争、米軍のベトナム戦の王子野戦病院反対闘争、全共闘の全国に燃えひろがった大学闘争等は、社会の広汎な人々、学生と知識人、労働者、市民に新たな主体登場として歓呼して迎えられた。が、相次ぐ内ゲバで信頼は一挙になくなった。望月は「六〇年代の総括」（〇九年一月八日付手紙）でいう。

彼自身同じブンドから三度拉致され「三回めは半死半生の状態となった」のち、ブンドも四分五裂となり、赤軍派が生まれ、連合赤軍事件で、新左翼は社会から見捨てられた。革マル・中核の内ゲバの激化もおなじ効果を意味した。

望月は、内ゲバの歴史的根源を、一七八九年フランス大革命とロベスピエールのジャコバン独裁に求め、それを支持したマルクスとパリコミューンの総括をへてレーニンのプロレタリア独裁→スターリン独裁の歴史に繋がっていくという歴史的系譜でその根深さを問題提起したのは彼がはじめてではないか。「内ゲバの総括とは、この理論の否定なしにはただのオベンチャラである」（手紙）。

半死半生の仕打ちをうけたとは大げさないい方でなく、当時の状況と彼の性格と生き方からいって本当であろう。そしてその加害者たちを許した上での総括であるだけに重い貴重な総括と問いかけである。

第四に、望月論文・手紙には「モラル」がたいへん強調され、くりかえし出てくる。こういう人はごくわずかである。私も一九七〇年頃から同様の問題意識をもち、〇八年に『社会運動の仁義・道徳』（同時代社）を出したばかりなので強く共感する。日本左翼（伝統的および新左翼）では、すぐれた道徳人は〝殉教者〟として戦前、戦後のはじめにかなりいた。が、「党」指導者と党中心史観においては皆無に近く、哲学者では梅本克己、労働運動者では高野実くらいであった。

望月モラル論は、倫理道徳の対極であるウソをつくことをきびしく糾弾する。

現代日本は（世界の「有力先進国」の多くも）政府、官僚、学者、マスコミ等々が腐敗し「日本の世論が、驚くべきモラル崩壊状態に誘導されている」（「問われる核実験否定の思想――地震と原発を考える」〇八年六月の手紙)。さらに「技術とモラルの問題」(〇八年四月二一日付手紙)から一歩すすんで「労働者のモラルは問われなくて良いのか——東海村臨界事故八周年に際し訴える」では、自らの長い現場体験を背景に、労組と各党系列をきびしく批判した。

「組合内には、〇〇党系、△△党系、××党系、『原発賛成論』が横行していたのであります。即ち『放射性物質は非放射性物質に転換する技術がかならず開発される』から心配ないというイデオロギーであります。勿論、本心は売れるものなら兵器であろうと何であろうと造ればいい、ということです。イデオロギーは本音を隠すイチジグの葉であります」(「祈りの歌を創ろう祈りの歌を歌おう」二〇〇〇年四月手紙)。

望月彰の七〇年の人生・運動は、大きくは三つに分かれている。

第一の時期は一五歳から三二歳まで。一九五四年～一九七二年の一八年間。静岡高校→静大工学部中退。学芸大退学処分。この間は日本共産党除名→共産主義同盟(一八歳)参加→ブンド崩壊→友人らとマルクス主義戦線結成(二五歳)→第二次ブンド結成、政治局員(六八年まで)、この間学生運動と反戦青年委員会に参加。

第二の時期は、三三歳から五八歳。一九七三年～一九九八年の二五年間。新日鉄系列の日鉄溶接工業(株)の労働現場へ。原子力関係の仕事をやり、同時に一八年間労組安全対策小委員(長)をつとめる。

第三の時期は、五九歳から七〇歳まで。一九九九年～二〇〇九年。たんぽぽ舎によって反原発運動、とくに東海村JCO臨界事故に対して、現場作業員への責任転嫁を許さない闘いの先頭に。同時期に音楽活動も佳境に入り、CD「私家版・望月彰作品集」(〇八年)、最後に力をふりしぼって「憲法九条を第九で歌う」編曲にとりくんだ。

死ぬ三ヶ月前の「二〇〇九年の手紙」（一／八）は彼の人生の到達点と問題意識が、そっくりでている。それは「癌治療とは人体実験」からはじまっている。それもかなりくわしい。――私も九年前に食道癌で一七時間の手術→五年後転移、放射線・抗癌剤→この六月その転移癌がひろがり、他に前立腺癌（一月）などをくり返した。

お互いに共通した食道癌だが、彼の方がずっと癌について調べ勉強している。

最後の手紙は、癌の次に、こんな事が記されている。

（1）日本人は憲法九条「戦争の放棄」を歌おう

（2）東海村臨界事故十周年に向けて

（3）六〇年代の総括

（4）史的唯物論かモラルの歴史観か（岩田理論とマルクス主義）

（5）命を奪う原発反対！

死ぬ直前というのに精神力、気力は充実している。運動総括とマルクス・レーニン主義総括も、その視点と歴史観は広く、あらけずりだが多くのかつての同志たちがあまりいわないことを、大胆に提起している。

私にとってもその総括の多くや反原発論は共通する。音楽についても賛成だ。彼ととくにつっこんで話したかったのは（4）の「史的唯物論かモラルの歴史観か」についてである。

倫理道徳について、私にとってマルクスやレーニンの体系になぜそれがないのかという問題は長年の疑問であった。道徳はアジアの革命家、ベトナムのホー・チミンや中国の劉小奇、郭沫若らの仁義道徳、キューバのカストロは愛と誠実のモラルなどをかなり展開した。西欧ではグラムシの知的道徳的へゲモニーがぬきんでているが、長い獄中の囚われの身なのでくわしい展開はできなかった。

史的唯物論の主流ではこれらの問題は重視されなかったが（アナーキスト・クロポトキンを代表にこの潮流の方が西欧マルクス主義の視点から展開した）、第三インター系では右記の革命家達は重視し、フィデル・カストロは盟友チェ・ゲバラを「道徳の巨人」とまで評価した。

これらのモラルと望月の「労働者と経営者」についての公式論の問いなおしは――二五年の現場で体感したのであろう――、法政大の大原社会問題研究所（倉紡の大原社長がつくり、マルクス主義社会科学研究で多大の業績をのこし今も健在）や渋沢敬三（栄一の孫、大蔵大臣や日銀総裁を歴任）による日本常民研究所の評価ともつらなっている。

渋沢敬三は、当人も民俗学者として幾多の業績をのこし、門下には宮本常一という大学者をうみ、また戦後マルクス主義歴史学を根本的に一新し日本史を――アイヌ・琉球史と共に――作りかえた網野善彦らも、そこで研究者となり、二人ともに渋沢を深く尊敬している。

惜しい人物を七〇歳という「若さ」で失ったのは残念だった。だがその思想と運動とモラル、音楽は理論や政治をこえて、次の世代にひきつがれ、遺産として残るであろう。

【「鋭い感性と大胆な問題提起／職革⇒労働生活をへて新左翼をのりこえた人生」
『望月彰遺稿集』二〇〇九年九月五日】

第三章

樋口篤三
評伝と
解説

証言　樋口篤三を体験して

戸塚秀夫

はじめに

戦後日本の労働・社会運動に身を投じて六〇年余。想像を絶する貧しさにも負けず、また度々の重病にも屈することなく、息をひきとるまで反戦平和、労働者の国際連帯など、社会変革の夢を追い続けた「職業革命家」、それが樋口さんであった。この人の足跡を辿るなかで、戦後日本の労働・社会運動の実態が、とりわけ「左翼」内部の実態、その正負の両側面が見えてくるように思う。

幸いにして彼は、運動家としては稀有な文章家でもあった。すでに刊行された諸著作だけでなく、ここに収録される文章の検討をとおして、樋口さんについての本格的な「評伝」が現れることを期待している。すでに老境に達した私にその仕事は無理だとは思うが、長い間にわたって付き合っていただいた者として、私の忘れがたい樋口体験だけは書きとめておきたい。それらはすべて、労働運動についての私の調査過程でのことなので、多少私事にわたることをお許し願いたい。調査研究を職業とする者と運動に専念する者とのあるべき関係を模索している方々に、一つの「教材」となりうるかもしれないと思って証言することにした。

一❖「新左翼調査」のなかで

はじめて樋口さんに会って話を伺ったのは、一九六九年一一月二六日のことである。東大社会科学研究所に着任して間もなく「東大紛争」に遭遇した私は、大学当局による警官隊の導入によって「紛争」がひとまず収拾にむかうなかで、大学のキャンパスに登場して激しい主張と行動をくり返した「新左翼」諸党派とは何であるのか、それを調査のテーマにすることは出来ないか、と考え始めていた。労働問題を研究している友人達を誘って、(1)調査の対象や方法についての議論を始めている模索の段階であったが、学生時代の旧友安東仁兵衛氏の紹介で現れた樋口さんは、私達の関心を一通り訊いただけで、実に率直に当時の「反戦派労働運動」の実情を説明してくれた。(2)

「一応、共労党の役員で東京スト実共闘の代表をやっている」というのが樋口さんの自己紹介であったが、社会党・総評主導の「格好だけつけている」動きや「党勢拡大と選挙対策」に傾倒している共産党の動きに対して、実力で「決戦」を挑もうとしている「反戦派」労働者達の側でも戦略や戦術での意志統一があるわけではなく、山猫ストライキを拡大していける情勢にはない。労働組合運動の「右傾化」は一段と進行しているが、これに反発する勢力の足並みも揃っていない。組合の枠外での軍事的な決起を追求している赤軍派やその同調者達、組合内部での左派勢力の結集を追求している勢力、組合指導部の統制をのりこえる山猫ストライキの組織化を目指している勢力などがあり、自分はその第三の動きに関わっているが、その動きもまだ微弱なものである、というのが樋口さんの説明の要点であった。「面接調査」のつもりで設定した会合であったが、現状をどう位置づけたらよいか、どんな展望がありうるか、といったことについて意見を交換するような懇談会になった。(3)

全共闘から糾弾の対象にされてきた東大の教員たちが前面にでる面接である。多少の非難は覚悟して臨んだのであるが、樋口さんはそれらしき態度をまったく見せなかった。あとから分かったことだが、彼がリーダーであった共労党自体が分裂する時期に当たっていた。むしろ、自分たちの運動をどう位置づけたらよいか、これからどう進んでいったらよいか、と考えておられたのであろうか。七〇年代は「二〇世紀の四度目の革命的時期になるのではないか」という期待を口走ってはいたが、現状はその「とば口」でしかない、という醒めた認識を述べていた。おそらくグラムシを意識してのことだろうが、自分は「政治・社会同時革命」をめざす、それをになえる党の形成を追求したい、ということであった。調査への助言を求めたのに対して、「東大教授の肩書」が障害になるかもしれないが、あなた達の研究は重要だと思うから是非とも頑張ってください、と協力を約束してくれた。反戦派の労働運動全般を知る上では「抜群のオルグ」中核派の陶山健一氏が役に立つはずだ、大阪中電の「マッセンスト」の実態を知る上ではブントの松本礼二氏が重要だ、というようなガイダンスをいただいた。

樋口さんは、自分と異なる党派のリーダーへの接近を強く勧めたのである。全く偉ぶらず、セクト臭も感じさせない人柄に親しみを感じたことを覚えている。猪俣津南雄の「横断左翼論」は、党派の分裂と対立の渦中にあった樋口さんにとっては極めて適切な提言と受け止められたに相違ない。同じ方向をめざしているのであれば連携するのは当然だ、というのが彼の確信になっていたように思う。

私達の調査報告書(4)が上梓されたあとに樋口さんからどんなコメントをいただいたか、残念ながら覚えていない。たびたび、この調査にふれている彼の文章を読んだ記憶はあるが。

（1）やがて「ニューレフト研究会」と自称するこの調査チームは、中西洋、兵藤釗、山本潔の諸氏と私で構成されていた。中西、兵藤の両氏は東大の同僚、山本氏は当時法政大学の教員であった。
（2）この面接は、陶山健一『反戦派労働運動』（亜紀書房、一九六九年）が出版された直後に行われた。
（3）樋口さんとの「懇談会」から得た刺激は、その年の正月休みに書き上げた拙稿「山猫ストライキと労働組合運動――山猫ストライキの意味するもの」（『現代の理論』一九七〇年二月号）に生かされていたはずである。
（4）戸塚・中西・兵藤・山本共著『日本における「新左翼」の労働運動（上、下）』（東大出版会、一九七六年）

二❖「倒産反対争議調査」とその後

その後数年間は、樋口さんと会った記憶はない。はっきりと覚えているのは、七〇年代後半の二つの場面である。一つは、中小企業の倒産反対争議の現場での樋口さんとの再会。私は一九七三年に初めて二ヶ月ほどイギリスにでかけたが、そこで強烈な印象をもったのは労働党の左傾化と労働運動の戦闘性の高まりであった。とりわけ、合理化攻撃に対して職場、工場の占拠で対抗する闘いが広がっていることに強い印象をうけた。私が訪ねた労働者統制協会（The Institute for Workers' Control）の中心にいた実践的な研究者達は、倒産企業の職場を占拠して自主生産を追求している労働者達への熱い思いを語っていた。(5)

その話をきいた墨田区在住の時計屋の伊藤博君―私が勤めていた定時制高校の卒業生―が「日本で

も似たようなことが起こっている」と案内してくれたのが、全国金属傘下の下町の印刷機械メーカー、浜田精機鉄工所組合の争議現場であった。そこから、芋づるのように、七〇年代に始まっていた中小企業の工場占拠・自主生産に取り組んでいる諸組合を訪ねることになった。墨田機械、ペトリカメラ、パラマウント製靴の自主生産争議の現場である。樋口さんとの再会はそこで実現した。明らかに「新しい質」の運動が始まっているのではないか、それは何か、それは如何なる意味を持ちうるのか。私は研究者として、樋口さんはオルグとして、かなり深い意見交換をしたことを覚えている。(6)

いま一つは、樋口さんが第三期『労働情報』の編集人になった直後、一九七七年のことである。丁度そのころ、労働組合運動の危機に面して、職場闘争を再建して新しい社会を追求する動きに研究者としても協力しよう、という研究者たちの運動が具体化していた。それが「階級的労働運動の模索」を旗印に結集した「労働運動研究者集団」（以下、「集団」と略す）である。法律、経済、社会、歴史など専攻分野の異なる研究者たち数十人がこれに参加したのであるが、樋口さんはこの動きに注目してくれた。(7)私と兵藤氏が事務局役を引き受けたこともあって、彼の『労働情報』にかける思いを聞きながら意見交換の場をもったことを思い出す。その直後に出版された彼の著書『右翼「労戦統一」反対』（柘植書房、一九八一年）には「階級的労働運動の構築をめざして」という副題がついていた。「集団」と同じ方向をめざしていることを明示したのであった。

ただ、差異は明確であった。樋口さんの本には、運動のオルグとしての激烈なアジテーションが込められており、とりわけ活動家の倫理に訴えようとする文章が目立っていた。これにたいして「集団」の諸論文は、大部分、組合運動の活動家がぶつかっている問題についての研究者たちの考察を提供する、というスタンスで書かれていた。さらにいま一つ、樋口さんの本には、労働者の国際連帯、とりわけ日韓労働者の国際連帯をよびかける文章が加えられていたが、「集団」がその領域に手堅い論文を提供する力はなかった。彼は東大社研の労働調査、とりわけ労働争議に関する仕事に関心をもってはいたが、もっと視野の広い仕事、労働運動全体を見渡せる仕事ができないものか、と考えていたに相違ない。「集団」にも期待はしていたが、結局、十分には満足できなかった、ということだったのであろう。

私自身の反省を込めていうのだが、「集団」は「社会主義は可能か?」など、当面する重要課題についてのシンポジュームを組織して研究者相互の交流をはかっていたが、「集団」が共同で新しい研究の開拓にのりだすという態勢はとれなかった。その余裕はなかったというべきか、大多数のものは、自分の本業とする研究・教育に専念していたのである。わずかに、数名が全金南大阪の倒産反対争議を支援する意図もこめて、当該地域の労働者、活動家たちの「日常性」にたちいる調査に乗り出した程度である。(8)「集団」の活動をどう総括するか、なお問題は残されているように思う。

(5) 私のIWCとの出会いについては、帰国直後に執筆したレポートがある。拙稿「イギリスにおける労働者統制運動」川上忠雄・佐藤浩一編『工場闘争と労働者管理』(社会評論社、一九七五年)

(6) その意見交換は、拙稿「企業倒産と中小企業労働運動—倒産反対争議に見る新しい動向」(『月刊労働問題』一九七八年四月号)に反映しているはずである。とりわけ、拙著『労働運動の針路』(東大出版会、一九八二年)に収録されている「補　倒産争議の調査をとおして」という文章には、樋口さんはじめ、現場のオルグたちとの意見交換が生かされていると思う。

なお、学術論文としては、戸塚秀夫・井上雅雄共同執筆「中小企業の労働争議」(労使関係調査会編『転換期における労使関係の実態』東大出版会、一九八一年）、井上雅雄『日本の労働者管理』（東大出版会、一九九一年）、Christena L. Turner, "Japanese Workers in Protest" (University of California Press, 1995) などがある。井上氏とターナー女史は同じ頃、同じ対象に興味をもって事例調査を始めたのであるが、日米の若い研究者の接近方法、注目点がこれほど違うのか、と意識させる面白い文献であった。

（7）雑誌『月刊労働問題』の編集長渡辺勉氏は、「集団」の活動に注目して、毎号かなりの紙面を提供してくださった。当時は約七千部が発行されている雑誌だと聞いていた。

（8）全金南大阪の調査に参加したのは、喜安朗氏の提起に応えた川上忠雄、佐野稔、藤本和貴夫、増田寿男の諸教授と大学院生であった平井陽一氏であった。

三❖「イギリス労働運動調査」と協同社会研究会

その後樋口さんと話し合ったのが何時だったのか、実はよく思い出せない。おそらく文部省科学研究費による海外学術調査、イギリス自動車・鉄鋼業の工場調査の準備に忙殺されていたのであろう。その調査は一九七八年、七九年に実施されたが、そのあと八〇年三月から八一年九月にかけて文部省在外研究の機会を与えられたので、日本から離れている時期が長かったこともあろう。八〇年代の前半は、七〇年代末に登場したサッチャー政権下のイギリス労働運動の敗北の過程、混迷のさまを固唾を呑んで追いかけることに熱中していた。中曽根政権のもとで強行された日本の行政改革、それが労働運動に及ぼす影響などについて、それを実態調査のテーマにする余裕は全くなかったのである。

さきにふれた学術調査の最終報告書の作成はかなり後のことになったが[9]、日本に戻ってきた直後、私は幾つかの集会でイギリス労働運動の現状についての報告を依頼された。当時の私が強調していたのは次の二点である。一つは、強いとされてきたイギリス労働組合運動も、サッチャー政権に支援された「タカ派」の経営者の攻撃にあって、運動主体の思想的な弱さを露呈しており、従来の運動思想の批判的な総括を迫られていること。いま一つは、その混迷を乗り越えようとする新たな運動論の模索が行われていること。運動としては、経営側の縮小合理化案に対して「社会的に有用な生産」を提起した大企業ルーカス・エアロスペースでの「労働者プラン」――「ルーカス・プラン」といわれていたが、その運動に注目したいということ。

雑誌『新地平』の主幹増山太助氏の強いお勧めに応じて、その報告を敷衍したのが一九八二年一月から八月にかけて同誌に掲載された「イギリス労働運動の現状」と題する長文の連載論文であった[10]。進行中の学術調査の結果と長期留学中の観察とを結びつけて、労働運動の活動家へのメッセージをこめて執筆したものであったが、真っ先に反応したのが樋口さんであった。その「ルーカス・プラン」の実態をもっと詳しく知りたい、というのであった。迫力のある質問であった。私が手元の文献や資料を読み込みながら、真剣に応答したことを覚えている。彼のこの関心は八〇年代後半から九〇年代にかけても持続していた。一体、それはどんな文脈での関心だったのか。

当時は読んでいなかったが、一九八〇年代末の論文で、樋口さんは次のように書いている。「私は、従来の「階級的労働運動」路線の発展的転換が必要と痛感していた。労働運動の戦略点を「職場生産点」のみでなく「地域社会」と両軸とすること、労働組合の活動領域を社会的にひろげる、そのためにも七〇年代に大いに発展した生協と結合すること……被差別部落、障害者、女性、……少数民族のアイヌや朝鮮、韓国など外国人労働者、アジア、第三世界との連帯……反火電・反原発を自らの課題として闘った石川県評や電産中国の闘いの普遍化……新たな労農同盟の模索等」「労働運動イコール労働組合ではなく、労働組合、生協等との総合と再生復活であるなどを「労働者宣言」（案）として活動家に討論をよびかけた。」だが「それは一方では支持をうけたが、……左翼のある政治グループからは、生協と労働運動の結合などという樋口は、労働運動をまったく知らない、あるいは誤ったものと揶揄された。」[11]

この部分は「労働運動の根本的転換」という小見出しのもとに記されている。つまり、樋口さんは、一九八二年にそれまでの「左翼常識」では不十分だという判断で「労働者綱領」の討論を呼びかけ、一九八五年には、「労働運動の根本的転換」を促す「試案」を発表していたということである。この過程を追体験して考えることが重要ではないか。この頃に樋口さんの運動論は明らかに変化している。そして、運動の陣形を変えようとしている。その変化を正確に理解し、その変化を促している契機、変化を可能にしている契機はなにかと問うことが必要ではないか、と考える。以下、そのために確かめたい二つの点を述べておく。

一つは、八〇年代前半に世界的に起こった組合運動の敗北と後退、それを樋口さんはどう受け止めたか、ということである。中曽根政権下の行政改革が強行される前に、イギリスではサッチャー政権に支持された「タカ派」経営者による組合運動への弾圧があった。当然「強かった」イギリスの労働運動はこれに反撃を繰り返した。その激突の頂点は石炭公社（ＮＣＢ）の大合理化計画をめぐる炭鉱ストライキであった。約一〇万人の組合員が一年間もストライキを続けるという、未曾有の激しい闘いが組織され、国際的にも大規模な支援活動がおこなわれた。私も学者仲間へのカンパの呼びかけに加わったが、樋口さんは当時設立されたばかりの「労研センター」の「初代事務局員」として、国鉄民営化反対と結びつけてイギリス炭労（NUM）支援のキャンペーンを組織した。八五年二月にはダービシャーNUMのリーダー、ジョン・バローズ氏を招いて東京周辺だけでなく、関西、九州にまでカンパの行脚をおこなった(12)。しかしNUMの合理化絶対反対闘争は惨敗に終わった。この闘いをどう総括したらよいのか。

八五年の夏に私は再度イギリスにでかけ、バローズ氏の案内でNUM本部役員や地域で支援に動いた人々の意見をきいたが、印象的であったのは、この争議をとおして自分たちは変わったと断言する炭鉱地域の女性たちの活気と、もはや「合理化絶対反対」だけではすまされないという、NUMの本部で感じた重苦しい雰囲気であった。「合理化絶対反対・経営参加反対だったスカーギル書記長も微妙な路線修正を始めているのかもしれない」という私の話に、樋口さんは興味を示していた(13)。本当はもっと議論を深めるべき点であったと思う。要するに、中曽根行政改革支持の世論が広がり、それに呼応する民間単産のリーダーたちの「民間先行」の戦線統一、「全民労協」の動きが活発化するなかで、樋口さんも「従来の左翼の常識」に寄りかかるだけでは済まされないという危機感を深めていった、といえないであろうか。イギリス炭労の大敗北もまた、樋口さんに「転換」をせまる契機であったのかもしれない。

同時にいま一つ、樋口さんには、労働運動の陣形を変えていくことは不可能ではないはずだ、という確信が生まれはじめていたように思う。一九八八年の座談会で彼は次のように発言している。「われわれは今まで職場・生産点で頑張ってきたのだが、地域・生活の領域での闘いが欠落していた」という反省から、「なんと言っても、職場生産点とともに市民社会・地域社会・地域の社会運動と結合しなければダメだという問題意識が強くあった。その当時首都圏の地域の運動で、一番元気がいいのが、生活クラブ生協であり、それがとりあえずのイメージで」「労働組合と生活協同組合との結合等を……（一九八二年から八三年頃に）いっていた。」「私は一九五〇年後半に川崎で、生協運動の経験があったのですが、当時と比べて隔世の感……昔の生協のイメージとは全くというくらい変わり発展している。……戦前から当時までは生活協同組合＝兵糧・兵たん部、補助部隊論であった。が、一九七〇年代を経て、八〇年代の生協はまったく異質なもの（ではないかと）感じて、これとの結合の重要性を強く思った[14]」

樋口さんが労働運動の「転換」を提唱した「第一の契機」はこれであったという。つまり、彼の提唱はその「転換」をになう主体についての具体的なイメージを伴うものであった。それは運動の現場の展開に注目し、そこから「未来」の芽を探すという調査なしには出来ないことである。ここに樋口さんのオルグ活動と調査活動の結びつきがあった、と考える。実際、この座談会で彼が整理した「第二の契機」は一九八四年頃に全日自労を母体にしてできた労働者協同組合に出かけて、「政治的党派的立場はちがっても……同じような思想と路線を追求している」と思ったこと[15]、「第三の契機」は「ルーカス・プラン」の中心者、マイク・クーリーの話をきいて「われわれが経験したことのない素晴らしい運動だなあと思った」こと、日本の倒産反対の争議団の自主生産が「社会的に有用な生産・労働」を目指して労働者生産協同組合に発展できれば「危機の頂点にある労働運動の一つの転回軸になるのではないか」と考えた」こと[16]、「第四の契機」は国際協同組合のレイドロウ報告（『西暦二〇〇〇年における協同組合』日本生活協同組合連合会発行、一九八〇年）を読んで「すごい衝撃を受けたこと」だと述べている[17]。生活者に有害なもの、社会的に不要なものは扱うなという生活協同組合の方針と、社会的に有用な物を生産するという「労働者プラン」は「一対になるのではないか」というのが彼の主張であった。

このように振り返ると、樋口さんが「ルーカス・プラン」に強い関心をもって、伊豆の陋屋にまで度々足を運んでこられたことの意味がよく理解できる。彼は一九九三年に「協同社会研究会」を立ち上げたが、その第四回研究会（七月一六日）で、私は樋口さんの依頼に応じて「ルーカス・プランとその後」について報告した。[18]樋口さんは一九八〇年代前半からの「労働運動の根本的転換」の夢を追い続けたのではないか、それが彼の自主管理的な社会主義論の核心になっていたのではないか、というのが私の解釈である。

考えてみれば、樋口さんの「労働運動の根本的転換」に向けてのこの提唱は、アメリカのAFL－CIO中央指導部の画期的な交代が実現した一九九五年のほぼ一〇年前のことである。改めて、アメリカでのリーダーシップの交代を推進した「ニューボイス」グループの主張と樋口さんの提唱とを見比べてみると、かなりの部分で重なっていたことが分かる。その顕著な類似性と同時に両者の間の微妙な差異について、厳密な議論が必要なのかもしれない。[19]

（9）戸塚秀夫・兵藤釗・菊池光造・石田光男共著『現代イギリスの労使関係―自動車・鉄鋼産業の事例研究―上、下』（東大出版会、一九八七年、一九八八年）
（10）前掲『労働運動の針路』のⅢに「労働運動の混迷と模索―イギリス」という題で収録されている。
（11）樋口篤三「労働者解放を求めて四十年――労働運動と生協運動」（『現代の理論』＊＊＊年＊＊＊月号）
（12）この支援カンパのキャンペーンで、学者たちは約百万円、「労研センター」は約六百万円を集めた。

それぞれ、わずか二週間でのことである。当時、総評がこれにのりだせる状況ではなかった。「労研センター」は、総評顧問から外された元総評議長の岩井章、市川誠、太田薫達が立ち上げた組織であった。

（13）拙稿「イギリス炭鉱ストライキの跡を訪ねて（上、中、下）」（東大出版会、『UP』一九八六年一月、二月、三月号）

（14）「労働組合と労働者生産協同組合―協同地域社会をめざして」というこの座談会には、石見尚（ルネッサンス研究所代表）、宇津木とも子（ワーカーズ・コレクティブ・ニンジン理事、大和市議会議員）、寺岡郁（水と石けんから暮らしを考える松戸市民の会代表）ほか数氏が出席して、刺激的な意見を述べている。（『明日を拓く』特別号、一九八八年一二月）

（15）全日自労の思想と運動を知る上で、中西五州『労働組合のロマン―苦悩する労働組合運動からのレポート』（労働旬報社、一九八六年）は必読文献であろう。

（16）先にふれた「イギリス労働運動の現状」報告に反応した全国組合は自治労であった。ヒラリ・ウェインライト、デイヴ・エリオット著、田窪雅文訳『ルーカス・プラン―「もう一つの社会」への労働者戦略』（緑風出版、一九八七年）が出版された直後に、自治労はクーリー氏を日本に招待した。数箇所で講演会や研究会がもたれたが、樋口さんは東大で開催された講演会に参加した。そこには「代替技術の追求」に関心のある若い研究者・技術者たちとともに、自主生産争議を継続している現場のリーダーたちが参加していた。「社会的に有用な生産」のアイディアを生かそうとする「ワーカーズコレクティブ調整センター」が発足したのは、その直後、一九八七年末である。その後の展開については、同センター編『労働者の対案戦略運動―社会的有用生産を求めて』（緑風出版、一九九五年）

を参照されたい。樋口さんはその本の最終章に、同センターの世話人として「労働組合・協同組合・社会主義―三位一体の新生と協同社会形成を―」と題する論文を執筆している。

(17) 当時の日本で「レイドロウ報告」が如何に注目されたかは、高橋芳郎・石見尚共編『協同社会の復権』(日本経済評論社、一九八五年)で知ることが出来る。

(18) その報告はブックレット『「協同社会」とは何か』(協同社会研究会編、一九九五年)に収められている。それは清水慎三、石見尚、樋口篤三諸氏の報告と一緒に編集されている。これも樋口さんの戦略的構想の表現であった。

(19) AFL－CIOの中央指導部の交代に注目して、私は三つの翻訳プロジェクトに関わった。①グレゴリー・マンツィオス編、戸塚秀夫監訳『新世紀の労働運動―アメリカの実験』(緑風出版、二〇〇一年)②ケント・ウオン編、戸塚秀夫・山崎精一監訳『アメリカ労働運動のニューボイス―立ち上がるマイノリティー、女性たち』(彩流社、二〇〇三年)③国際労働研究センター編著『社会運動ユニオニズム―アメリカの新しい労働運動』(緑風出版、二〇〇五年)など。私は①の解題「米国労働運動の新しい波」の結びで、「結局、「社会運動ユニオニズム」とでも言うべきものに進んでいくことになろう」と述べているが、その後の展開を踏まえた上で、樋口さんの提唱を吟味してみたいと考えている。

四❖「JR総連聞き取り研究会」に参加して

最後に、―これが本当に樋口さんとの最後の出会いになってしまったのだが―二〇〇七年五月から一一月にかけて、旧国鉄動力車労組（以下、動労と略す）のトップリーダーであり、JR総連の最高幹部でもあった松崎明氏をかこむ「聞き取り研究会」が組織され、五回におよぶ密度の濃いヒヤリング、意見交換が行われた。この研究会の意図とメンバー、研究会の経過、その聞き取りを手がかりに確かめた事実、そこから浮かび上がってくる論点などについては、かなり詳しい報告書が公刊されているのでここではふれない[20]。ただ、この研究会に関する樋口さんの貢献、そこでの発言について、次の二点は証言しておきたい。

①樋口さんは、この研究会の発足について大きな役割をはたした。『試論』を受け取ったある友人から、このような「聞き取り」が可能になったのは何故か、「危険水域」を航行できたのは何故か、という感想を頂いたが、以下の「裏話」はそれに具体的に答えることになろう。

私は「国鉄労働者の解雇撤回」を掲げる二〇〇四年「一二・一全国集会」の「呼びかけ人」に加わって「国鉄闘争」へのコミットメントを公然化して以来、たびたび運動の進め方に関して樋口さんにアドバイスを求めていた。それは「呼びかけ人」として動く中で、「国鉄闘争」を担うべき運動体の側に少なくとも二つの流れがあることを知り、その克服のための途を探っていたからである。樋口さんも当初は悲観的で、状況をうかがっている感じであった。だが、思いきって二〇〇五年二月に、このような「運動の立ち遅れ」の原因の一つには「主体側の思想的な弱さ」「指導部の一部に根強いセクト主義、すでに破産した路線への固執」があるのではないか、という私見をある運動誌に投稿してから、事態は思いがけない展開となった[21]。私見を読んだJR総連副委員長四茂野修氏から、「同意するところがあるので、出来れば会って話し合いたい」という手紙が私に届き、それを聞いた樋口さんが四茂野氏を連れて熱海に現れたのである。それはあのJR福知山線の大事故が起きた同年四月二五日の午後のことであった。

私は当然、「呼びかけ人」として動いてきた当面の「国鉄闘争」にＪＲ総連としても協力して貰えないか、と話した。丁度七月一五日の大集会の「呼びかけ人」として動き始めていた時期であった。これに対して、趣旨はよくわかるが、これまでの経緯があるので、組織として参加することは無理だ、個人として参加できるものに伝えることは出来るが、ということであった。それが率直な意見の交換の始まりであったが、やがて、何度か話し合ううちに、あの国鉄の分割・民営化の過程における国労や動労の取り組みについて、いま改めて検証するような作業が必要ではないか、ということが樋口さん、四茂野氏を含めての合意となった。その合意がベースになって「聞き取り研究会」が成立したのである。

だが、研究会がスタートするまでには、幾つかの契機が必要であった。何よりも、私自身に躊躇と不安があった。果たして官憲やマスコミに「過激派革マル」として追及されている旧動労のリーダー達が「聞き取り」に率直に応じてくれるかどうか。かりに応じてくれたとしても、「反革マル」の党派から激しい反発をうけるのではないか。かなりの迷いがあった。それを吹っ切らせてくれたのが「横断左翼論」の樋口さんであり、背中を押してくれたのが山口孝氏であった[22]。樋口さんはその後、「警察・検察の横暴を許さない連帯運動」（以下、「連帯運動」と略す）を立ち上げたのだが、それを進めていた中心的な方々が「聞き取り研究会」に参加する、という形になった。このように振り返ると、樋口さんが「横断左翼論」を縦横に駆使していたことがわかる。恐るべき構想力と行動力を持つオルグであった。「聞き取り研究会」が始まる前に松崎氏に「挨拶」に出かけたのは、樋口さん始め、その後「連帯運動」で重要な役割を果たす方々であった。私が松崎氏に会うのは「聞き取り研究会」が最初であった。樋口さんと四茂野氏の存在なくして、「聞き取り研究会」は成立しなかった。両氏は、研究会のすべてに出席し熱心に発言していた。

②樋口さんは、この研究会が進む中で、過去の自分の誤った思い込みを認め、それは自己批判すると発言した。進行役をつとめた私は、当初、「革マルの親玉」と言われてきた松崎氏と樋口さんとの「決闘」が起きては大変なことになりかねない、と緊張していた。だが、それは全くの杞憂であった。松崎氏の絶妙な語り口と樋口さんの率直な発言で、実り豊かな研究会となった。

最後の研究会（二〇〇七年一一月二二日）で、参加者が感想をだしあったとき、樋口さんは次のように発言している。

「俺はこの勉強会は非常に勉強になりました。……俺は一九四九年の一〇万人国鉄首切りの時、下山・三鷹・松川事件のときに共産党のオルグだったんですよ。……松川事件というのは国鉄と東芝が意識的に狙われたわけですから、それ以来俺はやっぱり日本の労働運動を変えるためには何たって国鉄と大金属であるという意識が強烈に（あった）。……（だから）国労の動向と機関車労組から動労の過程というのは、俺なりには結構理解しているつもりだ。とくに機関車労組っていう組織が、御用組合だと俺は思ったのだけれども、六〇年安保の頃ガラッと変わっていく過程を驚きをもってみていた。俺の合理化論なんかに動労の方針は相当影響を与えてくれた。……機械化と合理化に対する絶対反対論というのは。共産党はあそこまでいわなかったですからね。新左翼でも言わなかった。

そういうのを見てきたけれど、今度の勉強会で……「貨物安定輸送宣言」というのは、なるほどと思った。俺がこれまでそう感じなかったのは何故だろうと考えてみると、やっぱり「松崎＝革マル＝動労」という先入感がずっとあって、なんてったって「革マルというのは嫌なところだな」というのが、自分の経験から言ってもあった。その革マル・松崎がやることはおかしいのではないかというのが、ずっと下地にあったわけだな。それがあるために、俺は相当事実に即してみてきたつもりだけれども、やっぱりある種の全体像を見失っていたなというのを非常に感じたのが「貨物安定輸送宣言」の話ですね。……要するに「貨物安定輸送宣言」というのは、そしてその後の一貫した改革路線というのは労働プランの闘争だったのだなと俺は理解した。いろんなことが、紆余曲折、妥協とかいろいろあったけれども、労働プランの具体化であって、あれは非常にすぐれていたのではないかというのが俺の結論です。」

さらに樋口さんは、松崎明というリーダーの品性、イニシアチブの優秀性についてふれているが、与えられたスペースを既に相当こえているので、ここでは省略する。[23]私は『試論』のなかで、国鉄改革の過程での労働組合の歴史的な対応について、対立する潮流間のラウンド・テーブルを始められないか、と度々提唱してきた。「セクトの壁は厳しいかもしれないが努力に値する」というのが樋口さんのアドバイスであった。

（20）拙著『試論　動力車組合運動の軌跡について―「JR総連聞き取り研究会」中間報告―』（国際労働総研、二〇〇九年七月）

（21）当時の私見「国鉄闘争・その現状を見て思うこと」という文章が雑誌『地域と労働運動』（二〇〇五年二月号）に掲載された。

（22）山口氏は明治大学名誉教授。労働者の立場を尊重する革新的な会計学者として著名であるだけでなく、「国鉄闘争」の「呼びかけ人」たちが集まる「国鉄・JR問題懇談会」のメンバーであった。彼がその懇談会の帰路で、「ＪＲ総連が「国鉄闘争」に連携してくれれば革命的な力になるはずだ、ひどく非難されているが、私がやっている東京大空襲・戦災資料センターへの来訪者にはＪＲ総連の組合員がとても多い、一体、ＪＲ総連はどんな組合なのか、調べられないだろうか」と話しかけてきた。それがきっかけで、同懇談会は四茂野修氏を招いた。二〇〇六年六月九日、四茂野氏は「一〇四七名問題への考え方と国鉄民営化をめぐる対応の総括」と題するレジメペーパーを携えて現れ、丁寧な報告を行った。「動労の変身」については、「路線転換への第一歩だった」と捉えるものであった。ただ、国鉄民営化問題への労働組合の対応は今も歴史的な総括をもとめられている、それは現在の問題に直結している、と本格的な調査と討論の必要性を説くものであった。私が「聞き取り研究会」の準備を始めたのは、それからである。

(23) 研究会参加者の発言は「座談会「国鉄改革」を総括する―松崎氏からのヒアリングを終えて」『われらのインター』第五号（二〇〇七年一二月）に掲載されている。なお、この座談会には松崎氏は出席していない。

終わりに

以上が、同時代に生きた私の樋口体験である。かねて私は、労働運動についての事例調査の重要性を確信し、さまざまな事例報告を発表してきたが、それが運動の核心に迫るためには、運動体内部のキーパーソンとの信頼関係を確立することが決定的に重要であると考えてきた。キーパーソンとは、必ずしも運動組織体の長であるとは限らない。運動のなかにあって、それを体験的に観察し、その体験を客観的に捉え返す知性をもつ「有機的知識人」（グラムシ）である。そういう人物との協働なくして、「職業としての調査研究者」が運動を理解することはおそらく不可能に近い。間違いなく樋口さんは、私にとってそうした協働の機会を提供して下さった貴重なキーパーソンであった。

この証言は、私が如何に樋口さんから刺激をうけてきたかを自覚する機会となった。彼が提唱した「労働運動の根本的転換」の方向には共感するところが多い。しかしなお留保したい幾つかの点があることも事実である。それは、彼の到達点を示す最後の著書『社会運動の仁義・道徳―人間いかに生きるべきか』（同時代社、二〇〇八年）を読んで深まる樋口さんへの畏敬の念と同時に、果たして日本の民衆はこの教説をどのように受け止められるか、という不安が残ったことと関係している。道徳の巨人から学ぶという観点と同時に、ときに草の根の民衆の運動のなかに生まれる倫理への注目が大事ではないか。その種を拾い集め、育てていく観点も大事ではないか。

ともかく、樋口さんが投げかけてくれた問題について、まだ正面から投げ返せていない問題がいくつか残っているように思う。すでに編集部から割り当てられたスペースを相当に超過しているので、それは今後の課題と自覚して稿を閉じる。

（二〇一一年二月六日脱稿）

けつまずいても　ころんでも――樋口篤三さんのあゆみ

小谷野毅

一❖たぐい稀なひと

「革命のために生きよう」。樋口篤三がそう決意したのは、敗戦から一年半あまり、二・一ゼネストが不発に終わった直後の一九四七年春だった。それから六二年、亡くなる二〇〇九年一二月までのあいだ、樋口はオルグとしていつも最前線を歩いた。

一九四七〜四九年、国鉄労組とともに民間最強といわれた東芝堀川町労組書記局にいて、戦後革命の絶頂期と敗北の真っ只中にいた。

一九五〇年代後半から六〇年代前半、総評労働運動の最盛期をリードした京浜労働運動の中枢、川崎の金属労働戦線と地区労で、日本列島を揺るがす安保・三池闘争の先頭に立った。

一九六〇年代後半から七〇年代前半、ベトナム反戦、沖縄返還、三里塚闘争で登場した新左翼と反戦青年委員会運動のエネルギーを、新たな前衛政党と労働運動の形成にむすびつけようと奮闘した。

一九七〇年代後半から八〇年代後半、スト権スト敗北以後、総評はずるずると後退を重ね、国鉄分割民営化攻撃に負けたのち、ついには労戦統一の名による解散に至る。この流れに対抗して『労働情報』を創刊。新旧左翼の枠組みをこえる画期的な戦線づくりを成功させ、同時に、広範な社会運動をむすびつけるキーパーソンとなった。

一九八〇年代後半から九〇年代、ソ連・東欧社会主義の解体と日本の社会運動の混迷がすすむ中で、労働運動、協同組合、社会主義を三位一体とした運動再建の戦略を提起し、そのモデルづくりをめざして、労働者生産協同組合、協同地域社会運動、さらには生協とキューバ社会主義との連帯運動の実践と発展にとりくんだ。

二一世紀、米ブッシュ政権と小泉政権が登場し、先制攻撃戦略と新自由主義が世界と日本を席巻すると、これに対抗する、多様な政治勢力によるイニシアティブ・グループと戦略の形成をよびかけた。

ある時代のひとつの闘争を代表したひと、それぞれの時代のある一時期をリードしたひと、そうしたひとは各分野にたくさんいる。しかし、絶えず自己革新を積み重ね、新たな構想を打ち出し、優に半世紀を超す長きにわたって時代の最先端に肉迫しつづけることができたひととなると、そうざらには見当たらない。そのときどきの運動が沸き立つような高揚ののちに敗北しても、樋口は決して失望せず、オルグとしての歩みを止めることはなかった。

そのあゆみをたどりながら、私たちが学ぶべき点を覚書として記しておきたい。

二❖生い立ちと家族愛

一九二八年三月八日、樋口篤三は、父金次郎、母りゅうの子として静岡県沼津市で生まれた。

両親は滋賀県米原町の出身で、金次郎は生家の呉服商を継いだ二代目だった。沼津に移り住んだあと北海道やサハリンにも店を出すなど商才があったが、昭和恐慌（一九二九年）で倒産した。

樋口は八人兄弟（長女利江、長男正一、次男利一、次女和子、三男純三、四男慶治、五男栄助）の末っ子だった。りゅうは、「とくちゃん」ではなく「とくさん」と呼んでかわいがった。

一九三八年、十歳のとき金次郎が五二歳という若さで世を去ったが、長男正一が父親に代わって樋口を旧制沼津商業に進学させた。年齢の近い純三、慶治、栄助らとはいつも一緒で、同じ学校に通い、同じ水泳部に入り、同じふとんにくるまって寝た。

この時代にめずらしく、たくさんの家族写真が樋口の家に残されている。無邪気ないがぐり頭の年下四人の少年が、はじけるような笑顔で肩寄せ合って玄関脇の板塀のまえに並んでいる写真。公園の広い草っ原に男兄弟がそろって腹這いになり、こちらに笑顔を向けている写真など……。長男、次男は兵役を終えて復員していたが、やがて純三にも召集令状が来る時代。日本がまだ圧倒的に貧しく、大家族が支え合って生きていた、昭和前期の息づかいが伝わってくる。その真ん中に、ひときわまばゆい笑顔の樋口がいた。

一九四一年五月、半年後の日米開戦にむかって緊迫する空気のなか、慶治（十八歳）、栄助（十六歳）は志願して海軍に入った。ＮＨＫや地元紙は母りゅうを「軍国の母」としてとりあげた。

一九四四年六月、純粋な軍国少年に育った十六歳の樋口も、兄ふたりに倣って迷うことなく志願、海軍甲種飛行予科練習生として入隊した。土浦で、厚木で、厳しい訓練に明け暮れながら、「大君の御楯《みたて》となりて死なん」などと日記に書いた。背泳の選手で水泳部の主将、そして相撲好きだった樋口は、がっしりした体格でいつも笑みを絶やさず、同期のまとめ役だった。

三 ❖ 軍国少年から革命青年へ

一九四五年八月、敗戦で復員すると、半月もしないうちに、栄助（北千島）、続いて慶治（サイパン）、純三（中国）の戦死の便りがあいついで届いた。もっとも仲の良かった兄三人の死と母りゅうの深い嘆き。十七歳の樋口は、夏だというのにだれもいない千本松原の砂浜で、真っ青な海を前に茫然と立ち尽くした。一億の国民がみんな苦しみながら戦ったはずの戦争で儲けた財閥がいた、正義の戦争の正体は侵略のための帝国主義戦争だった、現人神と信じた天皇がただのひとだった。そんな事実を知るにつれ、軍国少年の人生観はがらがらと崩れた。

生きる目的を失って相撲取りか土方でもするしかないと思っていた樋口を、長男正一は横浜高商（現在の横浜国立大学経済学部）に入るよう勧めた。「自分の長所、短所を述べよ」と試験官に問われた樋口は、「長所、呑気！　短所、呑気！」と、まことに呑気に答えて入学した。年老いた母りゅうは、とくさんのためにふとんを担いで汽車に乗り、下宿先の横浜市日吉まで届けた。

新たな生きがいを探そうと、樋口は、新時代の思潮をリードした当時のベストセラー、内村鑑三、賀川豊彦、倉田百三の著作や『共産党宣言』『空想から科学へ』といった文献をむさぼり読んだ。アカの本ばかり読みふけるとくさんを心配して、昔から浄土真宗の熱心な檀家だったりゅうは、京都嵐山の高名な寺に樋口を預けたが、それでも読書を止めないのでひと月で返された。

樋口の魂をひときわ強くとらえたのは、ゾルゲ事件の首謀者のひとりとして死刑となった尾崎秀美（朝日新聞記者、近衛内閣のブレーン）が妻に宛てた獄中書簡集『愛情は降る星のごとく』。のちに困難に直面して迷うたびに樋口は尾崎の墓前にでかけたが、樋口は兄たちを奪った戦争に命がけで反対した人たちの存在を知り、革命のために生きる決意を固める。

四❖戦後革命の嵐のなかで

一九四七年三月、十九歳になったばかりの樋口は日本共産党に入党。翌年三月に、「赤い労連」と呼ばれた東芝堀川町労組の書記局に入った。

戦後革命の疾風怒濤の波は一九四九年の「九月決戦」に登りつめていく。そのなかで堀川町工場には組合員四、五〇〇〇人のうち共産党細胞が三八〇人もいて、絶大なる力をもっていた。だが、中国革命の勝利に直面したアメリカが対日占領政策を冷戦の方向へ急転換し、レッドパージと下山、三鷹、松川の三大謀略事件をてこに、共産党に対する強権的弾圧、国鉄を頂点とした一〇〇万人首切りが始まると、熱気に満ちあふれた各地の運動も堀川町労組も、あっという間に敗北した。

巨大資本と政権を圧倒する労働者の熱気と爆発的なパワー、その反面のもろさ。抑圧された在日朝鮮人や沖縄のひとびとの同志愛。職場や地域のたたかいと無関係に下ろされてくる党の矛盾した指導方針とのあつれき……。わずか二年間だが、希望と失望が交錯するこの激動の原体験が、労働者階級の力に対する終生変わらぬ確信を樋口に植えつけた。

一九五〇年、朝鮮戦争とともに共産党は武装闘争路線をめぐり分裂。五一年三月、樋口は国際派として除名された。革命のために人生を捧げようと誓った党から追われた衝撃は大きかったが、樋口は歯を食いしばって活動をつづけた。そして、足繁く通った国鉄沼津機関区の革同との出会いで、樋口は新たな活力を得る。

当時、占領軍の弾圧下に党幹部らは地下に潜行するか海外（中国）に逃げていた。職場を追われた党員たちの多くは、訪ねていっても、「もう来てくれるな」と息をひそめ、身を低くして生きのびようとしていた。だが、革同の活動家たちは違った。職場の信頼をえた活動家たちを結集して、党そのものではないが党的機能をもつ規律ある集団として、おおらかに行動していた。「人民の敵」として除名された樋口にも分けへだてなく同志的に接した。魅せられた樋口は、職場の労働者からも組合幹部と間違われるほど沼津機関区に入り浸りになる。

革同の存在は労働運動の正史には全く登場しないが、のちの国鉄新潟闘争や六〇年代以降の国労の戦闘的展開のリード役をはたした。真理を体現する前衛政党は共産党以外にないと教えられて育った樋口にとって、共産党から相対的に自立した党的集団が立派に機能していることは驚きであり、発見だった。

五 ❖ 京浜労働運動の先頭で

朝鮮戦争で得た特需で日本は高度経済成長の入り口に立った。一九五五年、共産党と社会党はそれぞれ分裂を克服し、保守陣営では自民党が発足、「五五年体制」が始まった。樋口も多くの除名組とともに共産党に復党を認められた。

一九五六年一月、川崎生活協同組合に就職した。翌五七年二月には生協労組委員長になり、生協と川崎地区労との提携を提案。地区労に共同購入委員会を組織化し、当時の川労協議長の職場で戦闘的だった日本鋼管をはじめ、地域の各労組、職場、社宅、寮を回りながら経済成長を驀進《ばくしん》する京浜工業地帯での党活動、労働運動に参加した。だが、共同購入が軌道に乗りはじめた矢先に、市議選に落選した元東芝労組委員長の雇用受け入れのため玉突き式に解雇された。

一九五八年、大和電気労組（一、〇〇〇人）の書記局に入った。女性労働者が多く、活気にあふれた組合は、樋口らが組織した職場と密着した共産党細胞の活動で、臨時工の撤廃、職務給導入の阻止など連戦連勝を重ねた。たまりかねた企業は、転向した戦前共産党の幹部で戦後は労務屋として悪名をはせた三田村四郎らを送り込んだが、労組は敢然と立ち向かってかれらを追放。この頃から次第に大衆的実力闘争を放棄し始めた共産党指導部と衝突しながら、数度の反安保ストライキとハガチーを迎え撃った羽田闘争の先頭に立つなど、京浜地域の全国金属と共産党の拠点の役割をはたした。だが、六三年四月、ついに親会社の東芝から偽装倒産攻撃を受け、高度成長期では数少ない自主管理闘争を、最後は二〇〇人が残って三年間続けることになった。

一九六四年、共産党は四・八スト破り声明、中ソ論争を背景にした部分核停条約をめぐる路線論争の末に再分裂した。自主生産という困難なたたかいが続行中の六五年二月、樋口もきびしい党内闘争のすえに「人民の敵」「道で会っても口を利くな」という決議を付けられてふたたび除名された。占拠中の工場には家族ぐるみで住んでいる組合員も多くいて、樋口も事務棟の一室に住んでいたが、除名とともにそこからも追い出された。

三月、大和電気労組で苦楽をともにし、当時の労働者文化を代表する「うたごえ運動」の若い活動家で、「おきみ」と呼ばれていた十四歳年下の喜美枝と結婚した。

六❖新たな前衛政党と労働運動を求めて

二回目の除名、そして結婚を機に、樋口は職場や地域に足場をおく京浜地区の活動に区切りをつけて上京。職業革命家として、共産党に代わる新たな前衛政党と労働運動の形成をめざす道を歩きはじめた。

一九六六年、志賀義雄、神山茂夫、中野重治、鈴木市蔵らが結成した「にほんのこえ同志会」の専従となって共産主義者の総結集運動をになったが、しばらくするとソ連の指示で新党結成を断念した志賀から解雇される。同年十一月、戦前いらいの古参党員で構造改革派と称された春日庄次郎、内藤知周ら、そして戦後世代のいいだもも、武藤一羊、吉川勇一、白川真澄らとともに共産主義労働者党（共労党）を結党して中央常任委員に就任した。

一九六七〜六八年、ベトナム戦争が全面化するなか、「パリの五月」などに代表される若者と学生のパワーが街頭闘争と学園闘争として世界的に爆発。日本でも政党従属の反戦平和運動から自立したべ平連や、ソ連など既成社会主義と日本共産党を批判する新左翼と反戦青年委員会が羽田闘争（六七年）や佐世保闘争（六八年）で全国に爆発的に広がった。この新しい力の評価をめぐって一九六九年五月、戦前からの流れを汲む世代が大会から退場して共労党は分裂した。

戦後革命期から活動を始めた樋口はどちらかといえばオールドボルシェビキの世代に近い。だが、六〇年代後半、新左翼が提起した、ベトナム反戦、沖縄返還、反公害、三里塚などで全国各地に澎湃として湧きおこった大衆的実力闘争に参加するなかで、樋口は自らの体験を振り返りながら、世界労連が提唱した旧来の労働運動を、民族独立革命に対して帝国主義と一体になって抑圧する立場に立つ生産力主義だと批判。第三世界との連帯思想、統一と団結至上主義の限界を突破する少数派運動の意義などをふくむ新たな労働運動の思想と路線を提起した。そして、資本の力をバックに鉄鋼、造船、電機など基幹産業であいついだ同盟による右分裂とJC（金属労協）結成など、民間中心に台頭する労働運動の大右翼化と対抗すべく、「労働運動の左への転換」を訴え、精力的にオルグして歩いた。

七〇年安保闘争を経て、新左翼への大衆的期待は急速にしぼんでいった。政府・財界による街頭闘争封じ込めが功を奏するのと同時に党派間の内ゲバが激化したからだが、運動が下火になるのと反比例して赤軍派などの武装闘争は先鋭化の一途たどった。共労党の一部指導部も武装闘争方針をかかげたことから、七一年一一月、共労党は三分裂。樋口は、山口義行（鳥取）、白鳥良香（静岡）、白石忠夫（東京）らと労働者党を結党、議長に就任した。この時期、樋口らが労働運動活動家の結集をめざしてよびかけた都労活（東京都労働組合活動家会議）、全国版の全労活も、独自の労働組合基盤をもたない新左翼党派同士の草刈り場的状態におちいりはじめていた。戸村一作三里塚空港反対同盟委員長を参議院全国区候補にかついで、新左翼が共同でとりくんだ選挙闘争も惨敗に終わり、樋口は敗戦処理に追われた。

運動の混迷が深まるなか、長年の疲労がピークに達した樋口は、七四年、バージャー氏病（脚の末梢動脈が閉塞状態に陥る難病）を発症。友人の世話で京都の病院に長期入院した。

病床で樋口は負け戦を総括し、新たな構想を練りにかかった。退院後、たばこを止め、遠ざかっていた水泳を再開した。

七❖『労働情報』の成功と敗北

第一次石油危機からスト権スト、そしてロッキード事件へと、高度成長の安定期が終わり、体制危機が深まっていく。樋口は満を持して『労働情報』構想を提起し、その実現にむけて突進した。一九七七年にはじまる『労働情報』運動の成功、その画期的意義などについては樋口自身が詳細に語ったインタビューが本遺稿集に収録されている（遺稿集第二巻第一章4）。

当時の総評は、スト権ストの敗北で総評本部も国労をはじめとする主要単産幹部も自信を失い、次なる展望を打ち出せぬまま、政府・財界の巻き返し攻撃にじりじりと後退を重ねていた。

しかし、いわゆる中央とは対照的に、各単産の現場も県評・地区労も健在で、『労働情報』の拠点となった田中機械や南大阪の地域共闘をはじめ、それこそ全国各地で果敢なたたかいがくりひろげられていた。たとえば、石川県七尾の火力発電所反対闘争（七八年四月）では、北陸電力が作業船を突入させて工事を強行するとの情報が深夜に入るやいなや、県評傘下の各単組に電話で緊急動員がかけられ（いまとちがって携帯はない！）、午前一時から三時にかけて一千人をこす労働者が八〇キロの道のりを現場にかけつけた。そして、海上に阻止線を張った漁民の船団とともに〝海戦〟を展開し、着工を実力で阻止する戦闘力を意気高く示した。大分、岡山、函館から首都東京に攻め上って独占資本に迫った造船反合共闘のたたかい、沖電気からはじまった指名解雇撤回をめざすたたかい、年賀郵便を飛ばした全逓のたたかい、そして、三里塚、反原発、日韓連帯などの大衆運動も高揚した。

そうした下からのエネルギーを結集しつつ、旧来の枠組みをこえて、新左翼、高野派、社会党左派（協会以外）をむすびつけるセンター的機能を『労働情報』ははたした。さらに、八〇年代に入って労働戦線の右翼再編が本格化すると、これに反対する総評三顧問（岩井章、太田薫、市川誠）のよびかけで労研センターが発足。樋口は『労働情報』グループを代表して初代事務局員に選出された。

職業革命家を任じて上京した六〇年代半ばからの十年あまり、めざした新たな前衛政党と階級的労働運動の形成はいずれも失敗し、そのつど樋口の戦線はやせ細るばかりだった。しかし、七七年からの五、六年は、その敗北を総括して練りあげた構想とオルグが、時代の要請とたたかう労組・活動家の欲求とぴったりかみ合い、樋口は労戦統一をめぐる攻防の主戦場に躍り出るにいたった。八四年に入って政府・財界の国鉄分割民営化の攻勢が本格化すると、『労働情報』の立ち位置の重要性はさらに強まっていく。

この時期、毎年夏になると、樋口は沼津の実家に寄りがてら西伊豆の戸田の民宿に家族で出かけた。油の乗りきった樋口は、海水浴客をはこぶ漁協の渡し船には乗らず、漁港から海岸までの一キロ半ほどを、駿河湾に浮かぶ富士山を仰ぎ見ながら悠然と泳いで渡った。

しかし、戦後革命期いらい、なんども敗北を経験し、いくつもの試練をくぐりぬけてきた樋口は、『労働情報』がピークにさしかかった瞬間に、その限界を強く意識せざるをえなかった。「われわれは全戦線で守勢に立たされている」。実際、ピーク時に一万二千部だった『労働情報』は、労戦統一反対、ではそのあとはどうするのかの対案戦略を提起できず、自治労、教組、地区労対策の弱点から減少をつづけていた。

他方で、樋口がかつて師事した神山茂夫が「兵糧部隊だな」と言って労働組合より一段低くみた生協が、生活クラブ生協運動などのように女性が主役となった運動で都市部の各級自治体議員とワーカーズコレクティブ（労働者生産協同組合）を続々と生みだしていた。住民運動、エコロジー運動、反原発運動にも新しい息吹が生まれている。それなのに、「階級的労働運動はこうした運動とは切れている。これまでの生産点を中心にした階級的労働運動路線の発展的展開が必要なのではないか？」。こうした危機感から、樋口は新たな前衛党結成の準備をよびかける（遺稿集第二巻第四章3）と同時に、労働運動の新たな戦略方針を検討する「労働者綱領」の検討を『労働情報』でよびかけた。しかし、前者は党観のちがいから準備段階で頓挫し、後者についても周囲の反応は冷ややかだった。労戦統一と国鉄分割民営化後の労働運動をどのように展開すべきか。その戦略展開と有効な組織方針を樋口も打ち出せなかった。

八❖労働組合、生活協同組合、社会主義の三位一体戦略で「地域協同社会」を

八六年一月、樋口は『労働情報』編集人を辞任した。もういちど原点からやり直し、新たな対案戦略と戦線構築に力を注ごうと決意したからだ。

まずはじめに手がけたのが国鉄闘争の敗北の総括と中曽根・瀬島戦略の分析だった。（遺稿集第二巻第五章収録の「日本のマルクス主義と労働運動」、「国鉄闘争の歴史的総括深化のために」はその一部である）

同時に、中西五洲の労働者生産協同組合運動や、首都圏にひろがる生活クラブ生協運動の現場をいくつも歩き、活動家と交流した。そのなかで、かれらが、「全人類の正義にもとづいた新しい世界と社会秩序の建設に貢献する」と高らかにうたいあげたレイドロウ報告（一九八〇年）をもとに、さまざまに地域協同社会づくりに挑戦していることにおおいに刺激を受け、協同思想の始祖ロバート・オウエンや、かつて自分も参加した生協運動の歴史と理論を真剣に学び直した。また、社会的に有用な

生産と労働の展開を試みる「ワーカーズコレクティブ調整センター」を戸塚秀夫らと発足させて、各地の倒産攻撃とたたかうなかで自主生産闘争にとりくんでいた田中機械や東芝アンペックスの事業展開を支援した。

そして、協同組合、労働組合、住民運動の地域社会における新しい協同関係の創出とネットワークを組織しようと精力的に各地を歩き、「労働組合、協同組合、社会主義」を三位一体とした運動再建を提唱した。（遺稿集第二巻第五章収録の「よみがえるロマン、労働者協同組合」、「対抗・対案戦略の確立をめざして」などを参照）

一九九三年には実践家の研究交流をよびかけ、「協同社会研究会」を発足させ、共同代表になった。そのモデルづくりを意識して、地元の東久留米市で稲葉三千男らと協力して地域新聞「しみん」の創刊（一九九八年）、市民自治研究センターの設立（二〇〇二年。理事長に就任）などに中心的な役割をはたした。

他方、ピースボートで訪問したのをきっかけにキューバ社会主義を高く評価。キューバ政府・共産党に対し協同組合セクターの導入を直談判で提案。のちに日本生協連、大学生協連、コープかながわ、生活クラブ生協、首都圏コープなど多くの生協をオルグして、コーヒーなどキューバ産品の「協同組合間提携」によるフェアトレードを具体化した。国際産直と生協レベルの連帯はやがて他の産品、分野にも拡大していくが、キューバと日本の協同組合の連帯のキーパーソンとしての功績を評価したキューバ革命評議会は、二〇〇一年六月、樋口に勲章を贈った。

二〇〇〇年十一月、七二歳の樋口は食道がんで手術を受けた。食道を切除し、代わりに腸の一部をつなぐ、ただし、炎症をおこしたとき治療しやすいように新しい「食道」は肋骨の外側につけるという、十七時間もの大手術だった。

前日まで四人部屋の病室で原稿を書きつづけた樋口は、退院するとすぐに、見舞いのカンパを寄せてくれた三〇〇人をこす友人たちへの返礼として、私家版の小冊子「めしと魂と相互扶助〜私の半世紀の実践総括をかねて」を発行。のちに、「革命モラルと対抗対案戦略の確立をめざして」、「新たな『機能前衛・横断左翼』とイニシアティブグループ」など、その後の活動の基調となる書き下ろし論考などを加えて、三冊目の著作、『めしと魂と相互扶助』（二〇〇二年、第三書館）を出版した。

胃がんの手術（九三年）のときもそうだったが、このときも退院後ほんのわずか休養しただけで、すぐさま活動を再開した。ふつうのひとなら、あそこが痛む、ここがつらいと、しきりに口にするものだが、樋口は決して弱音をもらさなかった。あいかわらずプールに通って明るい色彩の水着をはいて泳いだし、夜遅くまであちこちの会議や集会に参加し、海外にもでかけた。晩酌も欠かさず、じつにたくさんの原稿を精力的に書き（さまざまな党派の機関紙をふくむ）、新たな構想を語り、「樋口さんは不死身だ」とひとびとを驚嘆させた。

九❖「対抗対案戦略」と「イニシアティブグループ」

新世紀のはじまりとともに、ブッシュと小泉の新自由主義コンビが世界と日本を席巻するようになる。アフガン、イラクへの侵略戦争の後方支援に自衛隊が堂々と参加する情勢のもとで、新たな運動の枠組みを樋口は模索。二〇〇四年、川上徹、山崎耕一郎らと語らって、「ネオコン」（ネオ・コンサーバティズム＝新保守主義）に対抗する「コレコン」（これからの社会を考える懇談会）を発足させ、提唱してきたイニシアティブグループの具体化にとりかかった。樋口の自宅で開いた新年会はそれまで接点のなかった多士済済のひとびとであふれ返った。

その年の夏、食道がんの転移がみつかり、年末にかけて放射線と抗がん剤投与で入退院を三回くりかえした。それを「人生の休養期」と称して、このときとばかりに数多くの戦史、評伝、記録を集中的に読み直した。そして、兄三人が、中国、サイパン、占守島《しむしゅとう》（北千島）でどのように戦死したのかも掘り下げて調べて、私家版『恒久平和の礎に〜土中の骨　海中の白骨への鎮魂歌』にまとめ、ふたたび見舞いをくれた友人たちに配布した。さらに、小泉、安倍と続く政権が、靖国神社の公式参拝をくりかすなど歴史修正主義を公然と主張するに至った情勢に強い怒りと危機感を抱き、二〇〇五年八月、兄三人への追悼記を中心に、靖国神社の歴史的批判と近代日本のアジア認識を問い直す書き下ろしを加えて、『靖国神社に異議あり〜「神」となった三人の兄へ』（同時代社）を出版した。

また、国鉄闘争の解決にむけた大同団結がすすむなか、樋口は国鉄闘争の総括をさらに多面的に掘り下げる必要を痛感し、かつては国鉄分割民営化をめぐって正反対の立場をとった松崎明らとの意見交換をはじめた。この時期の樋口は、「コレコン」をふくめて、さらにもうひとまわり大きな戦線準備につなげることを構想していたと思われる。二〇〇七年頃から、戸塚秀夫らと「JR総連・松崎明聞き取り研究会」を組織。この過程でまとめた考えを「六〇年間の実践の教訓と私の自己批判〜産別民主化同盟と動労革マル問題」（遺稿集第二巻第三章収録）を書いて『情況』誌に発表した。しかし、風当たりは強かった。樋口は変節したとまで非難する意見もだされた。

十❖緊急入院

二〇〇九年一月、新たに前立腺がん、五月には食道がんの再度の転移が見つかり、十月には主治医から「あと一年、早ければ半年」と宣告された。樋口は、「早ければあと半年と告げられたぞ」とひとごとのように言っただけで、少しも動じるところがなかった。活動スタイルもあいかわらず。満身創痍の樋口の「不死身」を、だれも疑わなかった。

十一月、樋口は、がん治療に効くと評判の秋田県玉川温泉に、たくさんの本をかついで長期療養にでかけた。「トイレが近くなって困っている」「医者は膀胱炎じゃないかと言っている」と滞在先から連絡してきたが、それでも金大中論の連載原稿などを書き、出版を企画していた『オルグ論』など四冊の本の下準備に余念がなかった。

三週間ほどして帰宅した樋口は、乗り換え駅の階段でへたり込んで動けなくなるほど衰弱していた。しかし、十二月四日に定期診察を受けたあと、「樋口さんの体は医者の常識ではわからない生命力があると担当医に言われた」とうれしそうに語った。実際は、尿が出にくくて痛む、よく眠れないと家族にしばしば訴えるようになっていたが、「やっぱり樋口さんは不死身なんだ」とだれもが信用した。

同月十四日には、「労働運動をめぐる戦略的討議と戦略情報センター設立の呼びかけ」を口述でまとめて関係者に配布。イニシアティブグループの本格的始動にむけた準備を開始した。（「呼びかけ」は、追悼集『樋口篤三さんの見果てぬ夢を語り継ぐ』に収録）

その直後の十六日、樋口は高熱を発して緊急入院した。すぐさま集中治療室にはこばれたが、膀胱炎などではなかった。重篤な敗血症だと診断された。

十七日夜、見舞いにかけつけた私たちに、酸素マスクを着けた樋口は息苦しそうにしていたものの、意欲を燃やしていた出版計画について語ろうとした。

翌朝、やって来た喜美枝に、「きのう、寝てるあいだに本を一冊書き上げたぞ」と告げた。

さらにその翌日、「抗生物質が効くかどうかが鍵を握っている」と医師に言われていた樋口は、集中治療室から一般病室に移りましょうと言われて、喜美枝に、「おい、峠を越えたぞ」と力のこもった声で告げた。そして、長男の拓に年賀状を準備するよう頼んで口述した。


「……前立腺ガンから敗血症になり一挙に悪化、そして緊急入院。ただし、これも皆さんの御協力で峠を越しつつあります。（十二月二〇日現在）

私のやりたいことは山ほどあり、実践的には戦略情報研究センター（仮称）の立ち上げの必要性を痛感しています。歴史の継承性、①日本労働運動史、②革命家列伝、③オルグ論、④日本労働・社会運動の戦略問題。ぜひ次の世代にバトンタッチしたいと思っています。

おりしも世界史的アジア的転換、東アジア共同体の現実的可能性の登場など、全ての世界が変わろうとしつつあります。

そこにどうかむか。我々の志と実践が問われています。

二〇一〇年　元旦　　　　　　　　　　　　　　　樋口篤三」


ここに記されている①から④が、樋口が準備していた本を指している。

一般病室に移ったと聞いただれもが、「樋口さんはほんとうに不死身だった」とみたび感嘆した。

二四日夕方、会いに来てほしいとの連絡を受けて病室に行くと、恢復にむかったはずの樋口は、別人のようにやつれはてた姿で横たわっていた。浴衣の襟元からは炎症をおこして腫れあがった「食道」がのぞき、手足の指先は凍傷にかかったように真っ黒になってしぼんでいた。それでも、こちらに気がつくと、待ちかねたように、しかし、かすれた声で途切れとぎれに、樋口も会員だった練馬の医療生協すずしろ診療所の介護労働などについて説明し、「日本型市民革命がはじまっているんだよな。教条マルクス主義の理論家は政治革命を言うが、そこがわかっていないからダメなんだな」と語った。

先に帰宅する長男の拓から、「のどが乾くから、帰る前にうがいをさせてあげて。ただし、飲みたがっても水はのませないでね」と頼まれた。体をゆっくり起こしてあげるとストローで水を吸おうとするが、息苦しくてうまくできない。やっと少しだけ口にふくむと、だめだと言われているのを承知で飲み込もうとしたが、結局飲み込めなかった。戦場で斃れ、渇きに苦しむ兵士を連想しないわけにはいかなかった。

そろそろ帰ると告げると、樋口は、「ああ、またな」と、ふだんと変わらぬ調子で答えてくれた。でも、「また」はなかった。

十一❖敗北に学ぶ力

樋口から学んだことは数えきれないが、そのいくつかについて書いておきたい。

まず第一に、「敗北から学び取る力」というべきものである。

これまでみたとおり、樋口の人生は挑戦と敗北の劇的なまでのくりかえしだった。戦後革命とその敗北、六〇年前後の京浜労働運動と大和電気、七〇年闘争と新左翼労働運動、八〇年代の労戦統一と国鉄分割民営化、それに人生のそもそもの出発点となった敗戦体験を加えれば、五回も負けたことになる。肉体を蝕まれながら模索した新たなイニシアティブグループの形成も未完に終わらざるをえなかった。

人生七転び八起きなどと俗にいうが、敗北に直面するたびにクビになり、身命を賭した党からは除名されたり分裂に苦しんだり、その困難をそのつど乗りこえるだけでも並大抵の苦労ではない。しかし、樋口がそのあゆみを止めたことはない。

六〇年代初頭、さきに見たとおり、樋口は京浜労働運動の拠点を狙い撃ちにした東芝資本の偽装倒産・全員解雇攻撃を受け、これに自主管理闘争で対峙していた。一千人規模の解雇という、それ自体困難なたたかいをいっそう苦しいものにしたのは、当時、大衆的実力闘争の放棄を鮮明にしはじめた共産党との激しい内部闘争が同時進行していたからだが、そのころ樋口たちは、こんな歌を好んで口ずさんだ。無名の戦士たちからなる中国人民解放軍が革命の途上で生み出したいくつもの行軍曲のひとつである。

けつまずいても　ころんでも
すぐまたおきる
生きてりゃ　生きてるで
死ぬときゃ　死ぬときで

けつまずいても　ころんでも
すぐまたおきる

空は暗く道けわし
だけどそれが　どうだと言うんだ
けつまずいても　ころんでも
すぐまたおきる

この歌そのままに、樋口は生涯を通じて、けつまずいても、ころんでも、すぐまたおきた。しかも、たんにおきるだけではない。運動が低迷する時期であっても疲れた顔を見せずにこまめに現場を歩き、次なる時代の新たな息吹と運動の芽生えを、人の変化を通じていち早くつかみとった。その点では嗅覚の鋭いすぐれたジャーナリストのようだった。たえず歴史の発展のなかに現在の局面を位置づけ直しながら、敵の戦略に対抗する新たな運動の全体構想をさぐった。その構想は、既存の理論や枠組みにとらわれることがなく自由で、つねに広い視野に立っていた。

樋口の文章からは、急勾配をあえぎながら登っていく蒸気機関車を思わせる、独特の息づかいが聞こえてくる。生きることの苦労、この先はどうなるのかの不安、権力や資本に対する怒りとともに、役に立たない党の特権や差別への憤り、さらには実にたくさんの「驚いた」「衝撃を受けた」「反省」「自己批判」……。時代の大きな見取り図や構想と、自らの敗北の体験の率直な総括とをひとつのものとして、「どん底のいまこそ、新たな運動をつくるチャンスだ」と、倦まずたゆまず肉声で語った。

敗北のまっただなかで、全力投球した運動や組織がなぜ敗北したのかを直視し、その原因をみきわめ、いちはやく新たな構想をかかげて時代に立ち向かうことができた。いわば、たゆまざる自己革新の努力によって、敗北を新たな前進の糧として転生、発展し続けたことに、樋口篤三というたぐい稀なオルグの真骨頂があった。

いかなる困難に直面しようとも、おそれるに足りない。樋口の生き方に学ぶことによって、そんな励ましを私たちは受け取ることができる。

十二❖「人こそすべて」

第二に、ひとの人生、生き方、長所から学ぶことの重要性である。

晩年の樋口が切望していた出版のひとつは「革命家列伝」である。高野実、春日庄次郎、鈴木市蔵、中西功、一柳茂次。そのほかにも樋口がとりあげたかったひとびとがいたと思うが、未完成のままだが本書に収録した。この列伝を通じて、私たちは労働運動や革命運動のリーダーが、どのように生きたか、どのような困難に逢着し、それをどのように耐え、乗りこえていこうとしたかを鮮烈に教えられるだろう。

日本の社会主義運動をになった戦前いらいのリーダーや活動家の生き方をとりあげた書物や論文は、当事者の自伝や回顧録はもちろん別として、樋口自身も強く刺激をうけ、高く評価した増山太助の『戦後期左翼人士群像』（つげ書房新社、二〇〇〇年）のほかにはほとんどない。それは樋口がくりかえし強調したとおり、理論偏重で人間に関心がなかった、つまりは人間を使い捨てにしてきた思想と運動のありかたの反映にほかならない。

おとなりの韓国の労働運動の発展とその思想方法と比較してみれば、そのちがいがもたらす結果は歴然としている。

韓国の現代労働運動の出発点となり、精神的支柱となっているのは、よく知られているとおり、一九七〇年、「労働者は人間だ。機械ではない」と叫んで焼身した、当時二〇歳の縫製工、チョン・テイル青年である。かれの生い立ち、奴隷的な労働環境の改善を求めて試みた労働組合づくりと弾圧、その希望と絶望、愛と犠牲の精神に満ちた短い生涯と最後の叫び。かれを最上の尊敬の念を込めて「チョン・テイル烈士」と呼び、「チョン・テイル精神を自らのものにしよう」「烈士のように生きよう」と、韓国の労働運動はくりかえしくりかえし提起する。学習会をさまざまなレベルで開き、労働者同士で語り合う。そのようにして、幹部は運動の原点をふりかえり、同時に不断に新しい活動家を生みだし、数えきれないほど激烈な闘争を組織し、発展してきた。

日本でも試みた先達がいなかったわけではない。樋口が「革命家列伝」でとりあげた高野実がそのひとで、『労働者のモラル』や『車座になって』という著作がある。日本の労働運動が大多数の労働者と民衆を誇り高く代表し、やがて六〇年三池・安保闘争にむかう時代に、総評のたたかいが生みだした、職場の名もない無数の英雄たちの生き方とたたかいを深い愛情をもって取り上げ、労働者はこのように生きよう、このようにたたかおうと訴えかけたものである。

しかし、高度成長期以後の労働運動や、共産党はもちろん新左翼からは、このような思想と方法はまったく欠落していく。

樋口はまた、列伝にとりあげた五人にとどまらず、日常の活動のなかで出会ったさまざまな分野のひとに絶えず関心をもち、その人物の特徴と長所を評価した。書きたいと言っていた幻の『オルグ論』の骨子、「生涯一オルグ——オルグとはなにか」（遺稿集第二巻第一章1）にも、それが出てくるが、いわゆる敵の陣営に属する政治家（たとえば、保守合同の立役者、三木武吉など）や、俗に右派といわれる労働運動家に対しても、すぐれた点は公平に評価した。ひとに対して自ら垣根をつくることはなかった。たくさんのひとをつなぐことができたのは、樋口の人間観が生み出す信頼感があればこそだったろう。

歴史的にみれば労働運動や社会運動がどん底で、まるで焼け野原に立っているかのようないまだからこそ、こうした思想方法に学んで種を蒔き直していけば、運動が豊かに花開く時代を迎えることができる。

十三❖次代に引き継ぐ課題

第三は、樋口が時代と格闘しながら提起したいくつかの論点についてである。

「私は、いわゆるイデオローグ、理論家ではない。前戦の攻防で生き抜き、闘い抜いてきた野戦軍の一兵士であり、弾丸の飛びかう中で——時々はうしろから——ゲリラや部隊の構築、編成、戦闘にとびまわったオルガナイザーであった。実践を通じて、思想と原則を体得し、実践によって理論の誤りと、限界を味わった」（『右翼「労戦統一」反対』柘植書房、一九八二年）

このような仕方で樋口が実践的に提起した課題のうち、私がとくに重要だと思うのは次の点である。

(1) 敗北の総括と対抗対案戦略

日本の労働運動と革命運動には敗北の総括がないと樋口は喝破している。
「日本階級闘争と社会主義革命にむけて、政治、社会、経済、外交、文化、教育、軍事の総合戦略として闘ったことがあったであろうか。一九二二年の日本共産党創立以来、何回かの歴史的大闘争、例えば敗戦後の二・一ゼネストや、四九年の百万人首切り、六〇年安保、三池等々、さらには今回の国鉄闘争にいたるまで、一度もなかったのである。……敵が太平洋戦争から学んだように、われわれも、戦後革命の敗北や、国労・総評解体の敗北からしっかり学ばなくてはならない」（遺稿集第二巻第五章4）

その敗北への痛恨の反省をこめて、中曽根首相と瀬島龍三の戦略分析に力を注ぎ、孫子の「敵を知り、己を知らば百戦危うからず」を引用しつつ、戦略と情報の重要性をくりかえし提起した。

また、時代をさかのぼって、原体験となった戦後革命期の東芝堀川町労組における共産党・産別会議の誤りを総括しつつ、産別民主化同盟の役割と当時のリーダーたちの「よき労働組合主義」に公平な評価を加え、「当時の敵味方関係をこえて、双方が従来の史観をこえる〝もうひとつの見方〟への努力をすべきである」と提起した（「東芝堀川町労組における共産党と産別民主化同盟」『めしと魂と相互扶助』に収録）。

そして、対抗対案戦略の確立をくりかえし呼びかけた。

「新左翼は、敵の基本動向、戦略を見誤る（みようともしない傾向）とともに、自らの〝国家改造計画〟、いかなる社会主義かについて説得力のあるものを形成することをおこたり、対抗陣地戦略、社会革命戦略をつくりえなかった。……その原因は一挙革命による権力奪取こそすべて、に収斂されて永続的社会革命の構想力を欠き、実践の中心にすえなかったことにある」（「革命戦略と革命モラル」『めしと魂と相互扶助』に収録）

その自己批判のうえに樋口が提起した対抗対案戦略は、労働組合、協同組合、社会主義の三位一体論に立つ地域協同社会づくりだった。

(2) 日朝中の団結

明治から大正期、生まれたての頃の日本の社会主義運動には日本・朝鮮・中国の連帯思想がしっかりとあったが、ロシア革命とコミンテルンの絶大なる権威を振るった昭和期以降の共産党の時代になると、それはほとんどなくなる。戦後の一時期にはあった（ただし、誤った武装闘争方針のもので戦術的にのみ）が、高度成長期以降はヨーロッパに追いつき追い越せの裏返しで、共産党も労働組合も、帝国主義がすすめた新植民地主義政策については鈍感で、「遅れた」中国と朝鮮については差別と蔑視の対象でさえあった。

樋口はその点を自らの体験を通じて切開し、光州民衆抗争（八〇年）にはじまる韓国民衆のダイナミックな決起への熱烈な連帯などを契機に、日韓連帯と第三世界連帯を労働運動の主要な命題に位置づけようと努力した。さらに、小泉・安倍政権で歴史修正主義が公然と登場するに至ると、明治維新当時のアジアをめぐるふたつの思想と道（勝海舟「日中朝の団結」対福沢諭吉「脱亜入欧」）の意義をとりあげつつ、「東アジア共同体」を提唱した鳩山構想をも積極的に評価した。

(3) 機能前衛とイニシアティブグループ

樋口の活動全盛期の苦闘の半分は前衛政党との内部矛盾によるものだった。

「党に〝忠〟ならんとすれば、大衆闘争に〝不孝〟になり、労働・大衆運動に〝忠〟ならんとすれば、党に〝不孝〟になる。子供の頃にならった儒教修身の忠孝論的にいえば、党と大衆運動はまったく肉離れであった。党側の党絶対主義、それに反発する大衆運動の党絶対否定論。……その調和、解決は優れた個々の指導者に頼るのみであったといっていい」（「新たな機能前衛・横断左翼とイニシアティブグループ」『めしと魂と相互扶助』に収録）

その渦中で除名と分裂を重ねて呻吟した樋口は、八〇年代半ばまで前衛政党の建設に人一倍こだわった。だが、九〇年代以降は次のような観点に立ちきっていた。

「だからこそ、党の必要性（あるいは信じるにたる前衛党の不在）を認めたうえで、実際には「機能前衛・横断左翼」「イニシアティブグループ」が、戦前の一定時期や戦後も有効有用性をもち、二一世紀初頭の今日もそうなのである」（同）

そして、党派・労組・個人が戦略的目標を明確にして水平的に連携するイニシアティブグループをつくり、機能化させることに晩年の力を注いだ。

以上三点の課題にどのように応えるのか。それはまさに私たちのこれからのしごとである。

十四❖六〇年の念願をはたして

もうひとつ、樋口の戦争体験と戦争総括についてふれておきたい。

いまから三〇年ほどまえ、樋口が『労働情報』編集人として八面六臂の活躍をしていた頃、出会ったばかりの私が、どこかをいっしょに歩きながら、戦記文学の『インパール』（高木俊朗）や『レイテ戦記』（大岡昇平）を読んだ感想を短く話したことがある。いずれも日本陸軍の傲慢な参謀が立てた無謀な作戦で数万人単位の兵士が戦死（大半が餓死、病死）した戦場を克明に記すことで、かれらを静かに糾弾した鎮魂記である。樋口はふんふんと聞きながら、どちらも読んだとさらっと言ってすませた。

話はそれで終わったのだが、そのとき、「あれ、こんな本も読んでるんだな」とやや不思議に感じたのを覚えている。その頃の樋口は、兄三人が志願して戦死したことを公にはほとんど話したことがなかったし、押しも押されもせぬ共産主義革命家として知られていたからだ。二〇代前半の私は、左翼の指導者や論文のなかで、戦場でいのちを奪われて不本意な死を強いられた無数の兵士たちの苦しみに寄り添って、日本の戦争総括や反戦思想を提起したものを見たことがなかった。十五年戦争は日本軍国主義による侵略戦争だという理論的分析に立って批判するアジテーションが多く、戦場体験を語るひとびとについてはどちらかといえば冷淡で、戦争を美化する側と決めてかかる見方が新左翼や労働運動では強かったように思う。

ところが、実は読んだどころの話でなかった。樋口が亡くなったあとで教えられたところでは、一九六〇年代に入ってからようやく毎年開かれるようになった予科練の同期会（「碧翔会」＝土浦海軍航空隊代六七分隊、甲飛十四期二次）に、樋口は最初から欠かさず出席していた。共産党との熾烈な内部闘争をくりひろげていたときも、『労働情報』が飛躍的な展開をみせていたときもである。さまざまな軍歌を全員でうたい、「同期の桜」で樋口も滂沱《ぼうだ》の涙を流した。自分たちがいのちを賭けた戦争の評価をめぐってまっぷたつになりかけたときは、互いの意見を尊重し合って運営しようという調停案を出してまとめ、会の代表に押されたが固辞した。

戦争総括と歴史認識をめぐって引き裂かれたままの日本の矛盾した社会意識を反映して、死を覚悟した少年期の自分の体験や、兄三人を戦争で失った無念と痛恨は、戦後ずっと樋口の胸のなかで整理、浄化されぬままうずいていたのにちがいない。

明治維新いらいの歴史認識や戦争総括の問題と、自分と兄たちの戦場体験とを、ひとつのものとして整理して提起できるようになったのは、食道がんの転移がみつかって入退院をくりかえしながら、兄三人の追悼記を書きはじめた二〇〇四年頃だった。翌〇五年八月には、厚生労働省のサハリン州占守《しゅむ》島《しゅとう》戦没者慰霊巡拝に遺族二四人のひとりとして参加して、洋上から栄助に祈りを捧げ、「六〇年の念願をやっと果たせた／竹田浜、国端岬に立ちて感あり」と日誌に書いた。

十五❖「仁」

樋口の生涯はたぐい稀なほどの家族愛に包まれていた。

「革命家」という言葉には家族とか愛とは無縁の非情さが漂うが、樋口はまったく逆だった。生い立ちがそうだったし、母りゅうや兄たちへの強い思慕の念は終生変わらなかった。一九六〇年前夜からはじまる半世紀は喜美枝の献身的な愛に支えられていた。樋口は「ふんどし」を愛用したが、それは喜美枝がずっと手縫いでこしらえたものだったし、散髪も喜美枝がした。樋口自身も、喜美枝やこどもたちに実にこまめに旅先から手紙を書き、気遣った。樋口の家には独特のあたたかさと明るさがあった。樋口は家族ぐるみで時代の最前線を疾走したのだと思う。

亡くなる前、長男の拓が、「お父さん、家に帰ったらお風呂に入れてあげるからね。なにが食べたい？」と聞くと、「ビールを一杯呑みたい。それに、ホタテの刺身とすき焼きだな」と答え、「樋口家はいい家族だったな」と言った。

二〇一一年十二月二六日午前十時五〇分、永眠。八一歳だった。

枕の下からは、十二月二四日の日付が入ったA４一枚のメモ書きが出てきた。二日前に語った内容を、私たちが帰ったあとに仰向けになったまま記したのだろう。文字は乱れているが、「日本型市民革命がはじまった」と書かれていた。

自宅にほど近い場所に家族が建てた墓は、あざやかな老いらくの朱色《あか》が陽に照り映え、正面には一字、「仁」の墓碑銘が彫り込まれている。

（了）

編集委員メモ帳

十七歳で山村工作隊、枚方事件を闘った脇田憲一

要　宏輝

天皇家の日本史や改竄された党史、いわゆる「正史」は存在するが、国や党のために死んだ戦士の「民俗史」はない。この、樋口篤三の遺稿集第一巻「革命家・労働運動課の列伝・追悼集」はその民俗史でもある。その一隅に一人、故・脇田憲一さんのことを記すことを許されたい。脇田さんは樋口さんのことを、「二〇世紀後半から二一世紀に橋を架けた日本の革命的オルガナイザーを二人選ぶとすれば、私は躊躇することなく東の樋口篤三、西の上田等を挙げるだろう」（『樋口篤三さんの見果てぬ夢を語り継ぐ』同時代社、一七三頁）と追悼している。

私、要と脇田さんとの出会いは三八年前の一九七三年。当時、私は総評全国金属の駆け出しのオルグ、若気の至りもあって、脇田さんが勤めていた東洋シャッター（スタートは労働者管理企業だったが、当時は上場企業）で大争議をしでかす。当時、脇田さんは企画室だったたか、経営中枢におられ、直後、会社役員になるのが嫌で退職し、大阪総評のオルグに転進する。爾来、総評労働運動のなかで親しく付き合うことになる。私が脇田さんに魅《ひ》かれたのは、彼が日本共産党（日共と略す）の武装闘争の体現者、山村工作隊（独立遊撃隊⇒将来の人民軍を構想）の隊員であったこと。私が山村工作隊にまつわ

る話にはじめて出会うのは四〇年超も前の大学時代、高橋和己の小説「憂鬱なる党派」の、主人公の西村恒一の語りであった。

六〇年前の一九五一年、日共は武装闘争方針を提起（四全協）、革命戦略を民族解放民主革命とする新綱領を採択して（五全協）、武装闘争方針を具体化。『球根栽培法』（火炎瓶製造マニュアル等武装闘争の実施要綱）の発刊、各地の軍事委員会のもとに山村工作隊・中核自衛隊などを展開、並行して一九五二年には三大騒擾事件といわれる、メーデー事件（五月一日）、吹田・枚方事件（六月二四〜二五日）、大須事件（七月七日）を引き起こし、全国七三ヶ所余で反戦平和の「実力民衆運動」を展開する。「この日共の武装闘争は大失敗で、一九四九年の三〇〇万票支持が四年後の五三年には六〇万票に激減した。労働者大衆が見放したのである」（『樋口篤三遺稿集第一巻』第一章1）。

脇田さんは日共の武装闘争方針に忠実に従い、枚方事件の実行者として闘い、直後、山村工作隊に志願する。一七歳（定時制高校）から二〇歳までの体験を、自分史でもある大著『朝鮮戦争と吹田・枚方事件』（明石書店刊）のなかに克明に記《しる》している。あとがきのなかで、脇田さんは「私の人生の決定的な体験、その精神的体験は日本共産党の軍事闘争時代の三年間であり、運動的体験は大特（要注記：大阪特殊製鋼）闘争時代の七年間であった。後の運動人生はそのバリエーション（変奏曲）であったにすぎません」と述べている。脇田さんは日共に見捨てられ、「極左冒険主義者」の汚名を背負うことになり、敗北主義に打ちひしがれたこともあったが転向はしなかった。大特で生産管理闘争をともに闘った労働者仲間、山村工作隊時代の奥吉野、奥有田の村人を訪ね歩き、心を通わせながら、「運動史研究会」を積み重ね、一生かけて党と自己の「総括」を追究した。その営みは凄い、立派というほかない。「労働者は九十九回負けても一度勝てばよい」（脇田前掲書、七二四頁）

私は和歌山の有田市に住んでいる。町の中心には有田川が流れており、その有田川を車で二時間ほど遡上すると、脇田さんらの山村工作隊が展開した「奥有田」、隊本部のあった花園村や清水町がある。山奥で過疎地だが車で通る度《たび》に、「ここが脇田さんらの、山村工作隊の村か」と感慨一入《ひとしお》となる。

高野実と統一戦線

山﨑耕一郎

私が樋口さんと初めて会ったのは、二〇〇二年一一月に開催した三池写真展の準備の最中であったから、たぶんその年の夏頃であったと思う。それまでは、名前は聞いてはいたが、親しくお話をするなどという機会があろうとは、全く考えてはいなかった。

三池写真展の準備、及びその開催期間中は、毎週のようにお話をする機会があった。写真展終了後に「今度は政治の話をしよう」という樋口さんの提案で、実行委員のメンバーが合宿をして、政治運動、労働運動、世界と日本の情勢、等々について意見交換をした。この合宿の延長線上に、「これからの社会を考える懇談会」（通称「コレコン」）ができた。コレコンはだいたい月に一回の例会を行い、その前後にも樋口さんとはよく会ったので、年に20回前後は、いろいろな問題について意見交換した。

それだけ多くの対話の中で、強く印象に残っているのは、樋口さんの「俺は高野派だ」という言葉と、統一戦線についての一貫した姿勢である。「高野派だ」というのは、党派的所属の意味ではなく、

「高野実のような思想、姿勢で労働運動に取り組む」という、広く深い意味を持つと、私は受け取った。樋口さんが編集長であった第二次『労働情報』が労働運動内の高野派の指導者たちに支えられ、その運動を継承するという強い意志を持って編集、発行されたのは事実であろうが、それだけでなく、日本の労働運動全体を総評を中心にまとめて、日本の階級闘争の中軸を形成しようとした高野実の姿勢を継承するというような意味に私は受け取った。そしてそういう樋口さんの姿勢は、後退しているにもかかわらず党派的分断がますます進行する日本の労働運動の中で、たいへん貴重なものであると感じていた。

統一戦線についてはご承知のように、日本共産党を含めて多くの党派が、「わが前衛政党を中心に、他の党派、大衆団体の運動が統一される」という形のものを提起している。樋口さんは、そういう「形」については、少なくとも私がお付き合いした場面では、一度も語っていない。高野実が総評を強力に指導していた頃のように、労働者階級の闘いが中軸にあって、それに社会党も共産党も、その他のすべての団体、個人も協力するというようなイメージで語られていた。晩年の樋口さんは、しばしば「戦略論を重視せよ」と述べていた。この場合の「戦略」の担い手には、全盛期の高野実的な人物が、中枢を占めるというイメージがあったと思う。

結論を言うと、私はそういう大まかなイメージしかない統一戦線論に賛成である。樋口さんも長年、党と統一戦線について、いろいろと挫折を体験しながらそういう結論に至ったと思うが、私も、私なりの労働運動史学習と自分のささやかな経験の総括から、同じような考えに至ったのである。統一戦線というのは、その思想、理論、戦略的構想が明確であることが大事で、「精密な規定」をして実行しようとしてもうまくいかない、ということである。なぜなら、立派そうに見える議論をし、それを実行しようとする諸個人は、みな凡人であるからである。凡人が主人公になれる運動しか、実現しないのである。

樋口篤三と松崎明——その見果てぬ夢

四茂野　修

樋口篤三さんが亡くなって一年も経たないうちに、その後を追うように松崎明がこの世を去った。日本労働運動が生んだこの二人のリーダーの歩みに、想いがめぐる。

樋口は一九二八年に生まれ、松崎は一九三六年に生まれた。二人とも少年時代を戦争のただなかで過ごし、敗戦時は一七歳と九歳であった。二人とも、戦争と不正、不平等がはびこる社会を憎み、革命を志す。樋口が共産党に入ったのは一九四七年、松崎の場合は正確にはわからないが一九五五年頃と思われる。時期は異なるが同じ位の年頃だった。やがて樋口は一九五一年と六五年の二回、共産党から除名され、六六年に共労党をつくる。松崎は一九五九年頃に共産党を離れ、六三年に革共同革マル派をつくる。だが、ほどなくして二人とも政治党派よりも労働運動に軸足を置くようになる。

ここまでの二人は、時間差を置きながら似たような軌跡をたどっている。だがその後、二人の道は大きく分かれる。樋口は『労働情報』に拠って左派の横断的連携をめざし、松崎は動労のなかで影響力を強めて「鬼の動労」を率いる。情報誌を介して個々の労働者や中小労組間の連携をめざした樋口に対し、松崎は一労働組合のなかで影響力を拡大し、ヘゲモニーを掌握した。それぞれの置かれた場の違いは方針の違いとなって現れた。一九八〇年代はじめ頃、ともに「労働運動の冬の時代」という認識を持ちながら、行動上は激しく対立することとなる。

金属労協（ＪＣ）を軸に労働戦線統一の動きが進む中、樋口が右翼労戦統一反対を掲げてこれを直接阻止する行動を組織したのに対し、松崎は「五項目補強見解」を盾にとって総評内部でその動きに歯止めをかける道を選んだ。八一年秋には国際反戦デー総評集会や総評臨時大会で、「粉砕」を叫ぶ『労働情報』のグループと、総評の強化・防衛を掲げる動労組合員がぶつかりあう事態も生じた。だが、やがて全民労協が発足し、それぞれの努力はともに一敗地にまみれる。

その後の国鉄民営化問題への対応で、対立は激しさを増した。樋口が民営化反対の主張を最後まで貫いたのに対し、松崎は圧倒的に不利な力関係の下で組合員の職場と雇用と生活を守る道を選び、民営化を受け入れたからである。この頃、二人の間の距離は最も大きく拡がった。

二人の歩みが再び出会うのは二〇〇〇年代に入ってからである。政府・資本の新自由主義の攻勢が強まり、労働者の困窮が深まる一方で、労働運動はいよいよ形ばかりのものとなっていく。二人はこの状況に深刻な危機感をもった。戸塚秀夫氏を中心に行われた「聞き取り研究会」で初めて出会った二人は、急激に相互の間の距離を縮めた。樋口は動労に対する過去の認識を自己批判し（「六〇年間の実践の教訓と私の自己批判」）、松崎は樋口の思いに応えて、袂を分ったかつての友・中野洋に追悼の言葉を綴った。

きわめて異質に見える二人の労働運動のリーダーの軌跡を振り返ってみると、その生き方にある共通するものを感じる。それは、己を含む現在の状態に決して安住することなく、その先に向けて繰り返し脱皮を続けてきたことである。共産党から新左翼へ、そして「その先」へと向かった二つの歩みが最後に出会い、共同の作業が始まろうとしたところで二人はこの世を去った。残された私は、二人がめざしたであろう「その先」、つまり新たな運動と組織、思想の地平を探り当てるという宿題を抱え、与えられた課題の大きさと重さにたじろぎ、立ち尽くしている。(文中敬称略)

編集委員会にかかわって

川上　徹

樋口さんは亡くなるまえ、「おれはまだ書かなくちゃいけない本は四冊あるんだ」と言っていた。いろんな人にも言っていたらしい。「どういうテーマですか」と聞くと、「まず革命家人物列伝、オルグ論、戦略論、それから労働運動史」と、たちまち答が返ってきた。

小谷野さんが声をかけ、樋口さんの「不肖の弟子」を自認する者たちが集まり、樋口さんの墓参りをしたのが、二〇一〇年のお彼岸のころだったと思う。墓参りのあと、樋口宅で酒宴となった。喜美枝さんが山盛りの料理をつくってくれた。その席で、生前の樋口さんが考えていた構想が話題となった。そして、この時点で、可能な形で、樋口さんの構想を生かそうということになった。編集委員会の発足であった。

私などは樋口さんとのおつきあいは晩年の一〇年間ほどだったから、膨大な遺稿のほとんどが「初対面」のものだった。

だから、第一巻の「人物列伝」に出てくる人たちは、私の半生においてはかなり遠い存在だった人が多い。それだけに私の理解が正されたところ、学ばされることが多かった。さらに樋口さんは、どの人物に対しても自分自身の人生との関わりの視点から書いている。運動史観でもなければ教条的なイデオロギー史観でもない。歴史の残し方として「ああ、こういうやり方もあるんだ」と納得したわけである。歴史の中に人間の息づかいが聞こえてくる。人物が甦ってくることにより、歴史が生きてくるのである。若い人たちの中には、私とはちがった意味で縁遠いと思われる人物、知らなかった人物も多いことだろう。だが、人間のドラマを読むつもりで読み進んでほしい。

第二巻は、樋口さんの活動範囲の広さと多様さをものがたっている。もちろんその中心は労働運動である。これもまた、私にとっては体験的に「分かる」ところではない。したがって、ここでも私は目を開かされ、学ばされることが多かった。労働運動を歴史的に長いスパンで見たとき、高潮していく時期、引き潮の時期、冬の時代、噴火の時代、それぞれの時期があったことだろう。肝心なことは樋口さんはいつもその渦中にいたということだ。あるときは『労働情報』誌の現場記者の眼で、あるときはオルグのたまり場で聞き役として、あるときは自身がオルガナイザーとなって、熱烈に書く。

私が注目するのは、ここでも、第一巻の「人物列伝」の手法で、各所に有名無名の人物が登場することだ。誰と誰が組んだか、誰と誰が決裂したか、この組織とあの組織が手を結び、それはどんなきっかけで壊れたかといった、今となっては「秘話」に属するようなことが随所に描かれている。中には樋口さんの思いこみがあったかもしれない。しかし、そういうことも含めて、樋口さんの遺稿は貴重な歴史的証言だと思う。

樋口篤三年譜

1928年　父金次郎、母りゅうの子として静岡県沼津市で生まれる（3月8日）。両親は滋賀県米原町出身。金次郎は生家の呉服商の2代目で、沼津に移り住んだあと北海道やサハリンにも店を出すなど商才があったが昭和恐慌で倒産した。樋口は8人兄弟（長女利江、長男正一、次男利一、次女和子、三男純三、四男慶治、五男栄助）の末っ子だった。10歳とき父金次郎が52歳で死去。父親代わりを務めた長男正一の助けで旧制沼津商業に進学した樋口は水泳部の主将だった。
戦争が拡大する中、長男、次男は出征、除隊していたが純三も徴兵。慶治、栄助は相次ぎ志願して海軍に。NHKや地元新聞各紙が母りゅうを「軍国の母」としてとりあげた。

1944年　6月、16歳の樋口も兄たちに倣って志願。海軍甲種飛行予科練習生として入隊した。

1945年　8月、敗戦で復員したが、半月後に栄助（北千島）、続いて慶治（サイパン）、純三（中国）の戦死の便り。もっとも仲のよかった兄3人の死と母りゅうの嘆きが終生変わらぬ影響を与えた。茫然自失、相撲取りか土方でもするしかないと思っていた樋口を長男正一は横浜高商（現在の横浜国立大学経済学部）に入れ、中学教員免許も取らせた。その後、ゾルゲ事件の首謀者のひとりとして死刑となった尾崎秀美（朝日新聞記者、近衛内閣のブレーン）の獄中書簡集『愛情は降る星のごとく』などを通じて、兄たちを奪った戦争に命がけで反対した人たちの存在を知り、革命のために生きる決意を固める。

1947年　3月、日本共産党入党。

1948年　3月、産別会議・東芝堀川町労組の書記局に。

1951年　3月、朝鮮戦争下の武装闘争路線をめぐり分裂した共産党から除名される。

1955年　六全協で統一を恢復した共産党に復党。

1956年　7月、川崎生協に就職し、京浜工業地帯の党活動、労働運動に

参加。

1958年 川崎地域の全国金属の拠点のひとつ、大和電気労組の専従となる。60年安保など京浜労働運動をリードするが、東芝から組合つぶしの偽装倒産・全員解雇（1200人）攻撃を受け、高度成長期では数少ない自主管理闘争を3年続ける。

1965年 2月、部分核停止条約をめぐる共産党の再分裂の下、2回目の除名。「アカハタ」で反党分子と名指しされる。戦後の党活動で大きな影響を受けた神山茂夫と共に「日本のこえ」に参加した。3月、大和電気労組でたたかいを共にした喜美枝と結婚。

1966年 11月、戦前いらいの古参党員、春日庄次郎、長谷川浩、内藤知周らと、戦後世代のいいだもも、武藤一羊、吉川勇一、白川真澄らとともに共産主義労働者党（共労党）を結党。中央常任委員に。この年、東京で労働運動にとりくむために東京都に引越。大田区羽田の都営住宅に暮らし始める。

1969年 根岸敏文らと都労活（東京都労働組合活動家会議。後に全国組織の全労活に発展）結成の呼びかけ。高見圭司、石黒忠、寺岡衛、小野寺忠昭、久坂文夫らと雑誌『根拠地』を発行。それぞれ新左翼系街頭闘争の限界を認識していた。

1970年 1月、長男拓が誕生。

1971年 11月、70年安保闘争後の基本路線をめぐって共労党が三分裂。樋口は労働者革命派のリーダーとして、山口義行（鳥取）、白鳥良香（静岡）、白石忠夫（東京）らと労働者党を結党し議長に就任した。

1972年 6月、次男竜が誕生。

1973年 子どもの小児ぜんそくを治すため東京都東久留米市の都営住宅に引越。

1974年 戸村一作（三里塚反対同盟委員長）を参議院全国区に擁立、樋口は選対事務局を担う。この年、バージャー氏病（動脈閉塞で足の血流が悪くなる）で入院。たばこを止め、水泳を始める。

1975年 10月、『季刊労働運動』編集長に就任。全国の新左翼系活動家、社会党左派系活動家をつなぐ理論活動を展開した。

1976年 三里塚空港廃港要求宣言の会を結成。前田俊彦代表、鎌田慧事

務局長とともに樋口も世話人に就任。

1977年　1月、『季刊労働運動』の基盤と、旧高野派、社会党左派（社会主義協会派を除く）の結合が成功し、大阪で第1回全国労働者討論集会（大阪集会）開く。集会で『労働情報』発刊を決議。2月、代表に松尾喬（前全国金属委員長・前総評副議長）、編集人に樋口、顧問に市川誠（前総評議長）、兼田富太郎（前全港湾委員長・前総評副議長）、清水慎三（信州大学教授）の顔ぶれで発行を開始。当初部数は3000部だった。大阪では樋口のオルグで全金港合同、全港湾関西などと大阪中電などの新左翼系活動家が一堂に会し、『労働情報』運動の拠点となる。

1979年　1月、寒風吹きすさぶ全金田中機械支部の工場に1000人が集まり、第3回全国労働者討論集会（大阪集会）開く。同支部は三菱資本と新日鐵による倒産攻撃と対決し、工場占拠・自主生産闘争を展開中だった。倒産下の拠点工場での同集会は、参加者に強烈な印象を与える（集会の基調報告は樋口）。この年、『労働情報』の発行部数は1万2000を超える。

1980年　6月、韓国光州民衆蜂起に連帯して、小田実事務所と『労働情報』が中心となり、日比谷野外音楽堂に6000人を集めて60年安保20周年の集会開く。樋口が主催者あいさつ。この時期、『労働情報』と樋口は、新左翼系大衆運動のセンター的役割を果たす。

1981年　労働戦線の「右翼的」再編が本格化する中、『労働情報』は反対キャンペーンを開始。その先頭に立った樋口は、1月、はじめての著書、『右翼「労戦統一」反対』（柘植書房）を出版した。また、総評三顧問（市川誠、岩井章、太田薫）が反対を表明するなど三顧問事務所が反対運動のセンター的役割を果たすが、市川事務所の実質は『労働情報』（樋口が事務局担当）が担った。向坂協会派、太田協会派と新左翼系のブロックが成立した。

1982年　従来の左翼的常識では現代世界をとらえられないとの問題意識から、『労働情報』誌面で「労働者綱領」の討論始まる。樋口は1985年に労働者綱領試案を発表。

1983年　総評3顧問を軸に労働運動研究センター（労研センター）が発

足。樋口は市川事務所（『労働情報』）選出の初代事務局員に就任した。労研センターはのちの全労協（1989年結成）につながった。この年、第1回ピースボートの洋上大学講師として乗船。以後、折々に講師として参加するようになる。

1984年　国鉄分割・民営化攻撃が本格化。『労働情報』は1949年の定員法による産別会議解体攻撃を類推させるとして声明を発表（樋口執筆の「警鐘を乱打せよ」）。誌面を通じて分割・民営化反対の大キャンペーンを開始。同時に、山口義行の紹介で中西五洲らの労働者協同組合運動と交流を始め、ロバート・オウエンや生協の歴史と理論を学び直す。

1985年　1月、イギリス炭労長期スト支援を訴えて英炭労のジョン・バロウズさんを『労働情報』が受け入れ。大阪集会には樋口のオルグで関西地区生コン労組が合流。5月、中華全国総工会の招きで労働情報訪中団（市川誠団長）に参加、北京、西安、南京、上海を訪問した。

1986年　1月に行われた第10回全国労働者討論集会で、樋口は『労働情報』編集人を辞任。大阪集会もこの年でひとまず終了した。この年、樋口は新党準備をめざし「共産主義者の建党協議会」を山川暁夫、寺尾五郎らとよびかけたが、のちに頓挫した。

1987年　生活クラブ生活協同組合・神奈川の顧問に就任（2001年まで）。労働組合、協同組合、社会主義を三位一体とした運動再建を提唱し始める。

1988年　ミニコミ誌『明日を拓く』を発行。

1989年　前野良（政治学者）に乞われて社会主義政治経済研究所の事務局長に就任（～2003年）。

1990年　7月、2冊目の著書『日本労働運動・歴史と教訓』（第三書館）を出版。総評解散とソ連崩壊後の指針を提起した。12月、ピースボートの世界一周航海に船内講座の講師として参加。翌91年1月、マイアミからキューバに向かう際、アメリカ合衆国政府が「ハバナに入るな」と強い圧力をかけたのに対して、主宰者・辻元清美らとともに妨害を排除してハバナに入港、キューバ人民から大歓迎を受ける。このとき入港船コミュニティを代表してキューバ政府外務次官らと会談。

会談のなかで、キューバに新しい協同組合セクターを導入・発展させることを提案した。帰国後、ピースボート乗船者を核にして「ハバナクラブ」、「キューバネットワーク」などキューバファンクラブ、友好連帯組織を組織。また、キューバとの友好連帯、事業提携を働きかけるべく、生協を中心に日本の協同組合に対するオルグを始める。以後、日本生協連、大学生協連、コープかながわ、生活クラブ生協、首都圏コープなど多くの生協のオルグを展開。

1993年　5月、胃がんを手術。ただちに活動を再開し、10月、協同組合、労働組合、住民運動の地域社会における新しい協同関係の創出とネットワークをめざす実践者の研究交流をよびかけ、「協同社会研究会」を発足。石見尚とともに共同代表に。

1994年　埼玉県新座市に引っ越し。

1995年　4月～5月、ドイツ、イギリス、スウェーデンに招待旅行。各地を講演した。12月、キューバ国家評議会議長フィデル・カストロ来日。土井たか子衆議院議長との会談を提案し、実現させた。この会談の席上で、キューバに新しい協同組合をつくることを示唆、また日本の協同組合との交流・連帯を推進することについてカストロから賛意を得る。

1997年　1月、エルネスト・メレンデス新駐日大使と会談。2月にキューバのANAP（全国中小農民同盟）代表と懇談し、コーヒーなどのキューバ産品の「協同組合間提携」によるフェアトレード具体化を推進しはじめる。

1998年　2月、「生協・協同組合キューバ訪問交流団」共同代表としてキューバを訪問。ANAP、外務省、農業省、貿易省、キューバ共産党政治局員ホセ・ラモン・バラゲルと会談。協同組合を通じた友好連帯、事業提携の具体化に向かう。12月、地域の東久留米市民新聞「しみん」の創刊に参加。編集委員として 毎号のように時事エッセーを寄稿。

1999年　2月、首都圏コープ事業連合（現在のパルシステム）を中心とする第二次生協・協同組合キューバ訪問交流団に顧問として参加、キューバ訪問。首都圏コープとの間にキューバコーヒーの国際産直が実

現された。以後、国際産直と生協レベルでの連帯が他の産品、分野にも拡大するなか、第三次以降の交流団にも顧問として参加するなど、キューバと日本協同組合との交流・連帯のキーマンとして働く。

2000年　新聞・雑誌などでキューバ社会主義やキューバに学ぶ共生型協同社会実現について多数の執筆。『キューバ万華鏡』（海風書房、2000年）、『有機農業大国キューバの風』（緑風出版、2002年）などに一部が収められている。11月、食道がんを手術した。当時、増山太助の著書『戦後左翼人士群像』の書評形式で連載していた原稿を手術前日まで執筆。退院後の2001年正月、友人たちが寄せた入院カンパに対する御礼として、小冊子『めしと魂と相互扶助～私の半世紀の実践総括をかねて』にまとめて配布した。

2001年　6月、キューバ革命評議会の決議3268号に基づき、勲章を授与される。

2002年　1月、前出の私家版冊子をもとに3冊目の著書『めしと魂と相互扶助』（第三書簡）を出版。3月、よびかけ人による『めしと魂と相互扶助』出版記念会で、渡辺治、龍井葉二とともにシンポジウム「高野実、清水慎三、そして現代の課題」のパネラーに。4月、大阪でも出版記念会。11月、後藤政子（神奈川大教授）、田中学（東大名誉教授）、宮本信生（元キューバ大使）とともに発起人として「キューバ友好交流フォーラム」を組織、集会「キューバは今」開催を通じて、キューバ友好連帯組織の結集を図る。12月、東久留米市民自治研究センターの理事長に就任。

2003年　1月、『めしと魂と相互扶助』で日本労働ペンクラブ賞を受賞。8月、協同社会研究会キューバ訪問団を組織し、石見尚（ルネサンス研究所所長）とともに団長。農業生産組合と有機農業の分野で友好連帯のきっかけを創る。9月、友好連帯組織結集の場として「キューバ友好円卓会議」を組織。唐笠一雄（首都圏コープ事業連合）とともに共同代表に就任。円卓会議は、平和活動、国際医療支援活動、環境保護活動、有機農業推進活動など、さまざまな分野で日本・キューバ連帯の活動を広げる場として機能してきた。

2004年　三池写真展（2001年）、韓国から招いた池明観の講演会（2003

年）などを通じて信頼関係を深めた「個人のネットワーク」として「これからの社会を考える懇談会」を発足。米ブッシュ政権の中枢を形成するネオコンをもじって、「コレコン」と通称した。この年、転移した食道がん治療のため3回入院。この機会にかねて収拾してきた数多くの戦史や評伝、記録を調査したうえで、戦死した3人の兄を追悼する私家版『恒久平和の礎に～土中の骨 海中の白骨への鎮魂歌』を年末に発行。友人たちに配布した。

2005年　5月、冊子『コレコン』を発刊。樋口は「コレコン——今日のイニシアチブグループと横断左翼」を執筆。また、小泉、安倍と続く政権が歴史修正主義を公然と主張するに至った情勢に強い危機感を抱き、前年に出版した私家版原稿を含む著書『靖国神社に異議あり』（同時代社）を出版。8～9月、厚労省の「北千島・占守島戦没者慰霊巡拝」の旅に、特攻死した兄栄助の遺族として参加。10月、コレコンのメンバーと韓国を訪問。

2006年　1月、「樋口篤三さんの出版を記念し古稀を祝う会」。「樋口篤三おおいに語る」と題して講演。司会は朝日健太郎、コメント発言を山崎耕一郎、川上徹が行った。

2007年　5月～11月、戸塚秀夫らと「JR総連聞き取り研究会」に参加。動労とJR総連運動に関する考察を深める。

2008年　6月、『社会運動の仁義道徳～人間いかに生きるべきか』（同時代社）を出版。8月、よびかけ人による「みんな樋口さんのせい！樋口篤三さんの傘寿と出版を祝うつどい」が開かれる。12月、大阪でも「樋口篤三さんの傘寿と出版を祝う集い」。

2009年　1月、前立腺がんに。5月、食道がんの転移も見つかる。12月16日、高熱を出して緊急入院。同月26日午前10時50分、永眠。81歳。

【著者略歴】

樋口篤三（ひぐち・とくぞう）

1928年、静岡県沼津市で生まれ育つ。44年、海軍甲種飛行機予科練習生（土浦—厚木）。戦後、横浜高商卒。47年民主革命に参加。48年3月産別・東芝堀川町労組書記局。以後、京浜労働運動、川崎生協、日本共産党専従などの中で、党から二回除名、資本から四回首切り。

1975～86年『季刊労働運動』代表、『労働情報』編集人・全国運営委員長。協同社会研究会共同代表、東久留米市民自治研究センター理事長、キューバ円卓会議共同代表、日本労働ペンクラブ会員、「これからの社会を考える懇談会（コレコン）」、「警察・検察の不法・横暴を許さない連帯運動（連帯運動）」などで活動。

2009年12月26日、永眠（81歳）。

著書に『右翼「労戦統一」反対』（柘植書房、1981年）、『日本労働運動—歴史と教訓』（第三書館、1990年）、『めしと魂と相互扶助』（第三書館、2002年、労働ペンクラブ賞受賞）、『靖国神社に異議あり—「神」となった三人の兄へ』（同時代社、2005年）、『社会運動の仁義・道徳—人間いかに生きるべきか』（同時代社、2008年）

革命家・労働運動家列伝

樋口篤三遺稿集第1巻

2011年7月15日　初版第1刷

著　者　樋口篤三

発行者　高井　隆

発行所　株式会社同時代社

〒101-0065　東京都千代田区西神田2-7-6

電話　03(3261)3149　FAX　03(3261)3237

装幀・制作　有限会社閏月社

印　刷　モリモト印刷株式会社

ISBN978-4-88683-700-4